24,80

André Chouraqui · Die Hebräer

André Chouraqui

Die Hebräer

Geschichte und Kultur
zur Zeit der Könige und Propheten

Aus dem Französischen übertragen von
Elisabeth Profos-Sulzer

Philipp Reclam jun. Stuttgart

Originaltitel: La Vie quotidienne des Hébreux aux temps de la Bible

Die Übersetzung erscheint mit Genehmigung von Librairie Hachette, Paris.
 Schrift: Garamond-Antiqua. Printed in Germany 1975.
Herstellung: Reclam Stuttgart.
Umschlagentwurf: Hanns Lohrer, Stuttgart.
ISBN 3-15-010248-0

Vorwort zur deutschen Ausgabe

Über die Bibel kann man nicht ohne Demut sprechen oder schreiben; seit zwei Jahrtausenden wird sie studiert und kommentiert von den scharfsinnigsten und tiefsten Denkern aus allen Gebieten des Wissens, wie Theologie, Metaphysik, Geschichte, Soziologie, Philosophie, Ethik oder Archäologie. So habe auch ich mich zögernd diesem brennenden und sich doch nie aufzehrenden Busch genähert, um eine neue Synthese zu suchen, die sich nun in meiner »Kulturgeschichte der alten Hebräer« präsentiert.
Bekannt ist folgende Anekdote: Ein orientalischer Herrscher bestellte bei einem Maler die Zeichnung einer Rose. Der Maler bat, über das Thema nachdenken zu dürfen, zog sich für zwölf Jahre in die Einsamkeit zurück und kam darauf wieder zum König, um ihm zu sagen, er sei jetzt bereit. In einem Zug zeichnete er das bestellte Bild. Auch ich hatte, als man mir antrug, dieses Buch zu schreiben, eigentlich schon dreißig Jahre lang über dessen Inhalt nachgedacht – so daß ich der Versuchung, es zu wagen, nicht widerstehen konnte.
Jede literarische Schöpfung gleicht einem Geburtsvorgang; in unserem Falle handelte es sich um ein Herauskristallisieren einer globalen Übersicht der konkreten biblischen Gegebenheiten anhand früherer Gedanken und Arbeiten. Ist ein Buch aber einmal gedruckt, gehört es nicht mehr seinem Verfasser. Es löst bei mir erneutes Nachdenken aus über die erstaunliche Aktualität der Bibel. Ich freue mich ganz besonders, diese Gedanken der deutschen Ausgabe meines Buches voranstellen zu dürfen als ein Zeichen der Ehrerbietung gegenüber dem außerordentlich großen Beitrag der deutschen Wissenschaft zur Erforschung der Bibel.
Schlüge man einem Herausgeber den Druck eines Taschenbuches vor, indem man ihm verspräche, daß es in 1800 Sprachen und Dialekte übersetzt, daß es in allen Sprachen der Welt in Millionen von Exemplaren verkauft würde und daß sein Erfolg nach zweitausend Jahren noch anstiege, wäre dieser zu Recht skeptisch. Zu dieser unerhörten Glanzleistung brachte es jedoch die Bibel.

Definiert man das Wunder als Wahrwerden des Unmöglichen, so stehen wir hier, im Bereich der geistigen Kommunikation, vor einer Art Wunder, über das Herausgeber, Schriftsteller, Journalisten oder wir Leser nur staunen können.

Die Bibel wußte in allen Zungen der Welt zu allen Menschen zu sprechen, zum Indianerbauern in den Anden, zum schwarzen Fischer im Seedorf Ganvié, wie zum japanischen Pflanzer oder zum europäischen Landwirt, auf dieselbe eindringliche Art, wie sie christliche oder jüdische Seminaristen an der Jerusalemer Universität anspricht oder die geistreichsten Köpfe der verschiedensten Epochen, von Augustinus bis Albert Einstein. In der Geschichte der Menschheit ist das Unvergängliche und das Allesumfassende in der Vermittlung des biblischen Gedankengutes ein einzigartiges Rätsel. Grund für das Phänomen dieser ewigen Aktualität scheinen mir in Form und Inhalt der Bibel zu liegen.

Was die *Form* anbelangt, ist die Bibel nicht eine den Grenzen und Moden der abstrakten Sprache unterworfene Sammlung von Gedanken, sondern ein Buch von Bildern. Die biblischen Textrollen ergeben geradezu einen Film; jeder Vers der Bibel stellt ein Bild vor und beschreibt einen realen Tatbestand, eine Situation aus der Wirklichkeit, gibt in konkreter Form einen Abriß nicht nur der Geschichte Israels, sondern derjenigen der ganzen Menschheit, von ihrem Anfang bis an ihr Ende.

Daher ist es möglich, daß jedermann, unabhängig von seiner Epoche, seiner Kultur oder seiner Bildung, diesen Film betrachten und sich erkennen kann in den Bildern, welche ihm durch Predigten erläutert und anhand von Fresken, Glasmalereien oder Statuen in den Kathedralen vor Augen geführt werden.

Wollte ich mich paradox ausdrücken, würde ich sagen, daß die paar Dutzend Schriftsteller, die schon vor mehr als zwei Jahrtausenden die Bibel geschaffen haben, als erste das Geheimnis der intellektuellen Masseninformation entdeckten, wie sie in ihrer Unabhängigkeit von Zeit und Raum universeller nicht vorstellbar ist.

Während ein Film jedoch nach einer verhältnismäßig kurzen Zeit veraltet, nehmen Fruchtbarkeit und Ausstrahlung der Bibel mit den Jahrhunderten auf der ganzen Welt immer zu. Tatsachen erklären dieses außergewöhnliche Phänomen, bei dem die universelle horizontale Kommunikation ergänzt und vervollkommnet wird durch die himmelwärts gerichtete geistige Verbindung.

Kern der biblischen Weltanschauung ist die umfassende Einheit unserer Wirklichkeit; sie behält ihren revolutionären und erschütternden Wert für jeden Menschen, jedes Volk, jede Kirche und jedes Jahrhundert.

Das Augenmerk des heutigen Lesers sollte dahin gehen, die biblischen Texte vom jahrhundertealten Staub und den Krusten zu befreien, die sich während der langen Zeit der Auslegungen über sie gelegt und sie unkenntlich gemacht haben.

Bei diesem Versuch, die Bibel konkret zu nehmen, helfen uns unsere gegenwärtigen Kenntnisse über die geschichtlichen und religiösen Zusammenhänge im Nahen Osten des Altertums. Was wir über Mesopotamien, Ägypten, Kanaan, Ugarit und die Hethiter wissen, sowie unsere neuen Erkenntnisse über Israel zur Zeit der Könige und Propheten, die wir dank vielfältiger, unerschöpflicher Bodenfunde gewinnen durften, lassen ganz neue Einsichten über die Lehre der Bibel zu.

Durch die Entthronung der antiken Götter und ihre Verweisung in den Wirkungsbereich von Holz und Eisen, ihre Entmystifizierung und Entmythisierung durch die Propheten entwickelte sich eine vollendete politische Subversion gegen alle sozialen und religiösen Herrschaftsformen der antiken Welt, zu deren Untergang sie beigetragen hat.

So verdammt die Haltung der Propheten den antiken Menschen und kündet vom Kommen eines neuen, der in eine Ordnung von Einheit, Gerechtigkeit, Liebe und Frieden hineingeboren wird. Die Lehre der Propheten, welche später durch Christus und die Apostel wieder aufgenommen wird, kommt einem universellen Protest gleich, wie er heftiger und maßloser nicht zu denken ist.

Da sie sich an eine Ordnung von Einheit und Liebe halten, verurteilen die Propheten nicht nur die Götzen, sondern jegliche Form von menschlicher Irreführung durch Mythen. Sie verweisen die Großen und Mächtigen, die Reichen, die Staatschefs – ihre eigenen wie diejenigen der andern Nationen – in ihre Schranken und prangern jede Art von Ungerechtigkeit, Enteignung und Ausbeutung des Menschen durch andere an. Sie verurteilen sowohl Diebstahl als auch Begehrlichkeit und sogar Darlehen, die verzinst werden müssen, dann auch Mord und alle Arten von Gewalt oder Krieg. Sie attackieren nicht nur die von der Gesellschaft verkörperte Unordnung, sondern den Menschen selbst, der diese Unordnung verschuldet. Sie zielen immer weiter und höher: Ungerechtigkeit und Gewalt beunruhigt sie nicht nur, ihr Vorhandensein ängstigt sie.

Sie verkünden die Zeit, in der ein neuer, vom Bösen freier Mensch geboren wird. Sie sehen eine Gesellschaft voraus, die in allem gegründet sein wird auf Gerechtigkeit und Nächstenliebe: Die ganze Menschheit soll vom Bösen erlöst und die Natur selbst vervollkommnet sein. Ein neuer Himmel wird sich über uns auftun und eine neue Erde sich zu unseren Füßen ausbreiten, auf der alle Völker friedlich zusammenleben wie auch der Löwe und das Schaf.

Da der Tod ja eine der größten Ungerechtigkeiten ist, soll auch er überwunden werden. Indem sich das Denken heroisch distanziert von einer Welt, wie sie ist, und leidenschaftlich nach der absoluten Gerechtigkeit sucht, weitet sich die jüdisch-christliche Meditation aber nicht nur bis zum menschlichen Sieg über den Tod aus, sondern darüber hinaus bis zur äußersten Gerechtigkeit bei der Auferstehung der Toten.

Die hebräische Kultur entsteht im Zeitalter der Bronze, erreicht ihre höchste Blüte im Eisen-Zeitalter, unterliegt den Schlägen des Exils und lebt unterirdisch weiter während Altertum, Mittelalter und Neuzeit. Nach einem Siechtum von zweieinhalb Jahrtausenden ersteht sie wieder an der Schwelle des Atomzeitalters im neuen Israel unserer Zeit.

Ihr Wiederaufleben geht parallel zu der neuen Sammlung innerhalb der von ihr abstammenden Religionen: Das Christentum gruppiert sich neu, während auch der Islam sich wieder auf sich selbst besinnt. Die durch verschiedene Engpässe in Schwierigkeiten geratene moderne Welt sucht einen Ausweg aus den konfliktgeladenen, lebensbedrohenden Krisen.

Das alte hebräische Thema bekommt heute wieder Bedeutung, denn jedermann ist gezwungen, für sich selbst den Weg aus dem alten Dilemma zu finden: »Leben und Tod habe ich euch vorgelegt ... so erwähle nun das Leben, auf daß du am Leben bleibest ...« (5. Mose 30, 19).

André Chouraqui

Prolog

Die Wurzeln, die uns tragen

Wir sind im Jahre 1031 v. Chr., in der Stadt Gilgal, nahe bei Jericho, im Lande Benjamins. Die Hebräer kommen zusammen, um ihren ersten König zu krönen, Saul, den Sohn des Kis. Diesen erkennt man an seinem stattlichen Wuchs. An der heiligen Stätte bringen die Priester ihrem Gott JHWH[1], dessen Name unaussprechbar, die Brand- und Schlachtopfer dar. Männer und Frauen sind voller Freude; Wein fließt reichlich, es wird getanzt und gesungen in der mystischen Trunkenheit dieses Tages, des ersten einer neuen Epoche: der Zeit der Könige Israels.

445 Jahre später, 586 v. Chr., fließt das Blut, dieses geschichtsträchtige Zeichen, immer noch, diesmal in den Straßen Jerusalems. Die Soldaten des siegreichen Nebukadnezar sind die Schlächter; bei der Brandlegung in Tempel und Stadt sind Menschen – die Verteidiger des besiegten und jahrhundertelang geknechteten Israel – das neue Schlachtopfer, welches den Zerfall der hebräischen Monarchie besiegelt.

Zwischen diesen beiden Daten spielen sich im Heiligen Land unerhörte Ereignisse ab: Die von den Patriarchen Abraham, Isaak und Jakob übernommenen Traditionen und die vom Munde Mose verkündeten Gesetze und Lehren leiten die Könige und Propheten. Hier wohnen wir der Entstehung einer neuen Kultur in der Geschichte der Menschheit bei, der Entstehung des ethischen Monotheismus, dessen Gesetze die religiösen, politischen, moralischen und sozialen Grundmauern des antiken Heidentums untergraben und zerstören.

Nach und nach bildet sich der ausstrahlungsstarke Kern der neuen Welt: Die grundlegenden Teile der 39 Bücher der Bibel werden zu dieser Zeit entworfen und abgefaßt. Sie beschäftigen den Geist Israels fast ausschließlich während der Jahrhunderte, in denen der Kanon der Heiligen Schriften entsteht, und als die neuen Religionen wie Judentum und Christentum aufkommen, für die der Pentateuch, die Propheten und der Hagiograph offenbarende Stimmen sind. Für zahllose Völker wird von da an das tägliche Leben der Hebräer zur Zeit der Propheten Quelle der Eingebung und Nachahmung von beispielhaftem, unvergleichlichem Wert.

Überall in der antiken Welt, in Ägypten, Mesopotamien, Indien, China, Griechenland und in Rom, bemüht sich der Mensch in erster Linie, zu retten, was vor dem Zahn der Zeit noch zu retten ist. Hier setzen sich Architekten, Bildhauer und Maler ein, denen es wunderbar gelingt, die flüchtigen Aspekte des täglichen Lebens einzufangen. Betrachten wir nur die Reliefs und die Malereien eines ägyptischen Grabes: Wir sehen einen Mann, seine Frau, seine Kinder und seine Dienerschaft. Wir erfahren, ob er sein Gebiet am liebsten zu Fuß, in der Sänfte oder im Nachen durchstreifte, ob er das Fischen dem Jagen vorzog und welche Geräte er zu seinem Lieblingssport benützte. Wir erkennen, welche Haltungen seine Handpflegerin und sein Fußpfleger bei ihrer heiklen Arbeit einnahmen und wie ihre Kleider, Schmuckstücke und Gesichter aussahen. Wir sehen die Zünfte wie in einem Film vorbeiziehen: Der Bauer sät, pflügt, erntet, bindet Garben und bringt sie ein. Wir wohnen der Mehl-, Brot- und Weinherstellung bei. Wir sehen, wie Künstler Lehm, Stein, Holz, Metalle und Geschmeide bearbeiten und wie sie die Schönheiten schmücken, deren Gesichtszüge uns nun ebenso vertraut sind wie die unserer Zeitgenossen. Ägyptische Künstler haben diesen reichen Schatz an Bildern und Skulpturen von Arbeit und Leben von den Anfängen der 4. Dynastie an zusammengestellt. Hier sieht man, wie sich im Laufe der Jahrhunderte Technik und Kunst, Sitten und Bräuche und Geschmack verändern. Was während dreier Jahrtausende für Ägypten, gilt für alle großen Kulturen, die sich auf diesem Wege dem Vergessen der Zeit entziehen konnten.

Man kennt die Gesichter von Sethos I., von Ramses, von Urmansche, König von Lagasch, von Naramsin, König von Agades, von Melischipak II., König von Babylon, man weiß, welchen Gesichtsausdruck der auf seinem Wagen fahrende Assurbanipal hatte, man kennt die außerordentliche Schönheit des König-Priesters von

Knossos, man besitzt die Büsten von Aristophanes, Caesar und tausend anderen aus allen Ländern und Zeiten.
Nichts davon aber aus Israel, wo die Propheten im Namen des ewigen Gottes einen in der Tat siegreichen Kampf gegen die Bilder führten. Im Namen JHWHs, des Schöpfers von Himmel und Erde, der jegliches Abbild verboten hatte, wurden sie endgültig aus der hebräischen Stadt verbannt. So ist das Antlitz Abrahams, Mose, Davids, Jesajas und Hesekiels unseren Blicken für immer entrissen, und wir werden es nie kennen, da eine übersinnliche Macht das Zeitliche – und sei es noch so außergewöhnlich – zugunsten des Ewigen tilgt. Versuchte der Mensch, versuchte die Schöpfung oder das ganze Sein, dieser hebräischen Besessenheit, die in Gott das Ziel aller Dinge sieht, zu entfliehen, sie alle würden unwillkürlich durch einen inneren Vorgang wieder an ihren angestammten Platz zurückverwiesen, in die Ordnung der göttlichen Transzendenz: Himmel, Erde, Gegebenheiten und Handlungen des täglichen Lebens, Geburt, Heirat, Berufsausübung, Kindererziehung, Familie, König, Gottesdienst, Opfer, internationale Beziehungen, Krieg und Frieden, Leben und Tod haben keinen andern Inhalt als den, welchen ihnen die Zugehörigkeit zur göttlichen Ordnung zuweist.
Alle antiken Kulturen haben die Furcht vor dem Heiligen gekannt. Im Denken der Hebräer hat diese ein so starkes und bleibendes Trauma bewirkt, daß ihr tägliches politisches, soziales, religiöses und nationales Leben, ihre Kunst, Literatur und Dichtung, an der Geschichte der Menschheit gemessen, wirklich unerhörte Ausmaße und Bedeutung angenommen haben. In der Stärke dieses Schocks, da, wo das ungeschaffene Ewige in die Schöpfung eingreift – und nirgends sonst –, muß der Schlüssel zum Wesen und zum Überdauern Israels gesucht werden. Die natürlichen Lebensbedingungen der Hebräer werden auf diese Weise gewissermaßen transzendent, um sich so an eine Gesellschaftsstruktur anzupassen, die sowohl das Individuum als auch das ganze Volk der Ordnung unterstellt, wie sie durch die göttliche Offenbarung vorbestimmt ist. Diese Ordnung scheint uns um so allgegenwärtiger, als alle andern Quellen der Kenntnis über die hebräische Welt versiegt sind; wenn es sie je gab, sind sie zum Untergang verurteilt worden,

entweder von Hütern der Strenggläubigkeit im Lande oder auf natürliche Weise, ohne daß es jemand bemerkt hätte, vom alles bedeckenden Sand der Jahrhunderte. Wenn ein Volk einen Glauben annimmt, der ihm schwerste Fesseln anlegt, ist das ein unfaßbares Geheimnis, um so mehr, als dieses sich auf die verschiedenen Ebenen der neuen Glaubensbotschaft erstreckt: Von der Aufnahme durch das Volk über das von den Anfängen bis in die heutige Zeit reichende, ununterbrochene Weitergeben von Generation zu Generation, bis hin zur Ausbreitung in alle Himmelsrichtungen, nachdem die drei monotheistischen Religionen, Judentum, Christentum und Islam, entstanden sind.
Auf den ersten Blick scheint es, als könne dem Unterfangen, das Leben der Hebräer jener fernen Zeit darzustellen, kaum Erfolg beschieden sein. Die Propheten sagen den Untergang des Alltäglichen im Hinblick auf das Ewige voraus und beschleunigen ihn sogar in gewissem Sinne. Überdies liegt ihr Land am Hauptknotenpunkt der wichtigsten Verbindungswege der antiken Welt. Es wird von jedem großen Reich begehrt und erobert: Die Ägypter, Assyrer und Babylonier plündern es ausgiebig in allen Gebieten und zu allen Zeiten; die Perser, Griechen, Römer, Byzantiner, Araber, die Kreuzritter, Seldschuken, Türken und Engländer besetzen nacheinander das Heilige Land und wischen die wenigen Spuren aus, die der prophetischen Wachsamkeit hätten entgehen und die uns direkte, handgreifliche Zeugnisse des täglichen Lebens hätten bringen können. Die Reste der Vergangenheit sind sicher nirgends sonst mit solcher Hartnäckigkeit vernichtet worden – und das oft sogar in bester Absicht – wie in diesem auserwählten Land.
Was bleibt von seiner strahlenden Vergangenheit? Einzelne, an archäologischen Funden reiche Gegenden, deren seltene Schätze noch heute ausgegraben werden können, und einzelne Bücher, deren Inhalt durch den Umfang beschränkt und deren Geisteshaltung entschieden tendenziös ist. Was wüßten wir über den Okzident, wenn wir die zwei Jahrtausende nach Jesus Christus beschreiben müßten anhand des *Corpus juris civilis* von Justinian, der *Summa theologica* vom heiligen Thomas von Aquin, einiger mittelalterlicher Fabeln und einer vierhundertjährigen Kirchengeschichte, dies alles nur

in Auszügen und im Rahmen eines höchstens tausend Seiten starken Bandes? In dieser Lage befinden wir uns aber, wenn wir das tägliche Leben des biblischen Volkes aufzeichnen wollen – um so mehr, als die nicht-biblischen literarischen Quellen in Israel und bei den Nachbarvölkern Israels fast ganz verschwunden sind, zerstampft von der über sie wegjagenden Zeit.

Von den ersten Legenden Ägyptens und Mesopotamiens an bis zur Abfassung der Evangelien, des Talmuds und des Korans hat der Orient seine ganze Geisteskraft in die heiligen Schriften fließen lassen. Diese allgemeine Tendenz zeigt sich bei den Hebräern in ihrer stärksten Auswirkung, und sicher konnte ihr bescheidenes tägliches Leben – wie ein Abglanz des Himmels – erhalten bleiben, weil sie sich krampfhaft Mühe gaben, alle Dinge in Gott, *sub specie aeternitatis*, zu sehen.

Wir kennen das Antlitz Abrahams nicht, aber wir kennen die wichtigsten Episoden seines äußeren und inneren Lebens; wir sehen, wie er sich von seiner Familie losreißt und durch die asiatische Wüste zieht, um sich ins große Abenteuer zu stürzen, das eine neue Ära in der Geschichte der Menschheit begründet. Wir erleben den Blick Jephthas in dem Augenblick, wo er das Messer in die Kehle seiner Tochter stößt: Das aufspritzende Blut geht mit dem Fleisch des jungen Körpers bald in den Flammen des Sühnopfers auf. Wir kommen hinter die Psychologie des Begehrens, des Tötens und des Heils im Drama der Liebe Davids zu Bathseba. Salomo breitet an seinem Hof und in seinem Harem den ganzen Prunk des Orients aus. Die Einzelheiten des täglichen Lebens von Königen, Prinzen, hohen Persönlichkeiten, Priestern, Leviten, Propheten, von Männern und Frauen des Volkes erscheinen beim Lesen der Bibel vor unsern Augen wie die Bilder eines Films; nicht nur äußerliche Tatsachen werden mit der peinlichen Genauigkeit eines Memoirenschreibers aufgezeichnet, nein, auch die Psychologie der geschichtlichen Protagonisten wird dem Lichte einer tieferen Einsicht ausgesetzt, dem Wissen um Gott, der nichts im Dunkeln läßt.

Die 39 Bücher der Bibel wurden zwischen der zweiten Hälfte des zweiten Jahrtausends und der zweiten Hälfte des ersten Jahrtausends vor Christus geschrieben. Sie umfassen den Zeitraum der Berufung Abrahams bis zur nachexilischen Zeit und zeichnen die Geschichte der Menschheit seit der Schöpfung der Welt auf. Der hellste und stärkste Lichtstrahl fällt aber auf den Abschnitt der Monarchie; deshalb beschäftigt sich dieses Buch mit ihr, ohne jedoch auf Seitenblicke in die früheren oder späteren Jahrhunderte verzichten zu wollen. Nach der Entdeckung des Eisens in diesem Teil der Welt ändert sich an den Grundlagen der Technik – also dem Lebensmodus der Hebräer – zu Anfang des ersten Jahrtausends fast nichts mehr während der 445 Jahre, die wir hier in erster Linie untersuchen, bis zur nachexilischen Zeit, wo die politischen, religiösen, sozialen und geistigen Strukturen tiefgreifende Veränderungen erfahren.

Die Bibel bietet so einen phantastischen Reichtum an Angaben: In ihren Gesetzen und geschichtlichen Erzählungen vernachlässigt sie kein Detail, weder den Preis eines Wagens oder Pferdes zur Zeit Salomos, noch die Intrigen am Hof und im Harem oder die Angabe, wie man ein Opfer darzubringen oder Krieg zu führen habe.

Seit einem Jahrhundert hat die Bibelforschung genaue Methoden zur wissenschaftlichen Auswertung der grundlegenden Fakten dieses Buches aufgestellt. Eine umfangreiche, in Israel und der ganzen Welt sorgfältig ausgearbeitete Literatur wirft neues Licht auf die biblischen Texte, wobei deren fundamentaler historischer Wert und deren Alter an und für sich immer neu bestätigt werden durch die zeitgenössischen Forschungen und Entdeckungen. Zur selben Zeit haben sich diese Arbeiten auf die Nachbarländer Israels ausgedehnt, auf Mesopotamien, Ägypten und auf die Völker Kanaans, so daß sich das Blickfeld unseres Wissens erneuert und erweitert hat.

Schließlich überschwemmt uns die Archäologie jeden Tag mit einer wachsenden Flut von verschiedenartigen, sicheren Informationen: Hunderte von Ausgrabungsstellen liefern den dort arbeitenden wissenschaftlichen Forschungsgruppen greifbare Zeugnisse des Lebens der Hebräer. Da besteht ein unmittelbarer Kontakt mit der Vergangenheit, die vor unseren Augen wieder auflebt in Form eines Gegenstandes oder einer Inschrift, als unbestreitbare Wirklichkeit. »Die Erde hat uns erkannt, sie spricht jetzt mit uns ...«, sagte mir letzthin ein Hirte eines Kibbuz aus Galiläa.

Die hebräischen, aramäischen und phönizischen Inschriften, die Stele Mesas, des Königs von Moab, die Inschrift von Siloah, dann die verschiedenen im samarischen Lachis entdeckten Ostraka, die Stele Scheschonks aus Ägypten, die Inschriften am Karnak-Tempel und die zahlreichen assyrischen und babylonischen Inschriften – königliche Annalen Salmanassars, Sanheribs und Tiglatpilesers III. – versehen uns mit reichlichem Material, das allerdings umsichtig ausgewertet werden will. Die neubabylonischen Chroniken, welche die Geschichte der Jahre 745 bis 538 und besonders der Herrschaft Nebukadnezars II. wiedergeben, bestätigen mit erstaunlicher Genauigkeit die Angaben, die wir aus der Bibel kennen.

Hier steht ein Keramikgefäß, das vielleicht Abrahams Öl oder Wein enthielt; diese Mauern, dieser Palast wurden von Salomo erstellt und bewohnt. Dieser trepanierte Schädel stammt aus dem neunten Jahrhundert; er beweist, daß es in Lachis gelehrte Chirurgen gab, obwohl die Bibel davon kein Wort sagt. Der Operierte, wahrscheinlich eine Größe seiner Zeit, hat den Eingriff um Jahre überlebt; davon zeugt der Zustand des Schädels. Hier sehen wir Stühle, Tische, Werkzeuge und Kunstgegenstände jener Zeit. Nach und nach entdeckt sie uns ihre Geheimnisse. Während ich diese Zeilen schreibe, verkündet Radio Israel, in Esthemoa bei Hebron sei ein Schatz an Silber und Schmuckstücken entdeckt worden, der größte, den wir aus der Zeit der Könige kennen, deren wahres Gesicht immer mehr Züge offenbart.

Schließlich steht der Historiker vor einer ansehnlichen Zahl an Dokumenten aller Art, die ihn in ihrem Reichtum und ihrer Verschiedenheit zu größter Vorsicht beim Deuten zwingen.

Im Vordergrund steht die Bibel. Dieses Buch erzählt uns die Geschichte eines kleinen semitischen Volkes, das vor drei Jahrtausenden in Asien lebte und uns eigentümlicherweise ganz nahesteht. Die Bibel ist zur religiösen Unterweisung eines großen Teils der Menschheit geworden. Durch ihre große Ausbreitung wird sie, in den Augen vieler, zu einem Werk *zeitgenössischer* Geschichte. Dies sogar in Frankreich, wo das ›Buch der Bücher‹ von der Universität verbannt ist, die ja ursprünglich dazu geschaffen wurde, seine Auslegerin zu sein. Diese – geschichtlich erklärbare – Lücke im französischen

sischen Unterricht ruft übrigens ein Bedürfnis hervor, das außerhalb des Schulischen gedeckt wird: Jedes Jahr erscheinen eine Menge Bibelübersetzungen und -kommentare, die von Zeitschriften und Filmen großer Verbreitung in der ganzen Welt mit offensichtlichem Erfolg angepriesen werden.

Die biblische Vergangenheit geht auf tausenderlei Arten in unserer Zeit um. In Israel ersteht sie neu; in den christlich beeinflußten Ländern werden ihre Theologie, ihre Katechismen, ihr Gedanken- und Schriftgut, ihre Kunst und ihre Liturgien erneuert. Selbst der revolutionäre Protestruf unserer Zeit nimmt, bewußt oder unbewußt, Haltung und Botschaft der Propheten Israels wieder auf. Wir sind auch geneigt, unsere aktuellen Zustände in die biblische Vergangenheit hineinzuprojizieren, wie die Renaissance-Maler seinerzeit florentinische Landschaften und Gesichter malten, um diejenigen des Heiligen Landes lebendig zu gestalten. So auch Kierkegaard in *Furcht und Zittern*, wo er sein persönliches Drama wie dasjenige Abrahams beschreibt, der Isaak zum Opfertisch bringt. So ebenfalls Darmesteter oder, uns näherliegend, Henri Pirenne, der die Gesellschaft der Bibel beschreibt, indem er die Hauptbeschäftigungen unserer Zeit einflicht. Verfälschungen dieser Art waren gewagt und nicht ohne Folgen, die um so schwerer wiegen, als die Wissenschaft meistens den Zweck verfolgt, irgend etwas zu beweisen, sei es im Sinne der jüdisch-christlichen, klassischen Apologetik oder gegen sie.

Der bleibende Konflikt, den wir in Israel zwischen dem täglichen Leben und der Ewigkeit, zwischen Natur und Offenbarung, zwischen der Welt und Gott beobachten, birgt als Ursache und Erklärung folgende grundlegende Tatsache in sich: Seit ihren Anfängen und mit immer wachsender Kraft ist die Religion der Hebräer eine geschichtliche; sie steht in bleibendem Gegensatz zu den Naturreligionen der Antike. Daher die tiefe Vielschichtigkeit ihrer Realitäten, die wir durchdringen müssen. Die Geschichte Ägyptens, Mesopotamiens, Griechenlands, Italiens oder Galliens besteht schon *an und für sich*, ohne daß sie ihrem Wesen nach von einem religiösen Credo abhinge. (Dieses hat sich übrigens verändert vom Polytheismus zum christlichen oder mohammedanischen Monotheismus

und von da zur heutigen Glaubenslosigkeit, ohne daß dabei die Existenz der betreffenden Nation erschüttert worden wäre.)
Im Falle der Hebräer dagegen beobachten wir ein ziemlich spätes und gleichzeitiges Entstehen von Religion und Volk, das sich in dem Lande niedergelassen hat, wo sich sein Schicksal erfüllen wird. Von allem Anfang an vollzieht sich das Bündnis eines Gottes, des Gottes von Sinai, mit einem Volke, Israel, und einem Land, dem Heiligen Land. Das tägliche Leben der Hebräer wird also von drei untrennbaren Größen beherrscht: einem Gott, einem Volk und einem Land; die Botschaft ist hier unauflöslich mit dem Volke, das sie aufnimmt, verknüpft, und es versteht sich nur im Zusammenhang mit seinem Land. Die Vereinigung ist um so zwingender, als sie nicht rückgängig gemacht werden kann. Das Volk kann wegen Untreue aus dem Lande verstoßen oder seinem Gott entfremdet werden, doch wird es seine Doppelzugehörigkeit zum Himmel und zur Erde nie verlieren.
Diese umfassende Sicht des Göttlichen, Menschlichen und Irdischen zeigt uns, wie die Geschichte wirklich ist, und vielleicht trägt sie auch einen kleinen Teil zum Verständnis der These Dubnovs bei, der die Geschichte Israels im erweiterten Sinne als die Geschichte der ganzen Menschheit verstanden haben möchte.
Diese Feststellungen führen die nun darzustellende Geschichte unweigerlich zum Weg des Leidens. Beim Vorgang der göttlichen Inkarnation, wie wir sie im biblischen Israel erleben, zielen das einzelmenschliche und das gemeinschaftliche Leben darauf hin, das Ewige ins Tägliche einzugliedern, um so die Präsenz Gottes und den Willen des Schöpfers zu vergegenwärtigen. Wir werden noch sehen, wie sich das Leben in Gemeinschaft und Glaube nach diesem transzendenten Ziel ausrichtet. Die Kleinheit des Staates behütet Israel vor den Versuchungen des Imperialismus – dem weder Ägypten noch Mesopotamien, Griechenland oder Rom widerstehen können –, doch sie bewirkt kraft des Glaubens, daß es sich nicht nur für die Einigkeit der Welt einsetzt, sondern auch für deren Gesinnungswandel und Wiederaufleben in der Herrlichkeit des göttlichen Reiches am Jüngsten Tag. Die Verkündigung trägt für das biblische Volk ein ganz genaues Bild über die Zukunft der Welt in sich: Ihr

Goldenes Zeitalter liegt sowohl in der Vergangenheit, im Garten Eden, als auch in der nahen Zukunft des messianischen Einzugs. Das Volk Israel ist nur insofern auserlesen, als es die geplante Vermittlung übernehmen und unter Befolgung der geoffenbarten Weisungen die Ankunft des Messias vorbereiten helfen soll. Er wird den Sieg des Lichtes über die Dunkelheit und des Geistes über die Natur vollbringen, indem er die natürliche Ordnung von Grund auf wandelt: »Da wird der Wolf zu Gast sein bei dem Lamme«[2], Israel wird mit seinen Nachbarn in Frieden leben und »niemand wird mehr lernen, wie man Kriege führt«. Die ganze Schöpfung hat so einen Anfang und zielt auf ein Ende, die Erstellung des göttlichen Reiches. Die verschiedenen Bündnisse bilden dabei die Etappen, die Israel und die gesamte Menschheit zu diesem erhabenen Ziel hinführen. So verstanden, bedeutet also die Wahl eines einzigen Volkes, aus biblischer Sicht, keine Einschränkung Gottes, der so zum Gefangenen eines Stammes und seiner Sitten geworden wäre, sondern war ein notwendiger Schritt zum allumfassenden Heil hin. In diesem Sinne muß man ohne Zweifel auch den gewagten Ausspruch Jesu verstehen: »Das Heil kommt von den Juden.«[3] Gott hat das Volk Israel als Verkünder des historischen und ethischen Monotheismus auserwählt, damit es die erhaltene Verheißung an alle Nationen weitergebe. Nicht nur erhält das tägliche Leben der Hebräer einen geheiligten Inhalt, auch die Geschichte an sich wird wie ein Ritus gesehen; ihre Bühne umfaßt die ganze Welt, und die Teilnahme an ihr verspricht die Vollendung und Befreiung des Menschen. Hier liegt der Kern der sich zu biblischer Zeit abspielenden Tragödie, wo das ins Räderwerk eingespannte Volk im Laufe der düsteren Geschichte einige Male gekreuzigt wurde. Doch sein Leidensweg hat dem täglichen Leben einer beträchtlichen Zahl von Menschen den wahren Glanz der Ewigkeit verliehen.

Am weiten Horizont, der sich von China nach Ägypten über Indien, Mesopotamien, Elam, den Iran, Syrien, Kanaan, Anatolien und die ägäische Welt erstreckt, nimmt das hebräische Volk seit dem vierten Jahrtausend v. Chr. einen äußerst bescheidenen Raum ein: Es bewohnt einige tausend, manchmal sogar nur einige hundert Quadratkilometer, bevor ihm, wie in der Zeit des Exils, der Boden ganz unter den Füßen weggenommen wird. An Jahren wird es übertroffen von Ägypten, dessen Zeitrechnung Ende des fünften Jahrtausends v. Chr. beginnt, von Mesopotamien, dessen Zivilisation seit Anfang des vierten Jahrtausends sicher bestanden hat, von Susa, das etwa 800 Jahre bevor Abraham Ur verläßt, aus dem Dunkel auftaucht, von Byblos, das Anfang des dritten Jahrtausends erwacht, von Kreta, das seit dieser Zeit Metall bearbeitet, und sogar von der Bevölkerung um den Indus oder von der chinesischen Hia-Dynastie, die beide bis in die Mitte des dritten Jahrtausends zurückreichen.

Im Gegensatz zu Ägypten, Mesopotamien oder Persien ist Israel wegen seiner engen Grenzen dazu gezwungen, die zivilisatorische Komponente vom Herrscherehrgeiz zu trennen. Der Nahe Osten zeigt ja eine früher den Mittelmeerländern eigene Besonderheit: Auf die Entstehung großer Kulturen folgt bald das Aufkommen großer Reiche, die früher oder später eine Berufung zur Weltherrschaft in sich verspüren. Doch dann werden diese vom großen Felsbrocken, den sie bergauf schleppten, selbst überrollt.

Vor solchen Abenteuern wird Israel durch seine geographische Begrenztheit bewahrt. Es ist klein und arm überdies. Auf seinem Boden gibt es nichts dem Nil, dem Tigris oder dem Euphrat Vergleichbares, wie wir noch sehen werden. Da es Durchgangsland ist, Afrika mit Asien und Asien mit Griechenland verbindend, muß es sich ständig gegen die Eroberungslust anderer wehren. Daher der große Verlust an Besitztümern, eine weitere bleibende Ursache für seine Verarmung. Deshalb können sich die Hebräer weder einer Akropolis noch irgendwelcher Pyramiden, geschweige denn einer hervorragenden Kunst oder Architektur rühmen. Sie haben keine Erfindungen auf dem Gebiet der Wissenschaft oder der Technik vorzuweisen. Zu fast keinem dieser Bereiche – die den Ruhm der benachbarten Völker begründen – hat Israel etwas beizutragen.

Ein biblischer Tag läuft etwa so ab: Ein Bauer steht beim Morgengrauen auf, legt seine Werkzeuge bereit, um dann aufs Feld zu gehen, während seine Frau in ihrer bescheidenen Behausung sich anschickt, die Kinder zu besorgen, die Tiere zu füttern und das

Essen zuzubereiten; ein Künstler vollendet eine elfenbeinerne Skulptur, die der geheiligten Prostituierten des Tempels von Dor geweiht ist; ein Dorf wird geplündert von Räubern aus Moab; ein Kind ist geboren worden, dessen Eltern, noch vor Freude zitternd, das Fest der Beschneidung vorbereiten; ein Priester stößt sein Messer in den Hals eines Lammes und bringt JHWH sein Leben und dasjenige Israels dar, während das Blut des Opfers fließt; ein Leprakranker schreit vor Schmerz in die Nacht hinaus; in Lachis nimmt ein Chirurg, Zeitgenosse Salomos, mit Erfolg eine Schädeloperation vor; ein Vatermörder und eine Frau, die Ehebruch begangen hat, werden gesteinigt; ein Dieb wird ausgepeitscht; Hunderte von Sklaven bauen einen Palast; ein angesehener Herr umarmt die sieben Frauen seines Harems und verläßt sein reiches Haus auf einem mit Geschenken beladenen Wagen, um seinem König einen Besuch abzustatten; in Jerusalem oder Samarien lebt dieser, umgeben vom Hof und der Verwaltung, welche es ihm erlauben, die schwierigen inneren Geschäfte seines Reiches zu verfolgen; er empfängt den Adel, läßt den Armen Gerechtigkeit widerfahren und nimmt die von Mesopotamien, Ägypten, Damaskus oder manchmal sogar aus dem fernen Reich Saba hergereisten Botschafter bei sich auf; er ist der Erste unter Gleichgestellten, unter den Kindern Israel, von Gott auserwählt, aber nicht selbst ein Gott; er bringt im Tempel seine Opfer dar, wo die Priester, die viel Fleisch verzehren – es ist das der zur Ehre JHWHs geopferten Tiere –, in äußerst schlechtem Ruf stehen; allerdings haben sie die undankbare Aufgabe, ihr Volk zu belehren. Die lauten Geschäfte und Kriege übertönend, die Grenzen von Zeit und Raum sprengend, erhebt sich die zeitlose Stimme der Propheten, der Seher, dieser Eiferer Gottes, die es wagen, das gesamte Heidentum der Antike herauszufordern, dasjenige ihrer eigenen Brüder mit einbegriffen, um eine überwältigende Botschaft in die Welt zu schleudern, die Botschaft von Gerechtigkeit, Brüderlichkeit, Einigkeit, Liebe und Frieden …

Von nun an, als Antwort auf diese Stimme, setzt Israel sein ganzes Sinnen und Streben dafür ein, die neue Vorstellung von Gott, dem Menschen, der Welt und der Geschichte weiterzutragen. Darin liegt seine absolute Einmaligkeit und seine grenzenlose Fruchtbarkeit – worüber Paulus gesagt hat, dies sei ein Wunder, dessen Wurzeln uns tragen ...

Ein Wunder kann man erkennen, aber nicht erklären. Dieses Buch möchte dem Leser mittels fünf verschiedener Perspektiven das tägliche Leben der Hebräer nahebringen, und zwar in den Kapiteln ›Land‹, ›Volk‹, ›Tage‹, ›Alltag und Ewigkeit‹ und schließlich ›Himmel‹.

I. Das Land

Die Erde ist ein lebendes Wesen

Beim Abfassen einer Geschichte der antiken Kulturen beschränkt man sich meistens darauf, einige Gemeinplätze über das Land, in dem sie entstanden sind, vorauszuschicken. Fustel de Coulanges geht nicht einmal so weit. Er schreibt über die antike Stadt, ohne überhaupt auf die geographischen Gegebenheiten Griechenlands und Italiens einzugehen, die schließlich zu ihrer Entwicklung beigetragen haben. Eine ähnliche Unterlassung wäre hier unmöglich. Der einfältigste Hebräer weiß, daß sein Land eine zentrale Stellung in der Weltordnung einnimmt und daß sein Leben eng damit verbunden ist. Wie er selbst ist auch sein Land eine Schöpfung Elohims und als solche dessen Gesetzen unterworfen. Es ist das Fundament zu seinem Dasein, nicht nur, was sein leibliches Leben von der Geburt bis zum Tode anbelangt, sondern auf geheimnisvollere Weise in bezug auf sein geistiges Schicksal. Es besteht eine mystische Bindung zwischen Elohim, dem Menschen und der Scholle; die Beziehung des Menschen zu seiner Erde ist nie von Gott losgelöst. Fruchtbarkeit oder Unfruchtbarkeit der Felder, Regen oder Trokkenheit, Unwetter oder Meereswindstille hängen nicht vom Spiel der Naturgesetze ab, sondern sind sichtbare Folgen des menschlichen Gehorsams oder Ungehorsams gegenüber den göttlichen Geboten.

Mehr als irgendein anderes Volk des Altertums hegt und pflegt Israel die Erinnerung an seine Vergangenheit. Seine Erinnerungsfähigkeit reicht eigentlich bis zur Schöpfungsgeschichte zurück: Dem Hebräer bedeutet das Universum eine Einheit, zu der er als wichtiger integrierender Teil gehört, denn er ist als Mensch ja geschaffen nach dem Bilde Elohims. So ist für ihn der Dialog mit Gott unumgänglich, ja er muß sich sogar mit der von Gott abhängigen und sein Gefallen oder seinen Unwillen ausdrückenden Schöpfung auseinandersetzen. Wenn ein Hebräer Himmel und Erde anruft, wenn er sich in seinen Kreis zurückzieht oder ein Opfer bringt, um eine Trockenheit abzuwenden, unternimmt er etwas Wirksames. Keiner, der die Geschichte Jonas hörte, hätte je in Zweifel gezogen, daß es einen offensichtlichen Bezug gibt zwischen der Missetat des Propheten, der sich durch seine Flucht schuldig macht, und dem fürchterlichen Gewitter, welches das ihn bergende Schiff bedrohte.

Die Völker nehmen im allgemeinen an, ihr Land gehöre ihnen aufgrund eines natürlichen Rechtes. Der Hebräer dagegen spürt, daß er seine Erde durch Gottes Gnaden besitzt und kraft der wirksamen Verheißung, die die Eroberung und Besetzung Kanaans zuließ. In der Bibel wird eingehend über die Umstände der Anfänge Israels und seine Ansiedlung im Lande Kanaan berichtet. Aus einem natürlichen Recht heraus gibt es aber weder das Volk Israel noch ein Land, das ihm gehörte, wie Ägypten den Ägyptern, Kanaan den Kanaanitern oder Aram den Aramäern ...

Eine göttliche Weisung hat die natürliche Ordnung gesprengt. Elohim sprach eines Tages zu Abraham: »Ziehe hinweg aus deinem Vaterlande und aus deiner Verwandtschaft und aus deines Vaters Hause in das Land, das ich dir zeigen werde.«[1] Dies geschah so. Man weiß ja, daß Elohim alles kompliziert und untereinanderbringt und es schwierig ist, seine Pläne zu verstehen. Wenn es aber etwas Unverrückbares für den Hebräer gibt, ist es die Tatsache, daß Er existiert und es unmöglich ist, sich seinem allmächtigen Willen zu entziehen.

Die Berufung Abrahams, die Wahl Jakobs, der Auftrag an Moses, der Auszug aus Ägypten, die Enthüllung der Thora und die Eroberung Kanaans werden in der Bibel mit Nachdruck als Verletzung der natürlichen Ordnung dargestellt, die sich verwandelt unter dem Eindringen des transzendenten Gotteswillens.

Dieser Wille reißt Abraham aus seiner Heimatstadt, dem chaldäischen Ur, und aus seinem Vaterhaus, um ihn der Einsamkeit der großen asiatischen Wüsten auszuliefern. Mit welchem Ziel? Der Text sagt es wohl: In ein zukünftiges, bei der Abreise unbekanntes Land, das ihm in einer Erscheinung geoffenbart wurde. Ein versprochenes Land war es für Abraham und bleibt es für die Hebräer. Ein verheißenes Land, das der Mensch jedoch mit seiner Rechtschaffenheit, dem Glauben und aus eigener Kraft verdienen muß. Jeder Hebräer kennt die Prüfungen Abrahams, Isaaks und Jakobs auf ihrem Weg zum gelobten und doch dauernd verwehrten Land auswendig. Er weiß, was für Kämpfe diese Erde das Volk gekostet hat: Abraham war genötigt zur Einwilligung, seinen Sohn zu opfern; Moses hatte Pharao in jenem sagenhaften Kriege die Stirn zu bieten, aus dem er dann als Sieger hervorging und das Volk von seinem Sklaventum befreite; Josua mußte Kriegsführer werden, um das Land seinen ursprünglichen Bewohnern durch Waffengewalt zu entreißen.

Wüste und Kulturland

»Im Anfang schuf Gott den Himmel und die Erde.«[2] Die hebräische Auffassung stellt die Erde in den Mittelpunkt der Welt. Darüber erhebt sich der von Gott bewohnte Himmel. Um sie herum gibt es Berge, Sterne, Meer, und unter ihr das Reich der Toten, Scheol genannt. Die Gesamtheit des Universums stellt ein riesiges Zelt dar, einen gigantischen Palast, über den Gott als König regiert[3]. Die Erde ist für die Hebräer vor allem das Land, »das von Milch und Honig fließt« und wo von Gott geschenkte Früchte, Getreide, Öl und Wein, wachsen[4]. Es ist der Ort der Erwählung und vor allem des Segens. Dieser Segen birgt die wahre Quelle der Fruchtbarkeit, des Glückes, der Erfüllung der Verheißung, der göttlichen Zuwendung und des Gesetzes in sich.

Den Hebräer erfüllt es mit Schrecken, wenn er an die Möglichkeit denkt, er könnte aus seinem Land verjagt werden. Außerhalb breitet sich das Nichts aus oder, noch schlimmer, die Wüste, die verwünschte Gegend, »wo es weder Feigen noch Weinstöcke noch Granatäpfel gibt, ja nicht einmal Wasser zum Trinken«[5]. Nur Dämonen hausen da, wo selbst Tiere fliehen[6]. Wir sind weit entfernt von der romantischen Sicht der Wüste, wie man sie in der Patriarchenzeit hatte oder in der späteren Reaktion der Rechabiter gegen Seßhaftwerden und Stadtleben entwickelte. Jedermann gibt zu, daß das Leben in der Wüste schreckensvoll ist.

Die größte Strafe für den Menschen ist, zusehen zu müssen, wie die von seinen Sünden befleckte Erde in Wüste verwandelt wird. Wie ein lebendes Wesen ist sie nämlich mit ihren Bewohnern solidarisch. Sind diese ihrer unwürdig, wird sie von der Sintflut heimgesucht und verwüstet. Wird der Himmel bleigrau in seiner Unerbittlichkeit und die Erde steinhart, so liegt der Grund dazu in der Sünde des Menschen, der das Bündnis mit Gott verletzt hat. Jesaja beschreibt diesen bedrückenden Vorgang mit folgenden Worten:

»Und ihr Land wird getränkt von Blut ... Und seine Bäche wandeln sich in Pech und sein Erdreich in Schwefel, und sein Land wird zu Pech, brennend bei Nacht und bei Tage ... Wüste liegt es auf ewige Zeiten, niemand wandert hindurch. Rohrdommel und Igel werden es besitzen, Uhu und Rabe darin wohnen; und der Herr wird die Meßschnur der Verödung darüber spannen und das Senkblei der Verwüstung ... In seinen Palästen werden Dornen wachsen, Nesseln und Disteln in seinen Burgen, daß sie eine Wohnstatt der Schakale werden und ein Gehöfte für die Strauße. Da stoßen Wüstenwölfe auf Hyänen, und Feldteufel begegnen einander; das Nachtgespenst nur wird dort rasten und eine Ruhestatt für sich finden ...«[7]

So bedeutet die Grenze zwischen dem fruchtbaren Boden und der Wüste nichts anderes als diejenige zwischen Segen und Fluch oder zwischen Leben und Tod. Niemand kann in Sodom und Gomorrha leben, nicht etwa wegen der ungünstigen klimatischen Verhältnisse, die in jener verlassenen Gegend herrschen, sondern aufgrund von Sünde und Verderbtheit ihrer Einwohner[8].

Verwüstung, Fluch und Tod sind also die Folgen der zweischneidigen menschlichen Freiheit, dem Willen JHWHs abzusagen. Verdient der Mensch aber den Segen, erbt er den fruchtbaren Boden, dessen Weiden reich an Vieh, dessen Felder üppig in der Ernte und dessen Obstgärten mit Früchten gesegnet sind.

So bilden Volk und Erde eine lebendige Einheit: Sie kennen sich von Grund auf, wie Mann und Frau sich kennen und einander in Freude und Leid zugetan sind. Tut der Mensch das Gute, verewigt er sich in seinem Land. Wird er zum Spielball des Bösen, spuckt sein Boden ihn aus[9].

Vom Menschen allein hängt es also ab, ob er sein Land in ein Paradies oder in eine Hölle verwandeln will.

Land JHWHs – Land der Väter

Die Erde des Menschen ist die, welche Gott geschaffen hat – da, wo die Menschen wohnen –, aber ihr Mittelpunkt, ihr Nabel, ihr Herz ist das Gelobte Land, wohin Gott Israel geführt hat. Denn JHWH ist gegenwärtig, wo der Mensch mit seiner Heiligkeit Umgang pflegt, aber diese ist, bis alle Nationen bekehrt sind, nur Israel gegeben. Dieses Land ist in Wirklichkeit nur JHWHs Piedestal, der Ort, den er für seine Offenbarung und als Wohnstätte ausersehen hat. Das Land ist Boden JHWHs und die Städte sind seine Städte: Er herrscht darüber wie über die Menschen, die sie bewohnen. Seine Heiligtümer, das wichtigste unter ihnen der Tempel von Jerusalem, sind die irdischen Stätten des Himmelsbewohners. JHWH selbst und Israel sind Verbündete, die zusammenarbeiten, um das Land zu erobern: Elohim trägt am meisten zur Besitznahme bei; er ist auch der Ausschließlichste in seinen Plänen, denn er verlangt unbeirrbar die Ausrottung der ursprünglichen Bewohner, der sieben Völker Kanaans.

Eine enge Übereinstimmung besteht zwischen dem »Gott der Berge«, Elohim, und seinem Volk von Bergbewohnern, Israel[10]. Deshalb wird sich dieses Volk nie in seinem Lande behaupten können, ohne Gehorsam dem Gesetze JHWHs gegenüber zu üben[11].

So gesehen, ist das Land Israel das Land des Bundes, denn ohne diesen wäre die Beziehung des Volkes zu seinem Gott kraft- und wirkungslos. Das Leben jeder Familie Israels hängt von seinem Erbe ab, wie auch das Leben des Volkes von seinem Land und das Land von seinem Vermächtnis. Der allmächtige Wille JHWHs und

die Geschichte verleihen Israel einen legitimen Besitzanspruch auf sein Land.
Kanaan wird von den Hebräern ständig »das Land der Väter« genannt[12]. Dieser historische Bezug ist eng an das Bild geknüpft, das Israel von der Welt hat. Volk, wie Land, sind eine Person, deren Antlitz von jeder Generation wieder erneuert wird und deren einzelne Taten die Zukunft bestimmen. Verdienste wie auch Vergehen prägen das Schicksal. Die Propheten unterstreichen immer wieder diese Konzeption: Die Geschichte Israels in seinem Land ist das Resultat seiner Tugenden und Schwächen. In diesem Sinne gestaltet und bestimmt die Vergangenheit die Gegenwart, indem sie die Gesinnung des Volkes spiegelt. Ein Bündnis vereinigt so die Menschen aller Generationen mit ihrem Land, und beide zusammen mit JHWH, dem Schöpfer allen Lebens.
Das Land und seine Bewohner sind irgendwie unauflösbar miteinander verknüpft: Das Volk bildet sich zur Stunde seines Auszugs aus Ägypten, dem Land der Sklaverei. Um es zu befreien, mußte Gott den Drachen überwältigen und die Wasser der großen Tiefe austrocknen, so daß der Meeresboden zum Wege ward.
Dieses Wunder bahnt den Weg nach Zion und läßt das Volk das Gelobte Land in Besitz nehmen[13]. Die Überschreitung des Roten Meeres zeigt eine Möglichkeit des Weiterbestehens, einen *Sprung* aus den Schatten der Sklaverei in die Befreiung des Landes durch das siegreiche Volk. Diese Befreiung verwandelt die Wüste in bewohnbares Land mit Seen und Quellen und bestimmt sie zum Heil[14]. Das Ungeheuer, Chaos genannt, dieser Drache, wird besiegt vom Licht der Befreiung[15].

Das Land des Bündnisses: Sabbat und Jubeljahr

Der Hebräer trennt Seele und Körper, Geist und Materie, Gedanke und durch ihn beeinflußte Natur nicht genau, denn er hat eine ursprüngliche, allesumfassende Vorstellung von der Wirklichkeit. Für ihn sind Erde und Steine lebendige Wesen, die an der Volksseele teilhaben und am Geiste JHWHs, der sie geschaffen; ein Bündnis, *b^e^rit** genannt, eine Folge des Schöpferaktes, ist die Grundlage der Beziehungen zwischen dem Volk und dem Land, das als lebendiges Wesen erlebt und angenommen wird. Dieses von Noah, Abraham und Moses in aller Form geschlossene Bündnis ist eng verquickt mit dem Schöpfungsprozeß. Es setzt Rechte und Pflichten fest. Der Bauer muß seinen Boden gemäß den Forderungen dieses Bündnisses behandeln, wenn er die Frucht seiner Arbeit genießen will[16]. Er muß seinen Feldern am siebten Tage der Woche Feierzeit, im siebten Jahre Brachezeit und im neunundvierzigsten die Einhaltung des Halljahres gewähren[17]. Wie Israel, wie der Arbeiter, der Sklave und die Tiere draußen, hat auch die Erde ein Recht auf die Erholung, die zur göttlichen Glückseligkeit gehört und führt.

Der Mensch soll der Erde die Möglichkeit lassen, ihre Freigebigkeit und Großzügigkeit zu zeigen, indem er ihr die zuerkannte Ruhe gönnt und ihr die ersten Früchte der Bäume und die Felderecken, die niemals von den Besitzern abgeerntet werden sollen, überläßt, damit auch die Armen ihren Teil vom Erbe ihres Landes bekommen.

Der Eigentumsbegriff ist geprägt durch die Auffassung, welche die Hebräer von Gott und der Erde haben. Kurz gesagt, ist JHWH der einzige Besitzer der ganzen Schöpfung, der Mensch nur ihr Nutznießer. Weniger Einzelne als vielmehr Familien und Stämme haben die Nutznießung des Bodens. Seine Weitergabe folgt strengen, die Besitzerrechte einschränkenden Gesetzen.

»Grund und Boden darf nicht für immer verkauft werden, denn das Land ist mein, und ihr seid Fremdlinge und Beisassen bei mir.«[18] Auf diese Art ist die Unveräußerlichkeit des Erbes festgelegt. Ein unverzügliches Rückkaufsrecht wird den Familien eingeräumt, doch das Halljahr des 49. Jahres macht alle Immobilientransaktionen wieder rückgängig[19]. Der Kauf des Feldes in Anathoth durch Jeremia beweist, daß die Gesetze im täglichen Leben von den Hebräern befolgt wurden und daß sie wohl ihre Lebensart und ihre Lebensanschauungen wiedergaben[20]. Der Darlehenserlaß

* Das hochgestellte e in der phonetischen Transkription hebräischer Wörter entspricht dem deutschen unbetonten Endungs-e in ›Rabe‹, klingt oft auch ähnlich wie unbetontes ö. (Anm. der Übersetzerin.)

im Sabbatjahr[21] und die Rückgabepflicht in den Halljahren, die Verpflichtung zum Zehnten und das Verbot des verzinslichen Darlehens waren alles Grenzen, die dem Prinzip des privaten Besitzes angelegt wurden. – Diese Maßnahmen, die das freie Handeln und die Gesetze dessen, was man heute Konsumgesellschaft nennen würde, einschränken, sind bezeichnend für das hebräische Altertum, das man als *»Opfergesellschaft«* charakterisieren könnte.

Ein Geschenk Gottes

Die Erde ist für den Hebräer ebenso wichtig als göttliche Kreatur wie als Teil und Hauptquell des Heils; sie bedeutet dem auserwählten Volk verheißene Zukunft, die notwendige Stütze für seinen geschichtlichen Werdegang. Sie stellt sich so als unentbehrlicher Partner seines historischen Geschickes dar.
Darüber hinaus findet der Hebräer – und er glaubt, mit allem Recht –, daß das Land der Verheißung von wirklich außergewöhnlicher Art und Schönheit ist.
Um das unter Schwierigkeiten eroberte und mit großer Umsicht gehütete Land zu benennen, besitzt dieses Volk einige Synonyme. Es ist das Gelobte Land, das Land des Bundes, das Heilige Land, das Land Judas, das Land der Schönheit, oder noch häufiger einfach »das Land«, wobei der Hebräer wieder in dieses einzige Wort die wichtigsten Bedeutungen mit hineindenkt, die das Land, das seines geworden, in sich trägt.
Es ist ein kleines Land. Die Geschichte lehrt, daß es zur Zeit der Patriarchen nur aus einem Stein bestand, auf den Jakob sein Haupt zum Schlafe niederlegte. In der Zeit der Prüfungen, z. B. als Serubabel regierte, umfaßte es gegen die 2000 qkm, als der »restliche Teil Israels« sich rund um Jerusalem gruppierte. Aber auch in der höchsten Blüte des Landes, unter Salomo oder nach dem heldenhaften Zug der Makkabäer, hält sich das Land innerhalb enger Grenzen, die nie mehr als etwa 26 000 qkm umschließen. Vom Nahr-El-Kasimije nach Beerseba sind es 230 km; die Breite mißt vom Mittelmeer bis zur angrenzenden Wüste zwischen 27 und 150 km.

Die Hebräer feiern und besingen die Schönheit ihres Landes in Dichtungen, die nach vielen Jahrhunderten nichts an Bedeutung, Frische und Tiefe eingebüßt haben. Immer mündet die Liebe zum Land in eine umfassendere Sicht, sie erhöht und erweitert sich und wird Liebe zu Schöpfung und Schöpfer. Die äußere Gestalt des Heiligen Landes scheint eine solche Sublimierung noch begünstigt zu haben.

Das Land der Schönheit

Der Leser kennt vielleicht die berühmte Stelle bei Paul Claudel, wo er die Topographie von Rio de Janeiro erklärt: Gott beschließt, in seiner Schöpfung sich selbst zu überbieten. So schafft er den klarsten Himmel, die schönste Bucht, herrlich gewelltes Meerwasser, Strand, Berge und Wälder, Blumen, Vögel und Insekten, wie sie auch dem Paradies wohl angestanden hätten. Aber von einer stürmischen Engelschar wird er dabei angestoßen, das Meisterwerk entgleitet ihm und stürzt zu Boden. Zurück bleibt die chaotische Schönheit Rios. Im Lande Israel muß sich Ähnliches abgespielt haben, mit dem einzigen Unterschied, daß das Werk, sicher unter wirksamer Mithilfe der Engel, doch noch vollendet wurde, und zwar mit den kleinsten Feinheiten, denn die einzelnen Landschaften werden nicht nur wegen ihrer außergewöhnlichen Schönheit von den Hebräern zeit ihres Lebens bewundert und besungen, sondern sie stellen darüber hinaus ein ganzes Universum im Kleinen dar, einen regelrechten Mikrokosmos.

Schon in einem so begrenzten Bereich, wie ihn das Auge bei klarem Himmel von einigen besonderen Anhöhen aus überblicken kann, findet man nicht weniger als 40 verschiedene Landschafts- und Klimaarten: Der ewige Schnee des Hermongebirges liegt nur einige Wegstunden von der sengenden Hitze der Einöden entfernt, die überall das Land umgeben; kommt man nach tagelangen Märschen von Osten her durch die von Bergkämmen und steilen Schluchten durchsetzten Wüsten, wo einzig magere Disteln von Leben zeugen, entdeckt man plötzlich die paradiesischen Gestade des Tiberiassees oder des Jordans. Grünende Weiden, wie sie der Schweiz, der Provence oder manchmal der Normandie entliehen sein könnten, stoßen an Galeriewälder, die dem Innersten Afrikas entsprungen scheinen, grenzen an die Mondlandschaft des Jordan-Tieflandes oder die bleierne Schwere des Toten Meeres. Die Hebräer drücken diese benachbarten Gegensätze in ihrem Lande aus, indem sie es zugleich »Land, wo Milch und Honig fließen«, nennen, wie auch »eisernes Land mit bleischwerem Himmel, das seine Bewohner verschlingt«. Nirgends herrscht da Monotonie. Sogar die Wüsten von Juda, Negeb und Sinai bieten eine Vielfalt an Gegenden, die an die Wüste Gobi oder die Wüsten Afrikas oder Amerikas im kleinen erinnern. Karawanenführer und Pilger werden fortwährend in Atem gehalten von einem ununterbrochenen Wechsel im Landschaftsbild, als hätte das Land seine ganze Pracht und all den Schrecken versammeln und alle seine Gesichter näherbringen und vor dem Menschen enthüllen wollen. Die sanften Modellierungen, die zauberhaften Farben, die im reinen Azur des Himmels tanzen und spielen, Asien, Afrika und Europa (nicht nur mit ihren südlichen Küsten) haben sich hier, wie es scheint, zu einer Harmonie zusammengefunden, die den Reiz dieses Landes ausmacht und an alle einzelnen Komponenten erinnert. So konnten die Eroberer, die aus Mesopotamien, Ägypten, Griechenland und Rom stammten, später die Kreuzfahrer und die aus allen Himmelsrichtungen des Planeten herbeieilenden Pilger innerhalb der engen Grenzen dieses Landes immer ein Eckchen entdecken, das ihrem Heimatort glich.

Der Einfallsreichtum der Natur

Die modernen Geologen und Geographen versuchen, die Gründe für diesen erstaunlichen Einfallsreichtum der Natur zu finden. Sie machen die Verschiedenartigkeit des Bodens für dieses Naturwunder verantwortlich. Sie hat das Land Kanaan seiner ursprünglichen Bestimmung zur Wüste entzogen und in ein Museum umgewandelt, in dem es alles gibt, in dem alles lebt und wächst. Das Land breitet sich innerhalb der einfachen Linien der Mittelmeerküste und des Jordans aus. Im Osten liegt die weite syrisch-arabische Wüste, eine steinige Steppe, fast ohne Wasser, also auch ohne Oasen, und trennt das Land von Mesopotamien, Persien und Indien. 1250 km Karawanenstraße ziehen sich von Jerusalem nach Babylon. Sogar für das Dromedar, das gegen Mitte des zweiten Jahrtausends in dieser Gegend eingeführt wurde, ist die Bewältigung dieser Strecke eine Leistung. Im Westen liegt die geradlinige Mittelmeerküste. Sie gewährt fast keinen natürlichen Unterschlupf und wird von reißenden Wasserläufen, die den spärlichen Schiffsverkehr nicht gerade begünstigen, unterbrochen. Die Meeresnähe verschafft dem Land die Niederschläge und anderen klimatischen Bedingungen, die seine subtropische Lage verbessern. Der Sinai begrenzt das Land im Süden und schützt es vor den Übergriffen seiner unruhigen ägyptischen Nachbarn. Nur der Norden ist offen und begünstigt das Eindringen der mesopotamischen Armeen.

Das von Wüste und Meer begrenzte Land bildet ein Mosaik von Oasen, die eingebettet sind im Tieflandgraben des Jordans und des Toten Meeres. Diese Depression, ein geologisches Phänomen, das auf der Erde nicht seinesgleichen hat, senkt sich vom Taurus gegen Cölesyrien. Sie erreicht ihren tiefsten Punkt an der Mündung des Jordans ins Tote Meer (–394 m) und am Grunde dieses Wassers (–793 m). Der Jordan ist der einzige wichtige Fluß des Landes. Seine Länge beträgt 288 km. Trotz seiner bescheidenen Ausmaße kann er beeindrucken durch die üppige Vegetation seiner Ufer, die von der angrenzenden Mondlandschaft merkwürdig abstechen.

Das Tote Meer, von den Hebräern Salzmeer genannt, ist der charakteristischste Teil der Depression. Unter Meeresspiegel sammelt sich die Wärme der umliegenden Berge und verursacht eine erhöhte Verdunstung von 8 Millionen cbm im Jahr, so daß die täglichen Wasserzuflußmengen des Jordans und seiner Nebenflüsse, deren wichtigster der Jarmuk, sogleich aufgebraucht werden. Dieses Phänomen erklärt einerseits die außerordentliche physikalische Dichte des Wassers (1225), von dem der Mensch, ohne sich bewegen zu müssen, getragen wird, andrerseits den großen Auftrieb, der jegliches Versinken unmöglich macht.[22]

Das 9481 qkm große Transjordanien erstreckt sich in seinem nördlichen Teil (Golan) vom Hermongebirge bis zum Wildbach Jarmuk; in seinem Mittelteil (Gilead) vom Jarmuk zum Wadi Hesbon nördlich des Toten Meeres, und in seinem südlichen Teil (Moab) bis zum Wadi Hasa.
Cisjordanien (15 643 qkm) wird von der Esdralon-Ebene geteilt. Nördlich von diesem Tale liegen Galiläa und das Karmel-Gebirge, im Knotenpunkt der großen Karawanenstraßen, die Ägypten mit Syrien und Mesopotamien verbinden. Daher auch der wichtige Militärstützpunkt von Megiddo, der von Salomo mit viel Geschick angelegt wurde.
Südlich vom Esdralon-Tal breiten sich Samaria und Judäa aus, deren Berge südlich Jerusalem in der höchsten Erhebung von Sirat-el-Bella (1027 m) gipfeln, um dann gegen Beerseba auszulaufen, wo der Negeb beginnt, dessen Hochland in die südlichen Wüsten übergeht. Dieses Gebiet ist das Herz des Hebräerlandes.
Die Mittelmeerküste schließlich wird von starken Strömungen heimgesucht, die der Schiffahrt hinderlich sind. Außer der ehemaligen Insel Tyrus im Norden bietet sie ihren verschiedenen Okkupanten nur Häfen mittlerer Größe: die vom Karmelgebirge geschützten, Akko und Haifa, dann Jaffa und Gaza, etwas südlicher. Die Ebene Saron ist fruchtbar; die Bibel rühmt sie ihrer Schönheit und Milde wegen. Südöstlich von Jaffa, an Judäa anschließend, dehnt sich das Land der Philister aus, eine mit kleineren Hügeln besetzte Landschaft, Sephela genannt und bekannt durch die Kriege Samsons.

Die Launen des Klimas

Der außerordentlichen Vielseitigkeit von Land und Leuten entsprechen die immer wechselnden Launen des Klimas, die es niemals zulassen, daß der Mensch vor sich hin träumt. Das Unerwartete und das Unvorhergesehene beherrschen das Leben dieses Landes in allen Dingen und zwingen es zum Wachsein.
Da das Land Israel am Rande Arabiens und direkt am Mittelmeer

liegt, ist es Schauplatz eines ewigen Duells zwischen den Meeres- und den Wüsteneinflüssen auf Berge, Ebenen und Landsenken. Erschwerend wirkt sich in dieser Situation noch das Vorhandensein des Jordan-Tieflandes aus, welches das Spiel der natürlichen topographischen Gegebenheiten kompliziert. Auch hier ist der Mensch das Opfer ausgeprägter Kontraste. Dank dem subtropischen Klima sind die Durchschnittstemperaturen mäßig während beider Jahreszeiten, der trockenen und der feuchten, die sich ins Jahr teilen und sich zur angenehmen Zeit um Ostern ablösen. An jedem Ort und zu jeder Jahreszeit aber sind die täglichen Temperaturschwankungen beträchtlich. Zwischen Mittag und Mitternacht können sie 10, 15 oder 20 Grad betragen, manchmal sogar mehr, was die Differenzen zwischen Sommer- und Wintertemperaturen mancher Länder übertrifft. Das Gebirgsklima vor allem wirkt besonders kräftigend und anregend, so daß dort eine widerstandsfähige, gedrungene Menschenrasse heranwächst, zäh und klein, wie das Land selbst. Es fällt selten Regen, und die Regenzeit ist kurz, aber wenn es einmal zu regnen beginnt, dann mit verheerender Heftigkeit. Dieser Regen wird ersehnt und gefürchtet. Für den Hebräer ist er zugleich das Heilsamste und Schrecklichste. Er drückt in seinen Augen die Fruchtbarkeit des Geistes Gottes und die Zerstörung durch seine Rache aus.

Der Bauer weiß, daß die West- und Nordwestwinde die stärkeren Regenfälle aus dem Norden bringen, aus Kälte und Dunkelheit. Sind die Niederschläge, die von Ende November bis Ende Februar, mit Hauptgewicht auf dem Monat Januar, fallen, unregelmäßig, so ist doch die sommerliche Trockenheit fast beständig. Die tropischen oder mediterranen Winde aus Richtung West und Süd-West sind feucht und sorgen für den nächtlichen Tau, den Bäume und gewisse Sommerkulturen so nötig haben. Der gefürchtetste Wind ist der Wüstenwind, der vom Roten Meer her weht. Bläst er zur Zeit der Reife zu lange, kann er die Früchteernte in Frage stellen oder manchmal sogar ganze Hauptkulturen vernichten. Auch die Brisen haben ihre besonderen Seiten. Kommen sie im Sommer vom Meer her, schließen sie sich dem gerade herrschenden Wind an. Oft werden durch ihr Spiel, mitten am Nachmittag, ganze Säulen von

Sand aufgewirbelt, sogenannte Tromben oder Windhosen. Alles in allem erhält die gegen die Windseite hin offene Gegend große Mengen Niederschläge. Sie differieren in Jerusalem nicht sehr von den 575 mm von Paris, während die Küste mit ihren 2000 mm es in dieser Beziehung mit den niederschlagsreichsten Alpen- oder Meeresgebieten Europas aufnehmen kann. Und das wohlgemerkt nur wenige Kilometer neben den dürrsten Wüsten der Welt. Die Kontraste sind enorm: In diesem Land besingt der Dichter zugleich Hitze und Kälte, Feuer und Eis, Tau und Reif, Regen und Winde, glühende Wüste und Schnee. Auf dem Gipfel des Hermon gibt es ewigen Schnee, nicht weit von den Karawanen, die von den Wüstenwinden fast versengt werden. Und der von Jerusalem nach Jericho Pilgernde durchwandert 24 Kilometer, klettert einen 1000 Meter tiefen Abhang hinunter und wechselt so in wenigen Marschstunden Kontinent und Klima.

Die Grundbestandteile der Landschaft und ihres Klimas sind so zahlreich und verschiedenartig, daß das Licht sich ständig verwandelt. Es scheint, Natur und Menschen seien nicht nur in seinen Glanz getaucht, sondern aus ihm geschaffen. Das Licht beweist auf Erden den Ruhm der Himmel und des Schöpfers; durch Gottes ersten Befehl am ersten Schöpfungstag wurde es erschaffen: »Es werde Licht!«[23] Seitdem herrscht es als König über dem Land der Schönheit; darüber gibt es für den Hebräer niemals Zweifel.

Im verheißenen Land, in dem Asien und Afrika verschmelzen, wo Küsten und Berge an Gegenden der weiten Welt erinnern, im Land, das auf die Maße des Menschen zugeschnitten ist, auf seinen Schritt und seine Kräfte, im Land, das aber mit seinen endlosen Horizonten, seinen Steilhängen und Schluchten überdimensioniert und verschwenderisch bleibt, in diesem Land ist der Himmel Tag und Nacht gegenwärtig und rechtfertigt hier vielleicht eher als anderswo den Ausruf des Psalmisten: »Die Himmel erzählen die Ehre Gottes, und die Feste verkündigt das Werk seiner Hände. Ein Tag sagt es dem andern, und eine Nacht tut es der andern kund ...«[24]

Die Erzeugnisse der Erde

Flora und Fauna widerspiegeln den Wesenskern dieses Landes, das in allem die Vielseitigkeit des Universums innerhalb der engen Grenzen einer Provinz darstellen soll. Sie sind beide außerordentlich reich, vorwiegend mediterran und subtropisch, im Süden wüstenhaft und ums Tote Meer herum tropisch.

Der Hebräer meint, die ganze Welt in seinem Reich zu entdecken, und kann darin so aufgehen, daß er sein Land mit dem Universum verwechselt. In seinen Wäldern stehen Eichen, Sykomoren, Kiefern, Akazien, Zwetschgen-, Apfel- und Birnbäume, Zypressen, manchmal Zedern, orientalische Platanen, Ulmen, Palmen, Reben, grüne Eichen, immergrüne Steineichen, Maulbeer-, Terebinthen-, Granatäpfel-, Johannisbrot-, Zedrat-, Oliven-, Feigen-, Nuß- und Mandelbäume. Der Mandelbaum heißt auf hebräisch »die Schildwache«, denn er späht nach dem Frühling, um dann als erster in der Pracht seiner Blüten zu erstrahlen. Wie könnte der Reisende, der von einem Aufenthalt in Mesopotamien oder Ägypten zurückkehrt, daran zweifeln, daß auch dieses Land auserwählt ist, betrachte er nur zum Beispiel die strauchige, immergrüne Heide in ihrem Übermaß an Pflanzen und Düften. Da gibt es Ginster, Myrten, Bärenklau und Kapernsträucher; Senf, Mastixbäume, Ysop, Kamillen, Eisenkraut, Kümmel und Dill sowie orientalische Gewürze, dann Jasmin, Rosen, Lilien und Gartenblumen, Lorbeer, Brustbeer-, Balsam-, Akazien- und Pistazienbäume, Weiden, Schilf, Binsen und Papyrus. Der Überschwang der Natur beeindruckt um so mehr, als diese Vielfalt neben den einer Mondlandschaft ähnelnden Küsten des Toten Meeres oder in nächster Nachbarschaft der großen, trostlosen Wüsten besteht.

Bäume, Blumen sowie das Blau des Himmels stehen dem Hebräer immer vor Augen. Die Bibel rühmt auf all ihren Seiten die unerschöpfliche Schönheit dieses Landes. Israels größte Strafe wäre, wegen seiner Missetaten daraus vertrieben zu werden. Seine größte Seligkeit ist, das Land dank seiner Unterwerfung unter Gottes Willen blühen zu sehen.

Während des ganzen Jahres ist sich der Hebräer der Fruchtbarkeit seines Bodens bewußt, lehrt ihn die nahe Wüste doch, daß es sich dabei um eine Art Wunder handelt, das er der Gnade Gottes verdankt. Der Hebräer weiß, daß die Pflanzen ihr eigenes Leben führen, das er nicht antasten darf. So verbietet das Gesetz, einen Obstbaum zu fällen oder seine Früchte vor seinem dritten Lebensjahr zu pflücken[25]. Ebenso müssen die Ecken der Felder, wie wir gesehen haben, bei der Ernte für die Armen reserviert werden. Die Identifizierung von Mensch und Pflanze geht so weit, daß im Deuteronomium der Mensch mit den Bäumen des Feldes verglichen wird.

Harte und ausdauernde Arbeit erlaubt es Israel, auf seinen Feldern Getreide zu ernten, das ihm die Grundlage zu seiner Ernährung liefert: das Brot. Die von Ruth aufgelesene Gerste dient nicht nur den Armen als Nahrung, sondern ebenso Pferden, Maultieren und Eseln. Der wilde Mais und das Sorghumgras ergänzen die Mahlzeiten auf willkommene Weise.

Die Gärten bringen Bohnen hervor, Zwiebeln, Lauch, Auberginen, Pfefferfrüchte, Gurken, Kürbisse, Zucchetti, Melonen, Safran, Knoblauch und alle Salatarten wie z. B. Lattich, Chicorée, Kresse und manchmal Endivien.

Die Hebräer mochten ihre Blumen so sehr, daß man sagt, sie hätten sogar die Wurzelstöcke des Aronstabes und der Lilien gegessen. Ihre Fluren schmücken sich mit Tulpen, Krokussen, Hyazinthen, Narzissen, Gladiolen und Lilien. Die rote Anemone herrscht im ganzen Lande vor und wird immer mehr zu seinem Symbol, fast wie der Olivenbaum. Dieser ist für die Hebräer das Sinnbild für vollkommene Schönheit, Gesundheit, Fruchtbarkeit, Frieden und Glück. Sein Öl wird verwendet zur Salbung der Könige und Priester, als Parfüm für die Frauen und schließlich zur Zubereitung der Speisen. Heute können sieben Pflanzen als Wahrzeichen des Landes gelten: der Olivenbaum, die Palme, der Granatapfelbaum, der Feigenbaum, die Rebe, der Weizen und die Gerste.

Die Tiere des Feldes

In der Genesis wird eine erste Einteilung aller Tierarten vorgenommen nach ihren Lebensbereichen Wasser, Luft oder Erde. In der Tat kann der Hebräer in seinem winzigen Land auch fast alles, was den Händen des Schöpfers entsprungen ist und was Noah vor der Sintflut gerettet hat, betrachten.

Der Mensch, JHWHs Ebenbild, ist der Herr der Schöpfung und ihre Krone: Er soll über sie regieren. Aber die Gewalt über die Tierwelt ist immerhin beschränkt durch den Bund, der den Menschen Gott und der Erde gegenüber verpflichtet. Seine Beziehungen zu den Tieren der Erde sind durch das Gesetz genau umschrieben. Es zu übertreten, und wäre es auch nur auf diesem Gebiet, hieße, sich Fluch und Untergang auszusetzen.

Als erstes genießt das Tier das Recht auf ein dem Gesetz gemäßes Leben. Selbst die wilden Tiere sollen leben, vorausgesetzt, sie achten die natürliche Ordnung, unter die auch sie gestellt sind.

»Du hast dich nicht zu fürchten vor den Tieren des Feldes ... und die Tiere des Feldes sind dir befreundet ...«[26]

Der Wunsch nach Frieden ist so groß, daß die Propheten ein Zeitalter voraussagen, wo die freilebenden Tiere nicht nur den Menschen achten, sondern sogar darauf verzichten, einander gegenseitig aufzufressen: Löwe und Schaf werden friedlich zusammenleben. Diese Auffassung ist um so bemerkenswerter, als dieses Land von allen möglichen wilden Tieren heimgesucht wird: von Löwen, Bären, Wölfen, Tigern, Leoparden, Panthern, Luchsen, Hyänen, Büffeln, Auerochsen, Wildschweinen, Schakalen, Wildhunden, Rhinozerossen, Krokodilen, Nilpferden ...

Innerhalb der großen Menge unterscheidet die Bibel zwischen reinen und unreinen Tieren. Das Tier steht dem Menschen noch näher als die Pflanzenwelt, weil es von Blut durchströmt wird, »denn das Blut ist die Seele alles Fleisches«[27], es ist das Leben selbst. Daher die Eigenschaft gewisser Tiere, den Menschen unrein zu machen, sollte er sie essen oder auch nur berühren.

Zu ihnen gehören alle Reptilien, der Maulwurf, die Ratte, die

Eidechsen[28]. Sie verunreinigen nicht nur den Menschen, sondern auch alle Gegenstände, die sie berühren.
Daraus folgt die sehr strenge Auswahl an Tieren, die der Mensch essen darf: Wiederkäuende Paarhufer, Fische mit Flossen und Schuppen, gewisse Vögel und einige Heuschreckenarten. Alles andere ist dem Menschen untersagt. Genuß von Blut ist in jedem Fall verboten und wird mit dem Tode bestraft[29], denn äße der Mensch das Fleisch samt dem Blute – das ja Seele ist – würde er sich dem Tiere gleichschalten und die seelische Integrität des Volkes JHWHs zerstören.
Die Reinheitsgesetze sind absolut; sie bewahren den größten Teil des Tierreiches vor den Gelüsten des Menschen. Dieser wird übrigens dazu angehalten, einige diesbezügliche Vorschriften zu beachten: Er soll ein zum Verzehr erlaubtes Tier nicht erschlagen, sondern es köpfen und das Blut ausfließen lassen, damit er dieses Blut nicht essen muß. Entdeckt er ein Vogelnest, darf er die Jungen herausnehmen, nicht aber ihre Mutter[30]. Die den Tieren gegenüber geübte Vorsicht geht so weit, daß jeder Kreuzungsversuch untersagt ist, wie man vor ein und denselben Pflug auch nicht zwei verschiedene Tierrassen spannen soll, also z. B. keinen Ochsen mit einem Esel zusammen[31].

Ein Mosaik von Nationen

Die Geschichte des Landes Kanaan wird bestimmt von den Geschicken eines ganzen Mosaiks von Nationen, die es umgeben und durchdringen. Der Vielfalt der Landschaften dieses Landes entspricht nämlich eine Vielzahl ethnischer, religiöser und kultureller Faktoren, inmitten derer das Hebräertum Wurzel fassen muß.
Die mächtigsten Pole dieser Welt sind selbstverständlich Mesopotamien und Ägypten. Wir müssen uns fortlaufend an der Geschichte dieser beiden Reiche orientieren, um den Aufschwung der Zivilisation während des ganzen zweiten Jahrtausends und der ersten Hälfte des ersten Jahrtausends in diesem Teil der Welt erfassen zu können. In Mesopotamien und Ägypten stand die Wiege der Hebräer, denn Abraham wurde geboren und aufgezogen in Ur, dem

chaldäischen Uru oder dem heutigen Mughayra, nahe dem Persischen Golf. Es war das Zentrum der Verehrung des Mondgottes Sin. Die ihm geweihte Stätte war ein Viereck mit den Seitenlängen 350, 248, 400 und 197 m, flankiert von einem rechtwinkligen Turm von 65 auf 43 m im Grundriß. Im dritten und zweiten Jahrtausend hatten Babylonien und Assyrien jedes seine eigene Geschichte. Am Ende des zweiten Jahrtausends und in der ersten Hälfte des ersten Jahrtausends kommen sich die beiden Völker näher und werden schließlich zu einer Macht, welche die Hebräer aus ihrem Lande vertreibt.

Ägypten, das »schwarze Land« oder *Kimet* genannt, trug den hebräischen Namen *Mizrajim*. Es erscheint in den biblischen Erzählungen seit der Patriarchenzeit. Die Geschichten Jakobs und Josephs in Ägypten sprechen uns heute noch an in ihrer unvergänglichen Lebendigkeit, und Thomas Mann verstand es, sie dem heutigen Geschmack wieder anzupassen. Später wurden die Hebräer Sklaven in diesem Land und als solche durch Mose, den auserwählten Führer, befreit, der seine ganze Bildung am Hofe des Pharao erhalten hatte.

Nachdem es den Pharaonen der 18. Dynastie gelungen war, ihr Land von der Herrschaft der Hyksos (1800–1580) zu befreien, schickten sie ihre Armeen nach Osten, um die Sicherheit in ihrem Lande zu festigen. Amenophis I. besetzte das Land Kanaan und stieß vielleicht noch weiter in dieser Richtung gegen Syrien vor. Thutmosis III. unternahm um 1479 einen Ausfall gegen die Verbündeten Asiens und besiegte sie in Megiddo. Unter Amenophis IV. wurden die ägyptischen Besitzungen in Kanaan und Syrien bedroht von der Revolte der Landesfürsten und den eindringenden Hethitern und Hebräern. Sethos I. (1314–1292) eroberte Palästina zurück und machte dem Vordringen der Hethiter ein Ende. Diese wurden dann 1288 von Ramses II. in Kadesch am Orontes besiegt. 1223 führte Menephtha eine Expedition ins Land Kanaan, wo eine neue Revolte ausgebrochen war. Sein Sieg ist auf der berühmten Stele verewigt, auf der er unter seinen Erfolgen die Vernichtung Israels anführt: »Israel ist zerstört, es hinterläßt keinen Samen mehr.«

An dieser Stelle wird zum ersten Mal in einem profanen Dokument der Name Israels erwähnt, an den sich aber, wie zu ersehen ist, kein großer Zukunftsglaube für dieses Land knüpft.
Mesopotamien und Ägypten sind die beiden Riesen, die mit ihrer Kultur und Technik der Geschichte des Vorderen Orients ihren Stempel aufdrücken. Neben ihnen aber wirken eine Vielzahl von Völkern, Nationen, Stämmen und Stadtstaaten, die die Gegend mit ihren Eigenschaften prägen. Die Entdeckung der Al-Amarna-Dokumente (1887) und die Ergebnisse der späteren zahlreichen Ausgrabungen im Nahen Osten haben neues Licht auf diese Zeit geworfen.
So kennt man seit den Entdeckungen in Boghasköi die Hethiter besser. Dieses Volk, dessen Hauptstadt im 14. und 13. Jahrhundert im nord-kappadozischen Chattusas lag, breitete sich über das östliche Kleinasien und das nördliche Syrien aus und formte die Kultur dieses Landstriches durch sein frühes Erscheinen. Schon Abraham kaufte von Hethitern Land, das diese im Süden Kanaans besaßen.
Die Amoriter sind mit den Kanaanitern die ältesten Bewohner dieses Gebietes. Man besitzt nur sehr wenige Angaben über die Beziehungen, die zwischen ihnen bestanden haben mögen. Die Kanaaniter waren auch in Transjordanien[32] seßhaft. Wissenschaftler nehmen an, daß die Kultur Mesopotamiens in ihren Ursprüngen auf die Amoriter zurückgeht, deren Geschichte bis ins vierte Jahrtausend reicht. Im Gegensatz zu den Hethitern waren die Amoriter semitischer Abstammung; sie setzten sich längs den phönizischen Küsten und am östlichen Jordanufer dauerhaft fest. Auch sie wurden von Mesopotamien und Ägypten ständig angegriffen.
Das Nomadenvolk der Aramäer zieht in der weiten Gegend des Nahen Ostens umher, von Ober- und Unter-Mesopotamien bis an die Mittelmeerküste. Hier gelingt es ihnen, eine Macht aufzubauen in den Stadtstaaten, deren Namen die Bibel erinnernd überliefert: Aram-Zoba, Aram-Maacha, Aram-Rehob, alle um Aram-Damaskus, ihr politisches Zentrum, herum. Wie später die Reiche Samarien und Judäa, gehen die aramäischen Staaten 732 unter Tiglatpileser III. zugrunde. Syrien wird assyrische Provinz. Seine

Sprache, das Aramäische, wird nach dem 8. Jahrhundert Diplomaten- und Handelssprache dieser Gegend für Jahrhunderte. Die Hebräer betrachten sich als nächste Verwandte der Aramäer; so wiederholen sie an Ostern immerfort: »Ein umherirrender Aramäer war mein Vater; der zog hinab mit wenig Leuten nach Ägypten ...«[33]
Neben den Amoritern, den Kanaanitern, den Hethitern und den Aramäern bleiben noch die Philister zu erwähnen, der Abstammung nach Arier aus dem Norden, vom Meer her kommend, die sich an der Meeresküste und im Süden des Landes niederlassen; ferner die Phönizier, die sich stark mit der Bevölkerung Kanaans vermischen und die nördliche Küste des Landes bis Akko und zum Libanon, bis nach Gebal (das Byblos der Griechen), Sidon und Tyrus bewohnen; dann die Ammoniter, die sich in Transjordanien, um ihre Hauptstadt Rabbath herum, das heutige Aman, ansiedeln; außerdem die Moabiter und Edomiter, die in den Bergen hausen, deren Namen sie tragen; und schließlich die Stämme des entfernten Arabien[34].

Der Einfluß des Bodens auf seine Bewohner

Israel erlebte die Erschütterung, die den Auftrag Mose klar herausstellte und ihn zu einem wichtigen historischen Faktor werden ließ, auf dem Boden Kanaans, da, wo es den aramäischen Dialekt der Patriarchenzeit mit der Sprache Kanaans, lange vor der Eroberung, vertauscht hatte. In Kanaan werden die Hebräer noch auf andere Weise nachhaltig kulturell beeinflußt: Die ugaritischen Texte beweisen uns, was die Poesie, die Psalmodie und einige biblische Legenden der kanaanäischen Tradition verdanken. Der Sprache der Kanaaniter entleihen die Hebräer gewisse Namen für Gott, wie *äljon, ba'al, adon*. Auf dem Boden Kanaans entdecken sie nicht nur Reben und Wein, sondern vielmehr noch ihre mystische Bedeutung; die Trankopfer und gewisse Opferriten sind der kanaanäischen Religion verpflichtet. So werden mit der Eroberung des Landes die Bande nur noch bestärkt und vertieft, die zwischen Israel, seinem Lande und dem religiösen und kulturellen Leben des unterliegenden Volkes der Kanaaniter schon bestanden hatten.

Der Einbruch der Hebräer ins Land Kanaan ist schon mit dem Einfall der Barbaren ins Römische Reich oder dem der Araber nach Byzanz verglichen worden[35]. Doch ist die Verbindung des Bodens mit dem biblischen Volk von Anfang an für beide Teile eine zermürbende Prüfung. Zur Richterzeit scheint das Land einer grenzenlosen Anarchie ausgeliefert, die durch die Begegnung der beiden Eroberer – Hebräer und Philister – noch verstärkt wird. Später, als das Land verarmt ist, scheint es ganz abseits von den großen Strömungen des Lebens zu liegen. Die ägyptische Überwachung läßt nach und begünstigt die Assimilierung der hebräischen Sippen in ihrem neuen Land als autonome Gleichberechtigte.

Einheit und Verschiedenartigkeit des Bodens

Darüber hinaus fördert die geographische Struktur des Landes eine Zerstückelung des Volkes in verschiedene und, wie wir sehen werden, gern rivalisierende Gruppen. Ebenso wie man einen ständigen Kampf um die Vorherrschaft zwischen den Einflüssen des Meeres und der Wüste feststellen kann, bemerkt man auch gegensätzliche Haltungen unter den Hebräern, die sich trennend auswirken, hervorgerufen durch die geographische Uneinheitlichkeit. Tiefgreifende Veränderungen machen sich bemerkbar: Die Grundeinheit der Gesellschaft ist nicht mehr die Familie oder die Sippe, sondern die Stadt und die von ihr regierte Umgebung. Alle Umstände und vor allem die geographischen, auf die wir so viel Gewicht gelegt haben, scheinen diese Veränderung voranzutreiben: Sie bilden Menschen verschiedenen Schlages heran, die in ihren gegensätzlichen Kleinst-Regionen wohnen, deren Verschiedenartigkeit sie beunruhigt wahrnehmen. Sie müssen gegen die Neigung zum Zerfall ankämpfen, was bedeutet, die traditionellen, religiösen und gesetzlichen Institutionen zu verstärken, um so der Gefahr zu entrinnen, die dem hebräischen Volk in seinem neuen Lande durch dessen geographisch bedingte Struktur droht. Der neue Zustand fördert ebenfalls die Verstärkung der zentralistischen Stellung Jerusalems.

Aber durch die Landnahme vollzieht sich noch eine gründlichere

Wandlung: Das seßhaft gewordene Volk legt die Gewohnheiten des Nomaden- oder Halbnomadentums ab, um sie mit den Tätigkeiten des Ackerbauerntums zu vertauschen. Von nun an heißt es, das Land nicht nur vor Feinden zu schützen, sondern auch vor der Dürre, der Wüste, dem Versumpfen und allen Naturkatastrophen. Die Liebe zur Erde drückt sich so in einer nie endenden Sorge um sie aus, die man aufbringen muß, um sie überhaupt zu verdienen.

Es fehlt nicht an fremden Elementen in diesem Lande, auch nicht nach seiner Eroberung. Diese gefährden die Einheit der Nation um so mehr, als die fremde Kultur derjenigen der Eroberer überlegen und ihr sozialer Aufbau stabiler ist. Dieser Faktor verstärkt noch die Neigung zu einer Unterteilung der Stämme Israels, die sich zusammensetzen aus Grüppchen asiatischer und afrikanischer Herkunft und sich in Kanaan zu verschiedenen Zeiten innerhalb mehrerer Jahrhunderte angesiedelt haben (vergessen wir nicht, daß acht Jahrhunderte den ersten Patriarchen vom ersten König Israels trennen). So ist zu verstehen, daß es im eroberten Lande verschiedene Arten von Hebräern gab und daß nicht alle gleichermaßen am Namen der »Familie Israel« teilhatten, jedenfalls nicht im Sinne, den Mose dieser Bezeichnung gab. Einige blieben sogar in Ägypten, so z. B. die in ägyptischen Quellen lange nach dem Exodus erwähnten Apiru unter Ramses III. und IV. Selbst die Mosaische Gesetzgebung unterscheidet zwischen dem hebräischen Sklaven und dem Israeliten, der nicht in die Sklaverei versetzt werden kann.

Eine unglaubliche Komplexität

Nun ersieht man die Komplexität der Fragen, welche die Landnahme dieses Volkes auf seinem Boden aufwirft. Volk und Boden sind gleichermaßen heterogen, so daß derartig viele Nuancen und Kontraste eine Analyse wirklich fast unmöglich erscheinen lassen.

Eine solche Komplexität muß den Historiker unweigerlich in Bestürzung versetzen, wenn er sich zu erklären versucht, weshalb die Hebräer trotz der vielen inneren Gegensätze und Konflikte ihre Art und Einheit in diesem Maße bewahren konnten.

Da sie der Beeinflussung durch ihre heidnischen Nachbarn ausgesetzt sind und im gleichen sozialen und geographischen Gefüge leben, neigen sie natürlich dazu, ihren Gott zu vergessen und dem kanaanäischen Baal zu dienen, dem Gott der Fruchtbarkeit und der Vermehrung, oder der entsprechenden weiblichen Gottheit Astarte, der Göttin der Liebe. Diese Verirrungen erscheinen nur im Zusammenhang mit dem Seßhaftwerden im Lande Kanaan. Von der Fruchtbarkeit des Bodens abhängig, dienen die Bauern Astarte, der »Göttin der Kraft und der Freude«, in orgienähnlichen Andachten, da sie mit der Mutter Erde identifiziert wird.

Die geographische Zerstückelung des Landes in verschiedenartige Regionen und seine mosaikhafte Komplexität der Völker, Stämme, Sprachen und Religionen führen so zu einer Auflösung der Sippe und dadurch zu einer Schwächung der Familientraditionen und -riten, die sie zusammenhielten. Der Hebräer ist nun disponiert, an ihrer Stelle die von den Kanaanitern gewissenhaft gepflegten Traditionen und religiösen und kulturellen Bräuche anzunehmen. In den fruchtbaren Ackerbaugebieten vor allem übernehmen die in Kanaan frisch angesiedelten Hebräer die alten kanaanäischen Feste, die sich, wie wir noch sehen werden, eng an die Jahreszeiten anlehnen. Auf diese Weise bildet sich bei einem Teil der Hebräer eine volkstümliche Religion heraus, die von den Propheten mit Vehemenz getadelt wird.

Eine starke, aktive Minderheit unterstützt diese Warner, und es gelingt ihnen, die Einflüsse des fremden Landes auszuschalten und Tradition und Lehre des ethischen Monotheismus über Jahrhunderte hin sicherzustellen. Auch wenn ihre Priester in kanaanäischen Heiligtümern opfern, tun sie es im Namen des Gottes von Israel. Die erleuchteten *n^e^biim* ziehen durchs Land, erfaßt von mystischem Enthusiasmus ihres Glaubens an einen einzigen Gott, den sie der größtmöglichen Zahl von Brüdern verkünden wollen. Manchmal gibt es blutige Auseinandersetzungen zwischen den Anhängern der natürlichen Tradition und den Getreuen im Glauben an einen einzigen und übernatürlichen Gott. Doch schließlich siegt die auf Sinai erhaltene Botschaft aus der Wüste über das Land Kanaan, das zum Erbe der Kinder Israels geworden ist.

Aus diesem Kampfe, den die Propheten gerne als Kampf zwischen Gut und Böse oder zwischen Leben und Tod beschreiben, geht als weitere Frucht dieser so begehrten und geliebten Erde Kanaans ein Synkretismus hervor. Der kanaanäische Gott und Herrscher Baal gibt, wie wir gesehen haben, einen der Namen, die den israelitischen Gott bezeichnen. Israelitenkinder erhalten die Namen der örtlichen Gottheiten *Jobal*, *Baaliah*, *Jerubaal* und *Esbaal*. Die in Samarien entdeckten Ostraka bezeugen, wie tief der religiöse Synkretismus ging: Die Leute werden entweder nach dem Gotte Israels oder nach lokalen Gottheiten benannt, betrachten sich aber doch alle als wirkliche Anhänger des Gottes von Abraham, Isaak und Jakob.

Das wäre also der Boden mit den Problemen, die er seinen neuen Eroberern stellt. Viehzüchter, Handwerker, Bauern oder Händler, erst angekommen oder schon lange ansässig auf diesem Boden, der zugleich Kanaan und Israel ist, lassen sich unterschiedlich beeinflussen von den großen geistigen, religiösen und kulturellen Strömungen, die hier oft wuchtig aufeinanderprallen. Die Erde drängt zum Seßhaftwerden, aber auch zur Aufteilung. Eine Einheit wird offensichtlich nur beim Nahen einer großen Not spürbar. Nach der Eroberung schließen sich die Stämme nur um einen Anführer – einen Richter – zusammen, um gegen die fremde Unterdrückung zu kämpfen. Als Israel die feindlichen Heere gegen seine Grenze vorrücken sieht, da vergißt es alle Streitigkeiten und eifert dem reinen Heldentum nach. Es reißt sich von der schweren Erde los, um ihre Einzigartigkeit zu verteidigen. In diesen Prüfungen wird das Bedürfnis nach einer verstärkten nationalen Einheit wach, das durch die antagonistischen Kräfte der Erde verschüttet war. Die Stämme des Nordens wollen sich in Form einer Amphiktyonie vereinen, diejenigen des Südens schließen sich in einem Bund unter Judas Leitung zusammen. Die zwölf Stämme treffen sich in aller Feierlichkeit in Sichem, wo sie Gott danken für ihr Bündnis. Doch diese Bünde sind nur in Zeiten der Not wirksam, wenn die besser organisierten, besser bewaffneten und reicheren Philister das Land zur Einigkeit zwingen. So erscheint denn – der Anstoß kommt vom

Seher Samuel – der Wunsch nach der Einrichtung einer Monarchie, die gegen die anarchistischen Strömungen ankämpfen soll.
Auch für Friedenszeiten mußte eine zugleich weltliche und religiöse Lösung gefunden werden, die es dem Volke erlaubte, seine Zwiespälte zu beseitigen, seine Trägheit, Ablehnung und Verleugnung zu überwinden. Die Erde nahm dabei eine so große symbolische Bedeutung von Ewigkeit an, daß sie Kraft geben konnte, alle Uneinigkeiten zu überbrücken. Die Genialität Davids war, daß er erfaßte, wie sehr und auf welche Art und Weise Jerusalem zur Einigung des Landes beitragen konnte.

Jerusalem
Die Wahl der Lage

Das kontrastreiche Land, das wir eben beschrieben haben und in welchem sich wie in einem Mikrokosmos die verschiedenen Aspekte des ganzen Planeten versammeln, findet man in all seinen Teilen wieder in seiner Hauptstadt *Jeruschalaim.* Auch hier muß man die Gegensätze sehen, die diese Stadt in der Geschichte Israels verkörpert.
Wir kennen die Geschichte Jerusalems während der 500 Jahre der Königszeit durch zwei hauptsächliche Quellen. Die erste ist, wohlverstanden, die Bibel. Ihr haben wir es zu verdanken, daß man die Entwicklung der Stadt Jerusalem sehr genau verfolgen kann. Die diesbezüglichen Texte sind fast in allen Büchern zahlreich vorhanden: Die Eroberung und der Aufbau der Stadt durch David (2. Sam. 5, 4–12), die Vergrößerung der Stadt durch Salomo (1. Kön. 6; 7; 9), die Taten Hiskias (2. Chr. 32; 2. Kön. 20,20) und Manasses (2. Chr. 33) und der nächtliche Gang Nehemias durch die zerstörte Stadt (Neh. 2; 3; 12). Diesen direkten Zeugnissen schließen sich die zahlreichen indirekten Informationen an, die wir aus dem Pentateuch, den Propheten und den übrigen Büchern des Alten Testamentes erhalten.
Die zweite Quelle unserer Kenntnisse bilden die archäologischen Funde, die in den letzten Jahrzehnten zugenommen haben. Die

Lage der Königsstadt kann immer genauer bestimmt werden. Nach der vorherrschenden Meinung erstreckte sie sich vom Hügel Ophel, auf dem David die Stadt errichtet hatte, bis zum südwestlichen Hügel, wo sich der Berg Sion erhebt und das armenische Viertel liegt. Die 800 m über dem Meeresspiegel liegende Stadt kann sich mit ihrem lebenden Kern auf über sechs Hektar Land ausbreiten, dank einem System, das die Wasserversorgung sicherstellt.

Die Wasserversorgung

Da die natürlichen Quellen in dieser Gegend äußerst rar und hier die spärlichsten im ganzen Lande sind, hat die menschliche Erfindung gegen die Wasserknappheit vorgesorgt. Albright hat nachgewiesen, daß die Hebräer in all ihren Siedlungen die Anwendung von Zisternen verbesserten und verbreiteten, um sich so vor den langen Trockenzeiten zu schützen und nicht allzu abhängig von Quellen zu sein. Dank der Zisterne vermögen die Hebräer während ihrer lange dauernden Einwurzelung im Lande Kanaan zu überleben. Oft werden natürliche Höhlen abgedichtet, so daß sie bei sorgfältiger Überwachung als riesige Regenwasserbehälter dienen können. Nach einer anderen Methode wird das Wasser in undurchlässigen Bassins gesammelt. In nächster Nähe des Tempels von Jerusalem wurden 36 in den Felsen gehauene Zisternen gezählt, die etwa 16 000 cbm faßten. Eine von diesen hat eine Tiefe von 19 m.

Auch die entfernten Quellen wurden eingefaßt und in den Dienst des Menschen gestellt. So bauten die Hebräer ein weites und kompliziertes System von Kanälen und Tunnels, um das Wasser von den Quellen in die bewohnten Gebiete zu leiten. Hiskia, König von Juda, kanalisierte auf diese Weise die Quelle Gihon, um den 50 cbm Wasser pro Stunde führenden Bach nach Jerusalem ins Becken von Siloah zu führen[36]. Diese Wasserleitung ist ein technisches Wunder: Bei einer Länge von 512,5 m und einem Höhenunterschied von 2,18 m weist sie ein durchschnittliches Gefälle von nur 2,4 mm/m auf.

Diese Arbeiten erklären die Lage der städtischen Siedlungen in der Nähe der Quellen zur kanaanäischen, um die Zisternen und Bassins herum zur israelitischen und längs der Aquädukte zur römischen Zeit. Jerusalem verdankt seine Vorherrschaft dem außergewöhnlichen Reichtum seiner Wasserversorgung, die von den Quellen Gihon und Rogel, den Zisternen der Privathäuser, den Teichen in den Tälern und auch den Aquädukten sichergestellt wurde.

Die Entwicklung der Stadt

Mit der Stadt verbindet sich das Andenken an Abraham, der bereit war, auf dem Berge Moria JHWH seinen Sohn Isaak zu opfern. Die Horiter, später die Jebusiter, befestigten die Stelle, um sie bis zur israelitischen Eroberung zur Zeit Davids besetzt zu halten. Er selbst erwählte dieses Bergstädtchen, das weder den nördlichen noch den südlichen Stämmen gehörte, zur Hauptstadt des geeinten Königreiches und zum Zentrum seiner Dynastie. Hier errichtete er seine Wohnstätte. Von einem Fenster dieses Palastes aus sah seine Frau Michal ihn mit den Mägden des Volkes tanzen während der Überführung der Lade des Herrn zum heiligen Berg Moria und machte ihm darauf bittere Vorwürfe; von der Terrasse dieses Palastes aus beobachtete David Bathseba, wie sie ein Bad nahm, er begehrte, liebte und heiratete sie, nachdem er den Tod ihres Gatten, des unglückseligen Uria, herbeigeführt hatte; in diesem Palast kritisierte der Prophet Nathan seinen König mit aller Heftigkeit und brachte ihn zur Reue. Und aus diesem Hause wurde David gejagt, als sein Sohn Absalom seinen Staatsstreich verübte und David durchs Kidrontal und über den Ölberg bis ins Jordantal fliehen mußte. Im Palast, wo er den Tod des Sohnes Bathsebas beweint hatte, bedeckte er nun auch sein Haupt mit Asche in seiner Trauer um Absalom. Hier vollendete er seine Tage neben der jungfräulichen Schönheit, die sich neben ihn legte, um seinen alten Körper zu erwärmen. In diesem, von seinem Architekten Hiram erbauten Hause, wählte er Salomo zu seinem Nachfolger, schrieb sein Testament und verschied feierlich[37].

König Salomo erweiterte die Hauptstadt, indem er den Tempel errichtete, einen neuen Palast, hohe Ringmauern, die Festung Millo, zahlreiche Gebäude und das Libanon-Waldhaus, den Pavillon der ägyptischen Königin, die Säulenhalle und die Thronhalle erbaute, in der er Recht sprach, und sich den Ruf größter Weisheit in der ganzen Welt verschaffte. Der Fleiß zweier Generationen – der Davids und der Salomos – verleiht der Hauptstadt unvergleichliche Schönheit.

Die Davidsstadt ist der Mittelpunkt der hebräischen Geschichte; doch zu viele Ereignisse spielen sich in ihr ab, als daß wir sie alle anführen könnten: König um König regiert, um dann seinem Vorgänger ins geheimnisumwobene Grab der Könige zu folgen, welches die Archäologen bis heute noch nicht ausfindig machen konnten. Athalja herrschte da, verleitete das Volk wieder zur Abgötterei, wurde getötet und von den Hunden aufgefressen. Ägypten unter Scheschonk, Syrien unter Hasael, Assyrien und Babylonien begehren diese so reiche wie schöne Stadt, greifen sie an und plündern sie bei der ersten besten Gelegenheit. In ihren Mauern lassen die Propheten von Nathan bis Hesekiel ihr Wort ergehen an ganz Israel. Sie stehen hier im Kampfe JHWHs gegen die Götzen, die ihr Volk verführen und die bis in den Tempel Salomos hinein angebetet werden. Dank dem Prophetenrufe überlebte die Stadt alle diese Niederlagen, entstieg der Asche ihrer Feuersbrünste und wurde zum Vorbild und Symbol der von Nathan bis Jesus verbreiteten Lehre und geistiges Zentrum der drei monotheistischen Religionen. Zur Königszeit bildeten Tempel und Königspalast das Haupt und das Herz der Nation, sie versinnbildlichten ihre Beständigkeit und Einheit.

Der Tempel Salomos

Im Herzen der Hauptstadt errichtet Salomo zwei Gruppen von Gebäuden, die, obwohl jedes für sich, ein organisches Ganzes bilden, nämlich den Tempel JHWHs und den Königspalast[38].

Der Tempel bestand aus drei Teilen: der 11 m breiten, 5,5 m langen und ca. 16,5 m hohen Vorhalle, *ulam*; der 11 m breiten, 22 m langen und 16,5 m hohen Halle, *hechal*, und dem genau würfelförmigen Hinterraum, dem Allerheiligsten oder *d^e^bir*, das eine Seitenlänge von 11 m hatte. Die gesamte Länge des Baues betrug 38,5 m, seine Breite überall 11 m. An den nördlichen, westlichen und südlichen Außenwänden des Tempels wurde ein dreistöckiger Anbau errichtet, der 10 m hoch war. Er war in 90 kleine Kammern eingeteilt, deren Fenster die Halle erhellten.

Salomos Tempel war von bescheidenen Ausmaßen, verglichen mit den großen Heiligtümern der Antike wie dem von Luxor (260 × 55 m) und von Karnak in Ägypten (dessen Säulenhalle allein schon 103 m lang, 52 m breit und 21 m hoch war) oder dem Tempel von Ur[39] oder dem von Esagila in Babylonien. Doch beeindruckte er durch seine auserlesene Ausstattung und seine glanzvollen Liturgien. Mauern, Boden und Decke waren mit Zedernholz getäfelt, mit Cherubim, Palmen und Blumen geschmückt und das Ganze mit Gold ausgeschlagen. Im Allerheiligsten ruhte die Bundeslade, bewacht von zwei aus Olivenholz geschnitzten und ganz vergoldeten Cherubim von 5,5 m Höhe, deren Flügelbreite 2,75 m maß. Die Halle schmückten ein goldener Räucheraltar, ein mit Gold überzogener Zederntisch mit den Schaubroten, zehn reingoldene Kandelaber mit ihrem Zubehör wie Zangen, Kerzenscheren, Blumenschmuck, Räucherpfannen und Messern, alle aus reinem Gold. In der Vorhalle standen der eherne Altar für die Brandopfer und das von zwölf Stierrücken getragene, aus Erz gegossene »Meer«; zehn muschelförmige Kessel auf Rädern dienten dem Wassertransport[40].

Das Zusammenspiel von Geistlichem und Zeitlichem, wie wir es eben beschrieben haben, ist in der Antike gewiß nicht selten. Nirgends sonst erreichte es aber eine dauerhaftere Ausstrahlungskraft als in Jerusalem. Der Tempel bildet den zentralen Kern, um den das Leben des Volkes kreist, den Ort, von dem aller Segen, alle Reinheit, alle Vergebung und alles Leben ausgehen. Wenn sich die Welt halten kann, so nur dank der Gegenwart Gottes in seinem Heiligtum, wo ihm der Dienst erwiesen wird, den er von seinen Getreuen erwartet. Diesen Ort der Auserwählung, an dem er wie ein König in seinem Palast regiert, hat er dazu bestimmt, seine Person, seinen Namen, seinen Ruhm, sein Herz und seine Lehre, die Thora, zu verkörpern[41]. Hierhin ziehen sich die Hebräer zurück, wenn sie mit JHWH ins Gespräch kommen wollen, um Erleuchtung zu erhalten: Könige, Richter, Propheten, getreue Männer und Frauen suchen hier Zuflucht, um Gottes Geist, Rat und Hilfe zu suchen oder ihm seine Wünsche zu eröffnen. Jesaja und Micha sprechen aus tiefster Überzeugung, wenn sie sagen:

»Und es wird geschehen in den letzten Tagen, da wird der Berg mit dem Hause des Herrn festgegründet stehen an der Spitze der Berge und die Hügel überragen; und Völker werden zu ihm hinströmen, und viele Nationen werden sich aufmachen und sprechen: ›Kommt, lasset uns hinaufziehen zum Berge des Herrn, zu dem Hause des Gottes Jakobs, daß er uns seine Wege lehre und wir wandeln auf seinen Pfaden; denn von Zion wird Weisung ausgehen, und das Wort des Herrn von Jerusalem‹. Und er wird Recht sprechen zwischen vielen Völkern und Weisung geben starken Nationen bis in die Ferne; und sie werden ihre Schwerter zu Pflugscharen schmieden und ihre Spieße zu Rebmessern. Kein Volk wird wider das andre das Schwert erheben, und sie werden den Krieg nicht mehr lernen.«[42]

Jerusalem ist also der Mittelpunkt Israels und der Welt, an der Quelle allen Heils und Segens. Die Stadt wird auch in immer größerem Maße Mittelpunkt im Leben der Leute. Nach der Zerstörung des Königreiches Samaria, dann bei der Rückkehr von Babel aus dem Exil wird Jerusalem einziges geistiges Zentrum des Volkes Israel sein. Die Stadt bekommt transzendente Bedeutung, und die Propheten werden nicht müde, sie immer noch höher hinauf zu heben. In ihr werden Juda und Israel ihre Einheit wiederfinden.

Wenn die ganze Erde in ihr den Mittelpunkt erkennt, wird die Welt umgestaltet, erneuert und gerettet werden kraft der Segnung und Heiligung JHWHs[43].

Eroberung, Erhaltung und Verteidigung des Bodens: Der Krieg

Eine Gemeinschaft zeigt ihr wahres Gesicht, wenn sie mit den Bedürfnissen des Krieges konfrontiert wird, der wohl zum natürlichen Lauf der Welt gehört. Leben, Frieden und Glück sind Gottesgeschenke und übernatürliche Gegebenheiten, die immer von neuem geschaffen werden müssen, indem man sich den Segen verdient, mit dessen Hilfe auch der Krieg gewonnen werden kann... Dieser bestätigt das Recht Israels auf das Gelobte Land. Er ist siegreich, beweist also die Richtigkeit des an Abraham gegebenen Versprechens und die Überlegenheit JHWHs gegenüber den Göttern der sieben Völker, die durch die Eroberung Kanaans besitzlos geworden sind.

Das biblische Israel lebte zu oft im Kriegszustand. Schon in der Wüste bereitete es sich auf die militärische Aktion des Einmarsches vor, der die Eroberung sicherzustellen hatte. Der Gesang Deboras und die Geschichte des Mordes an Sisera durch Jael[44] berichten uns mit einer selten anzutreffenden Ausdruckskraft die Kriegssagen der alten Zeit[45]. In jedem Falle hängt der Sieg von JHWH ab. Darum muß das wichtigste Augenmerk des Heerführers immer darauf gerichtet sein, wie er die geistige Kraft des Volkes anfeuern und es läutern könne, da eine integre Seele Vorbedingung für einen Sieg ist. Das Militärgesetz ist sehr streng in bezug auf alles, was mit der Reinheit der Kämpfenden zusammenhängt: Ein Soldat, der am Kampfe teilnehmen will, muß sich im Stande vollkommener ritueller Reinheit befinden. Ein zufälliger nächtlicher Samenerguß verbietet es ihm schon, beim Heer zu bleiben. Das israelitische Lager soll sich von allen Unreinheiten frei halten: Für die Exkremente sind Aborte auf freiem Feld vorgesehen. Die Schaufel, mit der sie zugedeckt werden, gehört zur Ausrüstung des Soldaten[46]. Ist dieser aus irgendeinem Grunde unrein, weil er sich fürchtet oder weil er eine Verlobte zurückgelassen hat, ohne sie heimzuführen, oder einen nicht abgeernteten Weinstock oder ein noch nicht eingeweihtes Haus, muß er die Front verlassen und sich zurückziehen[47]. Enthaltsamkeit[48] und Mäßigkeit des Soldaten, manchmal sogar eine Fastenzeit, verstärken seine Gemeinschaft mit Gott und kräftigen demnach die Armee, welche auf diese Weise vom Geist der Heiligkeit erfüllt wird. Der Krieger, seine Waffen, sein Lager, seine Leute müssen alle von JHWH geheiligt sein, um den Sieg zu verdienen[49]; denn dieser hängt letzten Endes weder von den Waffen noch von den Umständen ab, sondern vom Geiste, der den Krieger beseelt.

Die Waffen des Kriegers

In der Epoche, mit der wir uns beschäftigen, macht die Kriegskunst eine Wandlung durch, die der Einführung und Vervollkommnung der neuen Waffen zuzuschreiben ist und eine umwälzende Änderung der Kriegsstrategie und -taktik herbeiführt. Das Eisen tritt an die Stelle der Bronze; es erhöht die Beweglichkeit der Wagen und erleichtert den Umgang mit Lanzen, Wurfspießen, Piken, Beilen, einfachen Speeren, Rundspeeren und Dolchen. Der beträchtlich verbesserte Bogen bedingt eine Verstärkung der Panzerhemden, Rüstungen, Helme, Handschuhe, Beinschienen und Schilde. Diese Fortschritte bemächtigen sich aller Armeen des Nahen Ostens fast gleichzeitig, da die Kriegskunst gezwungenermaßen international ist. Die archäologischen Funde der letzten Jahre, das Inschriftenmaterial von Mari, Ugarit, Al-Amarna und Anatolien, die häufigen Schilderungen der Bibel und die aus Ägypten und Mesopotamien stammenden Dokumente haben Licht auf zahlreiche, den Krieg in biblischer Zeit betreffende Fragen geworfen. Rammklotz und Wagen sind die stärksten Waffen im militärischen Rüstzeug der ersten Hälfte des ersten Jahrtausends vor Christus. Der von zwei Pferden gezogene Wagen, der allgemein gebräuchlich wird, löst das Problem der Bewegung und des gleichzeitigen Stoßes. Im hölzernen Wagen sitzen zwei Soldaten: der Krieger und der Wagenlenker. Die hethitischen Wagen konnten drei Krieger aufnehmen, wie aus ägyptischen Denkmälern ersichtlich ist. Der Wagen war so ausgerüstet, daß er Bogen, Pfeile und Wurfspieße mitführen konnte. Seine Kriegstüchtigkeit hing von der Machart ab. Für seinen Bau brauchte es Dutzende von Einzelteilen, von denen uns Dokumente jener Zeit ausführlich berichten. Die einzelnen Staaten besaßen ihr eigenes Fabrikationsgeheimnis, und die kleineren unter ihnen waren, damals wie heute, in ihrer Militärausrüstung von den großen abhängig. Mächtige Armeen konnten einige tausend Wagen unterhalten, kleinere Königreiche hatten sich mit einigen Dutzend zu begnügen. Salomo besaß z. B. 1400 Wagen und 12 000 Pferde, die er in dafür spezialisierten Städten wie Jerusalem und Megiddo stationiert hielt[50].

Der Aufbau der Armee

Zur Nomadenzeit bildete das ganze Volk Israel die Armee. Die Aufstellung eines Berufsheers war das Werk der ersten israelitischen Könige. David muß als Schöpfer dieser neuen Struktur angesehen werden, durch die das Anheuern von Söldnern möglich wurde. Diese hingen direkt vom König ab; sie waren seine Garde, *mis-ma'at*. Mit Hilfe der sehr aufwendigen Berufstruppen, die David, wie später seine Nachfolger, unterhielt, eroberte er Jerusalem und besiegte die Philister. Eine allgemeine Mobilmachung vereinigte im Kriegsfalle alle kriegstauglichen Männer des Landes[51].

Wenn das Land bedroht war, ertönte der Kriegsruf: »Israel in deine Zelte!« In Befestigungen, die an den strategisch gefährdetsten Punkten errichtet waren, wurde die Besatzung verstärkt. Die Landbevölkerung zog sich in die Städte zurück, die ringsherum durch Mauern geschützt waren.

Während der Monarchie ist die Armee Israels vorwiegend defensiv. Die von Josua eröffnete Ära ist mit David endgültig beschlossen. Im Reiche Salomos gibt es keinen einzigen Krieg mehr. Nach ihm kann sich das durch die Teilung geschwächte Land nur noch gegen den Eroberungsdrang seiner Nachbarn verteidigen, von denen es schließlich zerfetzt wird. Der Begriff des Heiligen Krieges, der unternommen wird mit dem Ziel der Eroberung zwecks Ausbreitung des wahren Glaubens, war der Geschichte, dem Geist und den Möglichkeiten der Hebräer immer fremd.

Spionage, Kriegslisten, Fallen, Überraschungsmanöver und Blitzkriege sind nicht die Erfindung unserer Zeit, weist doch die Kriegsgeschichte Israels eine große Auswahl davon vor. Lärm allein macht oft schon die beste Waffe aus. Um die Midianiter anzugreifen, trommelte Gideon 300 Soldaten zusammen, die er mit einem hohlen Widderhorn, einem irdenen Krug und einer Pechfackel ausstattete. Die Truppe umzingelte nachts das Lager der schlafenden Feinde. Auf ein Zeichen hin zerschlug die israelitische Armee die Krüge, ließ ihre Fackeln aufflammen und blies aus Leibeskräften in die Hörner, ohne von der Stelle zu rücken. Ein solches Erwachen löste Panik aus im Lager der Midianiter, die eine vollständige Niederlage erlitten.

Diesen sehr menschlichen Kriegstaktiken fügen die Hebräer noch eine andere, besonders gefährliche Waffe bei, das persönliche Eingreifen JHWHs.

Das Eingreifen JHWHs

Um sich den Segen zu sichern, führen die Soldaten in ihrer Ausrüstung nicht nur ihre Feldzeichen und Banner mit, wirksame Symbole, sondern auch sakrale Gegenstände, um JHWHs Gegenwart unter seinen Soldaten sichtbar zu machen. Begleitet die Bundeslade des Herrn die Armee, ist der Sieg so gut wie gewiß, denn die Feinde Israels sind auch die Feinde JHWHs, und wo sie auftaucht, stieben diese auseinander[52]. Hinter die Person des Soldaten nämlich stellen sich unsichtbare Kräfte. Himmlische Legionen, Engel und sogar Götter nehmen am Kampfe teil, und von ihnen allein hängt der Ausgang ab. Deshalb auch ist es unumgänglich, vor jeder Unternehmung die Orakel oder Seher zu befragen, die sehr oft andrer Meinung sind als die Könige. Der Stichentscheid des Königs bringt dann die Entscheidung, und der Kriegsausgang trennt die wahren von den falschen Propheten.

Nach der Schlacht

Als Sieger oder Besiegte kehren die Soldaten am Tage nach der Schlacht wieder in ihre Familien zurück. Bei einer Niederlage vergrößert sich das Unglück noch durch den Preis, der dem Feind gezahlt werden muß: Entschädigung in Gold oder Silber, eroberte und geplünderte Städte, vergewaltigte und in Sklaverei gebrachte Frauen, Deportierungen und Massaker.

Waren die Kämpfe von Sieg gekrönt, wird die Armee mit Musik, Tanz und Danksagungen gefeiert; es folgen die Erfüllung der Gelübde und das Darbringen der Opfer. Dies alles soll die geläuterten Soldaten ins gewöhnliche Leben zurückbringen. Gräßliche Tragödien spielen sich manchmal dabei ab: So muß der siegreiche Jephtha, um ein vor der Schlacht ausgesprochenes Gelübde zu erfüllen, seine eigene Tochter töten und als Brandopfer darbringen[53].

Das Land bereichert sich an der dem Feind abgenommenen Beute: an Waffen, Ausrüstung, Vorräten, Schmuck, Gegenständen aus den geplünderten Lagern und Städten, Viehherden und Ernten der annektierten Gebiete. Das Gesetz versucht, die niederen Instinkte zu zähmen. Es sieht vor, daß die eine Hälfte der Beute ans Volk und die andere an die Kriegsleute verteilt wird und daß die Leviten ihren Anteil vom Ganzen auslesen können[54]. König und Generäle nehmen die kostbarsten Dinge für sich selbst oder für den Tempel[55].

Falls die gefangenen Männer und Frauen nicht getötet werden, kommen sie in die Sklaverei, in den Frondienst oder müssen Lösegeld bezahlen. Ein Soldat kann seine schöne Gefangene auch heiraten; so bekommt sie ihre Freiheit wieder zurück[56]. Die Freude über die Teilung der Beute wird von den Chronikschreibern in ihrer ganzen Derbheit geschildert. Es darf aber nicht bei der bloßen Freude bleiben, wenn der Sieg auf politischer Ebene ausgeschöpft und der Bündnisvertrag abgeschlossen werden soll, der die Rückkehr zum Frieden besiegelt[57].

Das Ende allen Krieges

Da die Hebräer von den Greueln des Krieges meistens besonders schmerzlich berührt sind, setzen sie den Frieden an die allererste Stelle in den täglichen Bestrebungen. Nicht zufällig ist ihre gebräuchlichste Grußformel für unser »guten Tag« oder »guten Abend« *schalom* (Friede). Frieden und Gottessegen sind so eng mit der Gerechtigkeit verbunden, daß es unmöglich wäre, sie zu trennen, ohne das vom Volke gehaßte Kriegsleid heraufzubeschwören. Auch ist der mit größter Regelmäßigkeit wiederkehrende Stoff der Prophetenpredigten *der Friede*: Die Propheten predigen sogar Frieden, wenn weit und breit kein Friede herrscht, wie Jeremia und Ezechiel schonungslos feststellen[58]. Und Micha charakterisiert sie mit Bitterkeit als die, ». . . die Heil [Frieden] verkünden, wenn ihre Zähne etwas zu beißen haben . . .«[59]. Der Frieden ist nicht etwa nur das Fehlen eines Krieges, sondern ein Zustand, der jegliche Ungerechtigkeit, Unvollkommenheit und Sünde ausschließt. Er ist ein Zustand, in dem die Seele ihr höchstes Maß an Kräften erlangt und entfaltet; und seit er im Lande Fuß gefaßt hat, ist das beständigste Streben Israels überdies, sich ausdehnen zu können, ohne dafür kämpfen zu müssen, und Wohlstand und Sicherheit im Schatten seiner Weinstöcke und Feigenbäume genießen zu können. Diese Vorstellung, die dem ganzen Volk geläufig ist, wird in gewissen Kreisen abhängig gemacht von der Ausrottung der sieben Völker, welchen die Hebräer den Boden entzogen hatten, um Kanaan zu erobern[60].

Die Stadtbewohner und Bauern teilen diese Ansicht keineswegs. Ohne Vorbehalte und oft blindlings übernehmen sie das Bild des idyllischen Friedens, der in Israel eines Tages herrschen wird. Die Propheten kommen immer wieder auf dieses Thema zurück, das ihnen die schönsten Töne und eindrücklichsten Worte entlockt. Zum ersten Mal vielleicht in der Geschichte der Menschheit wird der Krieg als ein Übel an sich betrachtet, das verschwinden soll:

»Ich will den Frieden zu deiner Obrigkeit machen und die Gerechtigkeit zu deiner Regierung. Man wird in deinem Lande nicht mehr hören von Gewalttat, von Sturz und Zerstörung in deinen Grenzen; deine Mauern wirst du ›Heil‹ nennen und deine Tore ›Ruhm‹. Die Sonne wird nicht mehr dein Licht sein am Tage und der Glanz des Mondes dir nicht mehr leuchten; sondern der Herr wird dein ewiges Licht sein und dein Gott deine Herrlichkeit. Deine Sonne wird nicht mehr untergehen und dein Mond nicht schwinden; denn der Herr wird dein ewiges Licht sein ... Deine Bürger werden lauter Gerechte sein ...«[61]

Der Frieden geht einher mit dem Sieg seines Verkünders, Israel. Die Heiden werden es nicht mehr verfolgen, werden nicht mehr versuchen, es zu unterdrücken oder es aus seinem Lande zu vertreiben, sondern werden ihm ganz im Gegenteil mit ihren kostbarsten Opfergaben entgegeneilen. Die Huldigung wird sich in Wirklichkeit an JHWH richten, den Gott Israels, der das Wunder der völligen Befriedung des ganzen Universums vollbracht hat, der den Wandel der Menschenherzen, der Instinkte und der Gedanken vollzogen und die ganze Schöpfung, das Tierreich mit eingeschlossen, unter seinen Frieden und das Licht einer neuen Welt gestellt hat. Nicht mehr die Nationen werden die Welt regieren, sondern Gott allein. Israel wird auch die Waffen nicht mehr benötigen am Siegestage seines Königs, des Messias:

»Jauchze, Tochter Jerusalem! Siehe, dein König kommt zu dir; gerecht und siegreich ist er. Demütig ist er und reitet auf einem Esel ... Er wird die Streitwagen ausrotten aus Ephraim und die Rosse aus Jerusalem; ausgerottet werden auch die Kriegsbogen. Er schafft den Völkern Frieden durch seinen Spruch ...«[62]

II. Das Volk

Der Name eines Volkes

Die Hebräer waren stark beeindruckt von der Kraft des Wortes. Als Realisten erkannten sie wie ihre Nachbarn, die Mesopotamier und Ägypter, die Verbindung zwischen einer benannten Sache, der Vorstellung von ihr, und dem Wort, das sie bezeichnet. Der Name ist etwas Lebendiges und bezeichnet eine andere lebendige Wirklichkeit und beeinflußt sie, wohingegen die Sache dem Wort erst Seele verleiht. Das Wort ist an und für sich eine schöpferische Größe. Dank dem Wort hat Elohim Himmel und Erde, Licht und Finsternis geschaffen. Dank dem Wort kann sich der Mensch in die Schöpfung eingliedern, sie bewahren und vollenden oder sie im Gegenteil stören und zerstören. Das Wort regiert über Segen und Fluch, Krieg und Frieden, Leben und Tod.

Der Hebräer spürt den Unterschied zwischen Bezeichnung und Bezeichnetem nicht: Das Wort *dabar* bedeutet ›Name‹ und ›Sache‹ zugleich. Den Namen wechseln heißt, sein Schicksal vertauschen. Körper und Seele sind so eng mit ihrem Namen verknüpft, daß es unmöglich ist, sie zu trennen. Die Seele eines Menschen, eines Volkes oder einer andern irdischen oder himmlischen Gegebenheit ist die sichtbare Körpererscheinung. Ihre Bezeichnung drückt ihrerseits klar ihre lebendige Einheit aus.

Daher müssen wir dem Namen, unter dem die Hebräer bekannt und mit dem sie als Volk benannt wurden, so große Bedeutung beimessen. Die heutigen Historiker verbinden die *Ibrim*, die Hebräer der Bibel, mit den umherziehenden Gruppen, die, wie wir schon gesehen haben, *Habiru*, *Hapiru* oder *Apiru* genannt wurden und im Laufe des zweiten Jahrtausends vor Christus in verschiedenen Gebieten des Nahen Ostens auftauchen, in Kanaan, Ägypten, Syrien, dem hethitischen Anatolien und dem akkadischen Mesopotamien. Diese Nomaden unternahmen manchmal Beutezüge, gegen die sich die kanaanäischen Fürsten wehren mußten, wozu sie die

Hilfe ihres ägyptischen Herrschers beanspruchten[1]. Was es auch mit dieser weit zurückliegenden Abstammung auf sich haben mag, das Wort *'ibri** (Hebräer) ist jedenfalls phonetisch mit dem Stamm *'abar* (vorbeigehen) verwandt. Somit kann der Hebräer als ein Wesen definiert werden, das immer unterwegs und in Bewegung ist, um Grenzen zu überschreiten. Er ist nicht an ein Land gebunden wie die Kanaaniter, die Moabiter, die Edomiter, Ägypter und Mesopotamier, die Leben und Namen nur in Verbindung mit ihrem Boden und als dessen Bewohner haben, sondern er ist der Mensch der großen Völkerwanderungen, die Abraham aus Ur nach Kanaan, Jakob und Joseph nach Ägypten geführt und die sie von dort und von Mesopotamien her in ihr Gelobtes Land zurückgebracht haben. Die Hebräer gründen ihr Bestehen als Volk auf einen Exodus, den Auszug aus Ägypten. Die Nation entstand nicht bei der Eroberung Kanaans, zur Zeit Josuas, sondern am Fuße des Sinai, in der nahezu unbewohnbaren Wüste, als Mose den aus Ägypten Geflohenen sein Gesetz übergab. Bei der geschichtlichen Deutung dieses ständig in Bewegung lebenden Volkes stößt der Forscher also auf Ungewöhnliches, Unerwartetes, oft Unglaubliches, manchmal sogar Unmögliches.

Am Anfang der hebräischen Geschichte steht das Nomadentum: Es prägte die ganze Aufbauzeit des Volkes, als es weder Land noch Staatsform besaß. So erscheinen die Hebräer, wie sie sich selbst verstehen, nämlich als Menschen unterwegs, auf der Wanderung, im Übergangsstadium, auf der Flucht und am Verwachsen mit dem einzigen Boden, den sie als ihren eigenen anerkannt haben und der ebenso vielfältig, widersprüchlich und kontrastreich ist wie sie selbst. Der Kitt, der die Hebräer in einer Einheit zusammenhält, ist ihr gleiches geschichtliches Bewußtsein, die gemeinsame Abstammung von Sem, dem Sohn Noahs oder Urgroßvater *Hebers.* Sie sind Brüder durch Abraham, Isaak und Jakob. Dieses historische Bewußtsein verstärkt die Bande, die schon durch die Sprache, den Glauben, die Religion, die Kultur und schließlich das gemeinsame Schicksal auf demselben Boden geknüpft sind.

* ' bedeutet in der Transkription der hebräischen Wörter den Knacklaut. (Anm. der Übersetzerin.)

Erst nachdem das hebräische Volk körperlich und geistig präsent ist, entsteht in ihm der Wunsch nach einem Territorium – eine Reihenfolge, die eigentlich gegen die natürliche Entwicklung geht. Nicht das Land zieht sein Volk auf und bringt ihm Kultur bei, sondern das Volk erobert sich in unablässigem Kampf sein Land, wobei es aus sich selbst die Kraft schöpft, die der Luxus kostet, ein eigenes Land besitzen zu wollen. Die hebräischen Nomaden haben die Absicht, sich anzusiedeln, und begehren diesen einzigen zu ihrem Schicksal passenden Landstrich; nachdem sie in ägyptischer Sklaverei gelebt hatten, eroberten sie ihn, sobald sie konnten, in grausamen Kämpfen gegen Kanaan; nachdem sie nach Babylon verschleppt worden waren, war ihr größter Kummer und ihre größte Sorge, zu diesem Land zurückzugelangen und es wieder aufzubauen; nachdem sie von den Römern so niedergeschlagen worden waren, daß jeder vernünftige Mensch an einen endgültigen Untergang gedacht hätte, kratzten sie die Überreste ihrer Hoffnung und ihrer Kräfte zusammen, um das Unglück Lügen zu strafen, und warteten während zweier Jahrtausende auf die Gelegenheit, am Orte der Verheißung die Wohnstatt und die Heimat der Nation wieder neu zu schaffen.

Der Nomade lebt in gewissem Grade im Kampfe gegen die Natur. Seine Bleibe ist die Wüste, die Steppe. Die Armut des Bodens, auf dem er geht, zwingt ihn zu Bewegung und Aktivität, in der Sorge ums Überleben in einer unwirtlichen Gegend. Dieser Zustand spielte eine äußerst wichtige Rolle in der Geschichte des hebräischen Volkes auf der Suche nach dem Übernatürlichen, das mit dem Glanze seiner Herrlichkeit dann die ganze Schöpfung überstrahlen sollte.

Überdies mußte das Volk sich behaupten und kämpfen gegen eine an Zahl, Kultur und Lebensstandard reichere Umgebung. Zur Zeit, als das hebräische Volk geschichtlich zu existieren beginnt, können die Ägypter und Mesopotamier schon auf eine mehr als zwei Jahrtausende alte Kultur zurückblicken. Die geeinigte Monarchie Ägyptens geht ins vierte Jahrtausend zurück, etwa ins Jahr 3200. In dieser Zeit stehen sich die Städte Lagasch, Ur und Uruk in Auseinandersetzungen gegenüber. Die Anfänge der Kultur von Susa sind noch älter, und Kreta kennt den Gebrauch des Metalls seit dem

Jahr 3000. Das bedeutet, daß die Region der Welt, in deren Mitte die Hebräer einen neuen Staat gründen wollten, schon damals an geschichtlichen Ereignissen reicher war, als es heute gewisse Gegenden Europas sind. Vergleiche hinken, auch in der Geschichte, doch die Ankunft der Hebräer in Kanaan könnte, in unsere Zeit umgesetzt, verglichen werden mit Beduinenstämmen, die den Entschluß faßten, sich im Bereich der großen abendländischen Metropolen niederzulassen, ohne ihren Lebensstil ändern zu wollen. Es ist keine Übertreibung dabei, wenn Millar Burrows schreibt: »In gewissem Sinne war der Einbruch der Hebräer nach Palästina den Einfällen der Barbaren ins Römische Reich gleichzusetzen oder dem Überfall der Araber auf das Byzantinische Reich, einige Jahrhunderte später«[2].

Historische Untersuchungen haben die engen Verbindungen bestätigt, die zwischen den verschiedenen Zentren der nahöstlichen Kultur seit dem späten Bronze-Zeitalter bestanden. Ihr Verkehrsmittelpunkt lag sehr wahrscheinlich im Herzen des kanaanäischen Gebietes, welches die Hebräer zu ihrer Heimat aussuchten. Es war ein Durchgangsknotenpunkt, wie wir gesehen haben, an dem sich viele Rassen gegenüberstanden, sich bekämpften und vermischten, beherrscht von den Ägyptern, Babyloniern, Hethitern, Phöniziern und Kanaanitern.

»Da ... wanderten sie von Volk zu Volk, von einem Königreiche zum andern«[3], sang der Psalmist mit historischer Exaktheit. So war der Hebräer also ein Mensch von »jenseits«. Aber bei der großen Verschiedenheit seiner Gesichter kannte man dieses Volk noch unter einem anderen Namen: *Israel.* Auch hier handelt es sich um den Namen eines Mannes; Jakob, der vom Einbruch des Übernatürlichen in sich geprägt ist. Der Name bezeichnet die Wirklichkeit des Seins. Nachdem Jakob den Engel besiegt hat, wechselt er seinen Namen und wird Israel. Und diesen Namen gebrauchen die Hebräer mit Vorliebe, um sich selbst zu bezeichnen. Sie sind die *b^{e}né israel*, die Kinder Israel.

Über Ursprung und Bedeutung des Namens Israel streiten sich die Gelehrten noch. Es ist nahezu gewiß, daß er nicht kanaanäischen, sondern amoritischen oder präaramäischen Ursprungs ist und von den Hebräern in ihre Wahlheimat importiert worden ist[4]. Was mag er bedeuten? Auch hier begnügen sich die Sprachwissenschaftler mit einer Andeutung anstelle einer erschöpfenden Beantwortung. *El* ist der Name für Gott den Allmächtigen und Quelle aller Macht. *Israel* könnte derjenige sein, der Gott überwunden hat, der in Gott verharrte, der Ausdauer zeigte, der die Kraft wiedergefunden und in Gott gesiegt hat. Er ist Knecht und Herrscher in Seinem Reich, indem er die göttliche mit der menschlichen Natur verbindet, bevor er sie, als äußerste Erfüllung seiner Berufung, auf die Erde bringt.

Die Hebräer und Israeliten bezeichnen sich auch als *Juden*. Dieser Ausdruck – seine Etymologie ist unbekannt – bedeutet ganz genau das Gegenteil von dem, was er in den meisten von Christen und Mohammedanern gesprochenen Sprachen heute anzudeuten scheint. Wenn der Hebräer das Wort *j^ehudi* hört, kann er noch heute seine wichtigsten Bedeutungen erkennen: Der phonetisch im Stamm dieses Wortes enthaltene Sinn ist ›loben, feiern, preisen‹; der Name steht für einen Mann, nämlich Juda, den Sohn Jakobs und Leas[5], dann auch für einen Volksstamm, die Judäer, und schließlich für ein Land, Judäa. Man findet das Substantiv ›Jude‹, *jehudi*, nicht nur im Buch der Makkabäer und im Neuen Testament, wie das fälschlicherweise geschrieben wurde[6]. Man begegnet ihm auch im Buch der Könige[7], in den Chroniken[8], an verschiedenen Stellen bei Jeremia, Sacharja und im Buche Esther. Zu biblischer Zeit unterschied man nach der Teilung das Königreich Israel im Norden des Landes und das Reich Juda im Süden. Nur dieses letztere überlebte das babylonische Exil. Daher die Gewohnheit, die Nachfahren der Hebräer als Juden zu bezeichnen.

In jedem Fall bezeichnet sich das Volk mit dem Hinweis auf eine Wortbedeutung, die des Vorüberziehens, des Verharrens in Gott und des Lobens. Sie kann auf einen Menschen angewandt werden, der dadurch die Verheißung erfüllt hat wie Heber, Israel, Juda; oder auf die Gesamtheit der Nachkommen, die Hebräer, Israeliten, Juden; und schließlich noch auf ihren Wohnort. Wie man sieht, deckt sich die Vielfalt der Bedeutungen mit der Komplexität der Komponenten, die das Hebräische in seiner Geschichte ausmachen.

Dieses kann anscheinend charakterisiert werden als die Verbindung einer geistigen Botschaft mit einer Menschheit als deren Hüterin, und einem zur Verwirklichung der Botschaft verheißenen Land. Die Bezeichnungen für Israel werden mit den Jahrhunderten zu Gefühlsträgern und Symbolen, deren feine Nuancen von jedermann wahrgenommen werden können. Wenn Moses zu Pharao spricht, benützt er, mit einer einzigen Ausnahme, die Bezeichnung *Hebräer*, um sein Volk zu nennen. Aber wenn er sich an sein Volk selbst wendet, dann immer mit der Anrede »Israel«. Dasselbe Volk kann so mit seinen verschiedenen Gesichtern beschrieben werden, sei es in seiner Wanderschaft, in seiner Zugehörigkeit zu Gott oder seiner geschichtlichen Kontinuität. Diesen drei Hauptnamen fügen die Dichter Zunamen: bei Israel wird auch *J^{e}schurun*, »das Gerechtigkeit Liebende« genannt; das Volk; das Heilige Volk, das Große Volk, das kleinste unter allen Völkern, das Volk Gottes, das Volk der Ewigkeit, das auserwählte Volk, das einzigartige Volk. Israel ist auch das Volk des Bundes, der Knecht Gottes. Bald werden wir begreifen, wie wichtig solche Vorstellungen für die Hebräer sind.

»Ein umherirrender Aramäer war mein Vater«

Das verschärfte, beängstigende Wissen um seine Einmaligkeit hindert Israel nicht daran, Beziehungen zu andern Völkern offen zu bekennen und anzuerkennen. Jeder Hebräer, der seine Opfer im Tempel Adonais darbrachte, mußte sich an seine entfernten Verwandten erinnern, indem er sprach: »Ein umherirrender Aramäer war mein Vater; der zog hinab mit wenig Leuten nach Ägypten und blieb daselbst als Fremdling und ward daselbst zu einem großen, starken und zahlreichen Volke.«[9]

Hier breiten sich in der Tiefe die semitischen und asiatischen Wurzeln Israels aus. Sie stoßen bis ins Leben des alten Orients vor, bis zu den unruhigen Aramäern, die als Nomadenvolk, wie die Hebräer, in der arabisch-syrischen Steppenlandschaft umherschweiften. Wie die Hebräer sind auch die Aramäer zu Beginn ihrer Geschichte auf der Suche nach einem geeigneten Boden. Ihre Wahl fällt auf die Ufer des Euphrat und das Gebiet bis nach Aleppo und später nach Mittel-Syrien. Der Verfall Ägyptens im 13. Jahrhundert, gefolgt von demjenigen Babyloniens und des hethitischen Reiches, begünstigte das Anwachsen zu einem mächtigen Reich mit dem Mittelpunkt Damaskus[10]. Statt daß die gemeinsame Wurzel eine Rivalität zwischen Israel und Aram verhindert hätte, schürte sie sie jedoch. Die Hebräer hatten während vieler Jahrhunderte auszehrende Kämpfe gegen ihre aramäischen Vettern auszutragen und wurden sogar zu gewissen Zeiten ihre Untertanen.

Am Schnittpunkt der Völker und Religionen

Archäologische Untersuchungen beweisen mit Sicherheit eine kanaanäische Besiedelung des Landes Tausende von Jahren vor der Geburt Israels. Die Kanaaniter treten 3000 Jahre v. Chr. ins Blickfeld der Geschichte. Seit jener Zeit war das Land von einer heterogenen Bevölkerung bewohnt; es war der Schnittpunkt verschiedener Kulturen.

Seit dem dritten Jahrtausend leben Semiten in befestigten Städten wie Megiddo, Jericho, Geser, Lachis und Jerusalem. Ihre Vettern, die Amoriter, sind um den Libanon herum angesiedelt und sichern so die Verbindung mit den Völkern Mesopotamiens über den Euphrat hinweg. Im Osten des Jordan leben die Moabiter, während die Ägypter im Süden seit der Mitte des dritten Jahrtausends Absichten hegen in bezug auf das Gebiet Kanaans. Ihre Truppen überfluten es immer wieder während der 5. und 6. Dynastie; aus dieser Zeit stammt ihr dauerhafter politischer und militärischer Einfluß.

Im Norden erscheinen ab 1900 die Hethiter und gründen ihren mächtigen Staat um die Mitte des zweiten Jahrtausends; ihre Kultur verrät ein Vorherrschen arischer Elemente. Im 14. Jahrhundert üben sie ihre Herrschaft über Syrien aus; ihr Einfluß breitet sich bis nach Ägypten und natürlich über ganz Kanaan aus[11].

Das Abendland ist ebenfalls zugegen: Man findet in diesem Lande zyprische und griechische Keramik seit dem 18. Jahrhundert. Die

aus dem Norden übers Meer gekommenen Philister setzen sich an der Küste fest, und gegen sie werden die Hebräer nicht enden wollende Kämpfe auszufechten haben.
Die semitischen Stämme bilden in der Bevölkerung des Landes das vorherrschende Element. Die Kanaaniter oder Hebräer haben auch Vettern an den Küsten des Roten Meeres (Simran, Midian, Dedan, Assur, Suah)[12], im äußersten Süden Arabiens und in den fruchtbaren Bergen von Saba (Nebajoth, Kedar, Abde, Duma, Massa, Tema, Jetur, Naphis, Mibsam, Michmas)[13].
Jeremia bezeichnet diese Völker des Orients, zu denen auch Israel gehört, mit dem allgemeinen Namen *b^enei kedma*, »Söhne des Morgenlandes«[14].
Auf diesem geschichtlichen Hintergrund spiegeln sich die Einflüsse der babylonischen Kultur; sie zeigen sich in der Schöpfungsgeschichte, in den Rechtssatzungen des Bundes, in den ›Büchern der Weisheit‹ und dem Hymnengesang.
Von den Ägyptern lernen die Hebräer die Sakral-Literatur verstehen, ihren Sinn für das technisch vollendete Wunder, das die Mission des von Gott Gesandten glaubwürdig macht, und vielleicht, ein Jahrhundert vor dem Exodus, auch die Lehren der monotheistischen Reform Echnatons, die die mächtigen Strömungen des monistischen Gedankengutes der ägyptischen Priester vertritt.

Die Sakralsprache Hebräisch

Viel mehr noch als im historischen Bewußtsein, in der Pflege der Traditionen, in den gemeinsamen Interessen oder den geographischen Grenzen, zeigt sich die Eigenart eines Volkes in seiner Sprache. Die gesprochene Sprache beeinflußt das tägliche Leben und bestimmt in hohem Maße den geistigen Horizont, das soziale Niveau und den seelischen Spannbereich einer Nation. Im komplizierten Mosaik der Völker, die sich in den alten Orient teilen, gewährt die Sprache den sichersten Schlüssel zur Beurteilung ihrer vielfältigen menschlichen Beziehungen.
Der Hebräer läßt sich durch seine Sprache charakterisieren. Sie be-

stimmt über seine soziale Eingliederungsfähigkeit, Kultur, Bildung, Intelligenz, innere Spannkraft und Ziele. Wir haben schon von der engen Beziehung gesprochen, die für den Hebräer zwischen Wort und Wirklichkeit besteht. Ebenso wie das hebräische Volk der aramäischen und kanaanäischen Welt entspringt, gehört sein Idiom auch zu den semitischen Sprachen, die so genannt werden, weil die meisten Völker, die diese Sprache sprechen, durch die Bibel mit Sem, dem Sohne Noahs[15], verwandt sind. Diese Sprachen werden von den heutigen Philologen in drei Gruppen geteilt: den ostsemitischen[16], den nordwestsemitischen[17] und den südsemitischen[18] Zweig. Sie lassen auf das Vorhandensein einer ursprünglich gemeinsamen semitischen Sprache schließen, von der sie alle abgeleitet sind wie das Italienische, Provenzalische, Französische, Spanische, Katalanische, Portugiesische, Rumänische und Romanische vom Latein. Diese ursemitische Sprache ist uns unbekannt, doch läßt sie sich in ihren Strukturen rekonstruieren anhand der Sprachen, die aus ihr entstanden sind und sich auf ihre Kosten verbreitet haben, bis diese ausstarb.

Das Hebräische gehört zu den nordwestsemitischen Sprachen. Diese Gruppe schenkte der Welt ein Alphabet; es wurde von den Phöniziern erfunden und von den Aramäern, den Kanaanäern und den Hebräern angewendet. Die Griechen übernahmen es, indem sie es den Bedürfnissen ihrer Sprache etwas anglichen[19]. Hebräisch ist auch die Sprache, welche sich die aus Haran eingewanderten aramäischen Stämme in Kanaan aneigneten; wir kennen ihre ursprüngliche Form von den Glossen und aus gewissen grammatikalischen Formen der Al-Amarna-Briefe. Die Bibel überliefert uns die größte Sammlung an hebräischer Literatur. Der Kalender von Geser aus dem 9. Jahrhundert vorchristlicher Zeitrechnung, die Ostraka von Samarien, die Stempel, Siegel und Goldmünzen der biblischen Zeit, die Inschrift von Siloah aus dem Ende des 8. Jahrhunderts, die Münzen aus der Makkabäerzeit, die Steininschriften von Synagogen, Gräbern und Sarkophagen, die Handschriften vom Toten Meer und die späteren reichen Quellen der rabbinischen Literatur, das sind die Zeugen der hebräischen Sprache bis in die Zeit ihres heutigen Wiederauflebens. Die Sprache war und bleibt der stärkste

einigende Faktor des biblischen Volkes; sie hat ihm seine Eigenständigkeit gegeben und eine Homogenität, die es ihm erlaubten, Gegensätze, Widersprüche und durch Zeit und Umstände auftretende Auflösungsgefahren zu überwinden. Die Sprache war also das wichtigste Element der Einheit des hebräischen Volkes im Laufe seiner tausendjährigen Geschichte.
Hebräisch wurde immer nur von einer kleinen Zahl Menschen gesprochen. Am Ende der Königszeit sprach im Nahen Osten die Mehrzahl aramäisch, und selbst die Hebräer nahmen diese Sprache schließlich nach ihrem babylonischen Exil an. Drei Kapitel des Buches Esra[20], fünf Kapitel des Buches Daniel[21], ein Vers aus Jeremia[22] und zwei Wörter der Genesis[23] sind aramäisch. In diesem so zur Würde einer heiligen Sprache avancierten Idiom schreiben die Hebräer die kostbaren Bibelübersetzungen, die Targumim und den Talmud von Jerusalem und Babylon[24]. Diese umfangreichen Monumente der jüdischen Literatur verliehen dem Aramäischen eine Vorrangstellung, die das Nabatäische oder Palmyrenische nie erreichen sollten.
In den Eigenheiten der hebräischen Sprache müssen wir einen Schlüssel zum Geheimnis Israels suchen. Das Hebräische ist eine flektierende Sprache. Ihren Grundstock bilden Wortwurzeln; durch deren Flexion kann ein Subjekt, ein Objekt, ein Gedanke, ein Gefühl oder eine Erregung ausgedrückt werden. Jede Wurzel enthält eine Hauptidee, die man in der Rede in allen Formen und Schattierungen wiederfindet. Die Rolle der manchmal langen, manchmal kurzen Vokale ist es, dem Wort den gewollten Sinn zu geben. Man hat schon gesagt, Hebräisch sei eine aristokratische Sprache, da sie sich nur denen eröffne, die sie gut kennen. In der Tat, nur unter den Blicken eines Eingeweihten belebt sich ihr konsonantisches Skelett und lüftet den Schleier zum Verständnis.
Hebräisch ist auch die Sprache des Zahlenmäßigen und des Rhythmus. Unveränderliche Partikel sorgen für die Verbindung innerhalb der Rede. Die rudimentäre Syntax stützt sich eher auf die Koordination als auf die Subordination der Gedanken. So ist sie eine Sprache des Sehens, besser geeignet zur Vermittlung von Bildern, Bewegungen und konkreten Ausdrücken des Handelns als zur sub-

tilen Analyse von Gedanken. Sie ist eher Sprache eines globalen Wissens und einer konkreten Erkenntnis als einer abstrakten Reflexion, und ihr Vorzug ist es, den Gedanken nicht abstrakt werden zu lassen, sondern ihn dem Imperativ der Handlung zuzuführen.

Die Macht der Sprache

Nach der Rückkehr aus dem Exil verwenden die Hebräer anstelle ihres alten Alphabetes dasjenige, das sie aus Mesopotamien mitgebracht haben. Aber nach alter Tradition wird das Wort mit der Zahl, der Buchstabe mit der Ziffer in Verbindung gebracht. Jedem Buchstaben des Alphabets ordnen die Hebräer einen Zahlenwert bei, so daß ihre Schriften auch chiffrierte Dokumente sind, wie sie bei den Mesopotamiern üblich waren. Die Entwicklung dieser Eigentümlichkeit hat dann auch in früheren Zeiten die Forschungen der Kabbalisten angeregt, die dem Geheimnis der biblischen Offenbarung, *sod*, auf die Spur kommen wollten. Unter der Bezeichnung *Gematria* begründen sie später die Lehre der geheimen numerischen Entsprechungen in den biblischen Schriften. Was es mit dieser Lehre auch auf sich haben mag, sicher ist jedenfalls, daß die Schriftgelehrten diesen besonderen Aspekt der Sprache, welcher den Menschen in eine höhere Wirklichkeit einweiht, lernen und lehren mußten. So ist zum Beispiel die Summe der Buchstaben im Wort *echad*, ›Einheit‹, gleich der Summe der Buchstaben im Wort ›Liebe‹, *ahava*, und die Addition von Einheit und Liebe entspricht dem Zahlenwert des Namens für den Gott der Einheit und der Liebe, JHWH (13 + 13 = 26). Es ist unbestritten, daß schon die Struktur der hebräischen Sprache, wie die fast aller orientalischen Sprachen, zu Wort- und Schriftspielereien direkt einlud, ebenso wie zur Deutung der Enigmen und Mysterien, die in jedem Text, und vor allem in der Heiligen Schrift, reich vertreten sind.

Der vorwiegend ruhige Charakter der semitischen Zeit begünstigt das Heranwachsen einer unübertreffbaren Vorstellungskraft. Für den Hebräer ist das Präteritum nur eine Vorbereitung des Aorists, und das Futurum prägt schon das Präsens. Seine Sprache und der

Sprachinhalt stellen ihn gewissermaßen vor einen Imperativ, sie bedrängen ihn mit Fakten, nicht mit Ideen, und entzünden in seiner Vorstellung das Feuer des Wortes. Die Sprache transzendiert das analytische Bestreben; sie eröffnet vor dem Leser ohne Umwege das enthüllte Mysterium, zu dessen Element oder Faktor er wird. Der Gedanke drängt sich dem Hebräer auf, dank einer nicht diskursiven Dialektik, die von der Zeitlichkeit befreit. Die Nacht wird plötzlich von einer Gegenwart belebt, die dem kontemplativen Menschen, ohne irgendeine formale, logische Ordnung, die Universalität des Wirklichen zeigt. Die Rhythmen der oft gesungenen Sprache lassen das Alltägliche fast wie von selbst verblassen und konfrontieren den Menschen mit der hintergründigen Wirklichkeit der Erde und des Himmels. Die Sprache ist Mysterium und vertieft es. »Heilige Sprache«, wie sie die Hebräer nennen – das heißt doch: eine Sprache, die abseits steht, die in Geheimschrift geschrieben wird und die das Volk auszeichnet, das so ihrer Macht ausgesetzt ist. Sie versetzt es in einen Raum und eine Zeit, welche ihre ursprüngliche Mächtigkeit bewahrt haben. Sie ist Wort JHWHs, um noch einen von den Propheten Israels gerne gebrauchten Ausdruck zu übernehmen, und zündet im menschlichen Bewußtsein einen Funken des Göttlichen an. Sie ist Wort der totalen Gewißheit, die sich nicht wie eine Hypothese präsentiert, die überprüft werden muß, sondern unfehlbar und gewichtig wie eine *Offenbarung*, deren Klarheit die Wirklichkeit der Weltordnung bezeugt und begründet. Angesichts der Macht ihrer Sprache – der biblischen –, richtet sich das Leben der belesenen Hebräer zwangsläufig nach einer Gesamtheit transzendenter Werte, die unwillkürlich die Trivialität ausschalten und das Leben in den Lauf einer Geschichte für sich, die »heilige Geschichte« einbeziehen. Selbst dem Humor der Menschen der Bibel merkt man, wie wir noch sehen werden, etwas von dieser »Erleuchtung« an.

Die aus einer gemeinsamen Wurzel stammenden semitischen Sprachen erleben die verschiedensten Geschicke. Die archaischste unter ihnen war das Akkadische. Ihre Geltung im Vorderen Orient war mit den Eroberungen des assyrischen und des babylonischen Reiches verknüpft. In der Mitte des zweiten Jahrtausends war sie die

Diplomatensprache des ganzen Nahen Ostens, Ägypten und Zypern mit eingeschlossen. Der Sturz Babels, die Verwandlung seines Reiches in eine persische Satrapie, die Eroberungen Alexanders, die Gründung von Seleukia am Tigris, die sogar die Erinnerung an die alte Herrscherin des Orients auslöschen sollte, führten zum Verschwinden Babylons und zum Vergessen seiner Sprache, welche durch die Alltagssprache Aramäisch ersetzt wurde. Alle nordwestsemitischen Sprachen erleiden dasselbe Schicksal: Das Amoritische, Kanaanäische, Phönizische, Punische, Aramäische, Nabatäische, Palmyrenische und das Ostaramäische – nur die letzteren erhalten sich einen Hauch von Leben im Syrischen der orientalischen Liturgien und Theologien und im Dialekt einiger Dörfer – sie alle geraten in Vergessenheit bei den Völkern, die sie sprachen; sie werden zu toten Sprachen, und an ihre Stelle tritt das Arabische, das sich nach dem Erscheinen des Islams bekanntlich wie ein Lauffeuer ausbreitete. Das Äthiopische, eine südsemitische Sprache wie das Arabische, lebt in seinen zahlreichen Dialekten weiter, beschränkt sich aber auf Abessinien.

Das Hebräische ist die einzige der orientalischen und nordwestsemitischen Sprachen, die dem Tod entging. Sie überlebte den nationalen Zusammenbruch Israels als Sprache der Liturgie und der Theologie und hält noch immer die Exilierten am Leben. Eine eigene Dialektik sichert das Überleben der Sprache im Volk; dank ihrer Macht wird es vor dem Untergang bewahrt und verspricht ein Wiederaufblühen zur Stunde der Heimkehr, auf die sie hinarbeitet.[25]

Die Monarchie

Nachdem die Hebräer vom Nomadenleben abgekommen sind und ihr Land erobert haben, müssen sie darin für Ordnung, Ruhe und Sicherheit sorgen. Sie stoßen dabei auf Schwierigkeiten, die man für unüberwindlich hätte halten können: Rivalität innerhalb der Stämme, Tendenz zu Zersplitterung und Separatismus – durch die Gegebenheiten des Landes noch betont – äußerer Druck, der manchmal die Sicherheit ihrer Institutionen, manchmal die Reinheit ihrer Religion gefährdet. Die Kanaaniter, Philister, Hethiter und Moabiter belästigen immer wieder die Neuankömmlinge, die sich gegen sie wehren müssen. Um gegen die vielseitigen Streitereien innerhalb der hebräischen Nation anzukämpfen und den feindlichen Angriffen die Stirn bieten zu können, nehmen die Hebräer eine Regierungsart an, die ihnen eigentlich fremd ist, nämlich die Monarchie. Während 445 Jahren, von der Regierungszeit des Königs Saul bis zum Exil, erlaubt ihnen diese Staatsform, ihre inneren Spannungen abzubauen, der hebräischen Kultur Format zu verleihen und der Stimme der Propheten Gehör zu verschaffen.

»Ein König soll über uns herrschen ... wie bei allen andern Völkern«[26]

Das Kapitel des ersten Buches Samuel, welches die Errichtung der Königsherrschaft in Israel beschreibt, ist in diesem Zusammenhang von großer Bedeutung. Die Ältesten des Volkes kamen zu Samuel und stellten ihm den Mißerfolg seines Regimes vor Augen. Sie begehrten die Ernennung eines Königs, damit die Hebräer endlich den andern Völkern gleich wären. Hier zeigt sich das immerwährende Streben derer, die das Vorrecht haben, anders als die andern zu sein: Sie möchten in die allgemeine Einheitlichkeit zurückkehren und sich den anderen angleichen. Ihre Erben, die Juden, werden diesen Schrei der Ältesten zur Zeit Samuels in ihrer vieltausendjährigen Geschichte noch einige Male wiederholen; sie stoßen ihn heute noch aus, ohne übrigens je richtig Erfolg zu haben.

Gegen den Willen des Propheten und gegen die Absicht Gottes zwingen die Hebräer den einen wie den anderen, ihnen einen König zu verschaffen; Gott sagt selbst: »Man muß auf die Stimme des Volkes hören.« In seinem Namen krönt Samuel den ersten König Israels, Saul, im Jahre 1031 vor Christus.

Das geeinte Königreich der Hebräer wird drei Könige an seiner Spitze haben: Saul, David und Salomo. Es besteht weniger als ein Jahrhundert. In diesem Zeitraum werden die Hebräer in West-

asien zu einem politischen Faktor, wenn auch einem von geringem Einfluß. Die Geschichte der drei ersten Könige Israels wird in der Bibel in all ihren Einzelheiten wiedergegeben. Sie beeinflußt für alle Zeiten das Denken und Streben Israels. Dies ist um so bemerkenswerter, als die Errichtung der Monarchie ja eigentlich gegen Gottes Gesetz und gegen die Traditionen des Volkes geschieht und sie das Volk nach einer kurzen, glanzvollen Periode von Katastrophe zu Katastrophe bis ins endgültige Verderben führt.
Doch begreift man das Ansinnen jener seßhaften Ältesten, wenn man die Organisation der andern Völker vergleicht. Jede kanaanäische Stadt hatte einen König an ihrer Spitze, und Josua mußte 31 solche besiegen, um das Gelobte Land zu erobern. Die ältesten Dokumente, diejenigen von Al-Amarna z. B., erwähnen denselben Zustand für Kanaan und Syrien. Die fünf Hauptorte der Philister in der Küstenebene und die vier Gibeoniter-Städte wurden nach den gleichen Regeln regiert. Manchmal waren die Könige ausländischer Herkunft. Sie regierten ihre Stadt und das dazugehörende, häufig sehr winzige Land. Die Gewalt des Monarchen – sie vererbte sich innerhalb der Dynastie – wurde von einer manchmal mit Söldnern verstärkten Miliz unterstützt.
Neben diesen Kleinstaaten können die Hebräer das Beispiel Ägyptens und Mesopotamiens erwähnen, über deren Reiche Monarchen nach dem Erbschaftsprinzip gebieten. Die Ältesten Israels haben also genug von der durch den Bund ihrer zwölf Stämme entstandenen Unordnung; sie sind beunruhigt über die anarchistischen Interregna ihrer Richter, Seher und Propheten, die ihre von Gott erhaltene Mission eher als religiöse Oberhäupter denn als Politiker erfüllen; deshalb streben sie danach, »wie alle andern Völker« zu werden, um das Ansehen der monarchischen Regierung zu erlangen. Der Konflikt, den diese Revolution im Leben der Nation hervorruft, ist im biblischen Text gut spürbar, der über die Vorgänge berichtet; zwei Strömungen werden deutlich, die eine ist für die Monarchie[27], die andere dagegen[28]. Wenn die Verteidiger der Monarchie schließlich siegen, dann offensichtlich, weil die feindlichen Philister das ganze Land und seine Einrichtungen bedrohen und weil gegen sie geschlossen angekämpft werden muß, indem man einen Staat

errichtet, der durch die königliche Macht geeint und gestärkt werden soll. Diese allein erlaubte es den Hebräern, dem Chaos und der Anarchie zu entfliehen, an denen ihr Staat am Ende der Richterzeit krankte[29].

Saul ist der Begründer einer Monarchie, die während der zwei Jahrzehnte seiner Regierung in ihrem embryonalen Zustand verblieb. Seine Macht erstreckte sich, wie diejenige Davids und Salomos, »über ganz Israel und Juda[30]. Diese Formulierung bestätigt den dualistischen Charakter des hebräischen Königtums seit seinen Anfängen. Juda hatte immer eine Geschichte für sich, zurückgezogen in den heiligen Bergen. Starke Persönlichkeiten wie Samuel, Saul, David und Salomo waren nötig, um die widersprüchlichen Interessen und Ansichten, die immer zwischen Norden und Süden bestanden hatten, zum Schweigen zu bringen.

Die drei ersten Könige

Saul

Die Persönlichkeiten der ersten drei Könige Israels und Judas werfen in besonderer Weise Licht auf die hebräische Gesellschaft, welche diese zu ihren charismatischen Oberhäuptern erhob. Samuel wählte Saul kraft seiner Sehergaben auf Geheiß Gottes. Der Sohn des Kis, ein *gibbor chajil*, ein angesehener Mann aus dem Stamme Benjamin, ist jung, von hohem Wuchs und sehr begabt. Er sucht gerade die Eselinnen seines Vaters, als Samuel ihn trifft. Dieser erkennt ihn auf den ersten Blick und teilt ihm seine königliche Zukunft mit, die ihn nach dem Willen Gottes erwartet. Im Laufe eines Opfermahles eröffnet er ihm, die Eselinnen seien von seinem Vater gefunden worden, und er werde König, auch wenn er aus bescheidensten Verhältnissen und dem kleinsten Stamme des Landes komme. Samuel nimmt dann die Salbung des Königs vor, seine Proklamation. Die Salbung erwirkt eine Verwandlung seiner Person: »Alsdann wird der Geist des Herrn über dich kommen, und du wirst mit ihnen in Verzückung geraten und wirst dich in einen anderen Menschen verwandeln.«[31] Beseelt vom Geiste JHWHs kann der König sein Werk beginnen, denn Elohim ist mit ihm. Und Saul, dieser etwas zu groß geratene Knabe, von Samuel zum König und Propheten bestimmt, ist nun nicht mehr der stille Hüter der väterlichen Schafe. Er ist zum leidenschaftlichen Seher und gefährlichen Heerführer geworden.

Die Stadt Jabes in Gilead ruft um Hilfe, da sie von den Ammonitern bedroht wird. Da erfaßt Saul der Geist JHWHs. Er zerteilt ein Paar Rinder und sendet ihre Stücke in alle Ecken des Landes mit folgender Botschaft: »Wer nicht auszieht, Saul und Samuel nach, dessen Rindern wird man ebenso tun.«[32] Das Volk zieht aus »wie *ein* Mann«. Der Ammoniter Nahas wollte allen Einwohnern von Jabes das rechte Auge ausstechen, doch seine Truppen werden in alle Winde zerstreut. Das Volk Israel erneuert darauf in Gilgal die Krönung seines Königs bei großer Fröhlichkeit[33]. Wie einst die Richter, bestätigt der erste König die Richtigkeit der göttlichen Wahl durch heldenhafte Taten. Sein Sieg, ebenso wie die Erwählung, rechtfertigt, daß er das Haupt Israels geworden ist: Ein von Gott bestätigter und geheiligter Bund wird zwischen Volk und König geschlossen. Die Zukunft beweist, daß die von Gott verliehene Seelengröße Sauls mit der seines Schicksals übereinstimmt. Er schlägt die Philister, wie er die Ammoniter geschlagen hatte. Jeder seiner Siege vergrößert und verstärkt seine charismatische Macht. Er vertritt Gott und das göttliche Recht auf Israel; er wird zum wahrhaften Besitzer und Erben der Güter Israels, zum *nagid*[34]. Er ist ganz selbstverständlich der Heerführer, der das Volk zum Siege hinführt. Auf diese Weise zeigt er, daß seine Machtposition gerechtfertigt und der Segen Gottes Wirklichkeit ist. In Friedenszeiten übt er als König mit großer Weisheit das Richteramt aus.

Saul, der König geworden ist, lebt immer noch mit seinen Leuten auf seinem Bauernhof und leitet diesen wie jeder gutgestellte Landwirt. Er besitzt weder Palast noch Tempel. Die Bundeslade selbst, das eigentliche geistige Zentrum und mystische Symbol der Vereinigung des Volkes, verbindet sich weder mit seiner Person noch mit seiner Herrschaft. Nichts in seiner Lebensführung erhebt ihn über sein Volk; in dieser Beziehung bleibt er, was er vor der Krönung war. Er erhebt seine Familie in den ersten Rang im Stamme Benjamin; er wird Retter und König Israels, unterstützt von seinen Generälen und Soldaten, ohne jedoch die Monarchie zu einer festen Einrichtung werden zu lassen. Saul führt eigentlich die Tradition der israelitischen Richter weiter. Sein Leben erinnert an dasjenige Jephthas und Gideons. Aber er wird *mäläch* – ›König‹ – genannt und nicht *gibbor chajil* (Held), *moschia'* (Retter), *rosch* (Führer) oder *schophet* (Richter)[35], wie es vorher üblich war. So setzt Saul einerseits der Richterzeit ein Ende und weiht andrerseits die neue Ära der Monarchie ein, die in David ihren wirklichen Begründer erhalten wird. Krank und von den Feinden körperlich und seelisch vernichtet, nimmt Saul ein tragisches Ende, indem er sich nach der Niederlage bei Gilboa ins Schwert stürzt.

David

Die Begegnung Sauls mit David, die Freundschaft zwischen David und Jonathan und die Ereignisse, die zeigen, wie der Segen Adonais Saul verlassen hat und dieser seinen Sohn mit in den Tod nimmt, haben vor 3000 Jahren stattgefunden. Doch alle diese Geschehnisse behalten durch den Bibeltext ihre unvergängliche Aktualität und ihre unvergleichliche tragische Note.

Daß der alternde und psychisch kranke Saul dem jungen, von Erfolg gekrönten David gegenübergestellt wird, der es gerne sähe, wenn der von Samuel in Aussicht gestellte Königsthron Wirklichkeit würde, ist an und für sich ein verwickeltes Drama, das uns die Bibel mit der Objektivität des Historikers und dem Scharfsinn eines Psychologen schildert. David, arm und unbekannt, ist dazu auserwählt, das Erbe Sauls anzutreten, der wegen seiner wiederholten Untreue Gottes Ordnung gegenüber Schiffbruch erlitten hat.

Saul und David kämpfen für denselben Thron, und doch sind sie so gänzlich verschieden, daß man meinen könnte, sie dienten zwei verschiedenen Gottheiten und Völkern. Der Prophet Samuel, der sie von ihren väterlichen Herden wegholt, um ihnen das Erbe des Hauses Israel zu übergeben, ist zwischen den beiden hin- und hergerissen. Er spürt in sich das göttliche Gewissen, das dem Ehrgeiz, den Kämpfen und Freveltaten der zeitlichen Macht gegenübersteht. Und doch ist er es, der kraft seines Wortes die Könige ein- und absetzt. Dabei zeigt der biblische Verfasser eindrücklich genau, daß Sauls Größe auf der von Gott verliehenen Macht fußte und daß sein Untergang mit der geheimen Verfehlung seiner Seele begann. So fing die Macht Davids auch mit der göttlichen Salbung zu wachsen an, die Samuel an ihm vornahm. Dieser scheute sich nicht vor dem Zorn Sauls; er wußte, daß er riskierte, durch die Hand des Tyrannen zu sterben, den er einst an die Macht gerufen hatte, wenn er nun den Sohn Isais salben würde.

»Da nahm Samuel das Ölhorn und salbte ihn inmitten seiner Brüder, und der Geist des Herrn kam über David und blieb auf ihm von jenem Tage an.«[36] Wie Saul ist David in seinem Dorf Bethlehem ein unbekannter junger Mann, als ihn der Prophet besucht. Durch die göttliche Wahl wird noch einmal aus einem Hirten ein König. Saul war geprüft und wegen Untreue verworfen worden. Eine andere, genauso zufällige und unerwartete Wahl wie die erste wird im Namen Gottes durch das Orakel vom Seher Samuel ausgesprochen. Jedermann beugt sich seinem Entscheid. Wenn Saul oder David zu größter Ehre gelangen, wenn sie hervorragende Siege gegen die Feinde Israels heimbringen, wenn sie tiefe Weisheit in ihren Urteilen an den Tag legen, verdanken sie dies nicht ihrer Intelligenz oder Genialität, sondern dem erleuchtenden Geiste JHWHs. Verfinstern Schuld und Sünde ihre Seele und versiegt die göttliche Hilfe, sind sie dem Tod und dem Untergang geweiht. Es ist auch der Geist JHWHs, unter dessen Fahnen er kämpft, der David Mut gibt, Goliath den tödlichen Stein ins Gesicht zu schleudern. Es ist der Geist JHWHs, der ihn zweimal vor den Anschlägen Sauls bewahrt, der auf seine Erfolge eifersüchtig ist; der Geist JHWHs behütet ihn auf seiner Flucht, wenn sich ihm vierhundert, dann sechshundert Abenteurer anschließen und unter seiner Führung tapfere Kämpfer werden; der Geist JHWHs veranlaßt, daß er bei jedem neuen Angriff die Philister oder die Amalekiter bezwingt; der Geist JHWHs führt die Niederlage und den Selbstmord Sauls und den Tod seiner drei Söhne herbei.

Danach kann David den Tod seines Königs ungehindert beklagen wie auch den Tod seines brüderlichen Freundes Jonathan; nichts mehr trennt ihn vom Thron, den ihm Samuel versprochen hatte. Im Jahre 1011 wird er in Hebron zum König von Juda ausgerufen. Er behält diese Würde in den folgenden siebeneinhalb Jahren, während der vierte Sohn Sauls, Isbaal, in Mahanaim über Israel regiert, wohin er seinen Thron verlegt hatte. Ein Bürgerkrieg bricht aus zwischen dem nördlichen und dem südlichen Reich. Anhand des biblischen Berichts können wir die verwickelten Intrigen in den königlichen Häusern verfolgen, den Kampf zwischen Abner und Joab und den Mord an Isbaal durch zwei Offiziere, die von David anstelle der erhofften Belohnung die Bestrafung für ihre Bluttat empfangen.

Nach diesen verworrenen Ereignissen entwickelt sich zwischen dem Volk und David eine Vertrauensgrundlage, aus der er als König der ganzen Nation hervorgeht.

Der neue König ist nicht nur Hirte und Musiker, sondern vor allem ein intelligenter Krieger, der die Philister durchs ganze Land hindurch verfolgt und ihrer Macht ein für allemal ein Ende setzt. Bei ihnen hat David, auf der Flucht vor Sauls Raserei, die Kunst der Kriegführung gelernt. Aus ihren Reihen zieht er die Kreter und Plether für seine Leibwache. Nach Beseitigung der Philistergefahr kann David seine königliche Macht festigen; dabei zeigt eine Vorkehrung die weitreichendsten Folgen: die Wahl der neutralen, nicht in die Stammeskämpfe verwickelten Stadt Jerusalem zur Hauptstadt des geeinten Königreiches.

Jerusalem wird aber mehr als ein gewöhnlicher Königssitz. So verwandelt sich die »Stätte, wo David sein Zelt aufgeschlagen hatte«, zur Stätte JHWHs. David verleiht ihr den alten heiligen Charakter, indem er, begleitet vom Freudentaumel des Volkes, die Bundeslade dort hinaufschafft und die ersten Vorbereitungen zur Erbauung des Tempels trifft. Von seinem Gelde kauft er dem Jebusiter Arauna nämlich Land ab und errichtet darauf einen Altar, an der Stelle, wo der Altar des zukünftigen Tempels stehen wird. Als geistiges Zentrum der Nation wird Jerusalem bald zur Hauptstadt eines richtigen Reiches. Die Aramäer und Ammoniter sind geschlagen worden. Moab, Amnon und Edom werden Untertanen Israels.

Vollständig vernichtet, verschwinden die Amalekiter von der Landkarte. David regiert vom Roten Meer bis zum Euphrat, er befiehlt über die wichtigsten orientalischen Handels- und Verkehrsstraßen.
Das Königreich entsteht aber nicht, ohne daß schwere Schicksalsschläge das Leben des Königs durchkreuzen. Dieser rettet Meribaal, dem invaliden Sohne Jonathans, das Leben. Aber alle anderen direkten Nachfahren Sauls werden von den Gibeoniten hingerichtet. Davids Ehebruch mit Bathseba und die Ermordung des betrogenen Ehemannes sind ein Skandal und bringen ihm strenge Verweise des Propheten Nathan ein[37]. Der Tod des Kindes der Sünde wirft ein ungünstiges Licht auf das Privatleben des Königs, das ganz im Zeichen der Leidenschaft steht. Doch siegt schließlich trotz Sünde und Verbrechen die Liebe, denn Salomo, der Sohn Davids und Bathsebas, wird ja der größte König Israels.
Um David herum spielen sich weitere Dramen ab. Sein Ältester, Amnon, vergewaltigt und verläßt darauf seine Halbschwester Thamar. Absalom rächt die Ehre seiner verratenen Schwester, indem er Amnon in ein Versteck lockt und ihn tötet. Er muß dann vor dem Zorn des Königs fliehen, der ihm erst nach zweijährigem Exil vergibt und erlaubt, an den Hof zurückzukehren.
Der alternde David muß später seinem Sohne Absalom die Stirn bieten, der ihn mit seinem Intrigenspiel vom Thron stoßen will, um selbst zu regieren. Ein Aufstand bricht im Süden aus, wie auch im Norden bei den Benjaminitern. Bei diesen unentwirrbaren Streitigkeiten gelingt es David noch einmal, das Schicksal günstig zu stimmen und die Verschwörung zu zerschlagen. Joab, der getreue General Davids, mißachtet den Befehl des Königs und schlägt den mit den Haaren am Terebinthenbaum hängenden Absalom tot. Der Aufstand des Seba, Sohn des Bichri, ist alsdann niederzuschlagen. Schließlich erlebt David noch den Kampf zwischen seinem Sohn Adonia, der von Joab und dem Priester Abjathar unterstützt wird, und Salomo, der Bathseba, den Priester Zadok und den Propheten Nathan auf seiner Seite hat. Während Salomo von Zadok mit dem heiligen Öl gesalbt und vom Volk, das sich an der Gihonquelle versammelt hat, zum König ausgerufen wird, stirbt David nach einer ruhmvollen Regierungszeit von vierzig Jahren. Er hinterläßt das

unauslöschliche Bild eines Mannes von größten Gaben und widersprüchlichstem Charakter, eines Musikers, Dichters, Liebhabers und Kriegers, der kühl berechnend und verwegen kühn, großherzig und rachsüchtig, ein freiheitsliebender Mystiker und ein peinlich genauer Verwalter sein konnte und als Seher die heilige Stadt Jerusalem gründete, sie zur Stadt Gottes erhob und eine Dynastie hinterließ, die bis in die Zeit des Exils regieren sollte, während er in der Erinnerung seines Volkes weiterlebte als unvergängliches Symbol des Glaubens Israels.

Salomo

Salomo sollte das Bild der hebräischen Monarchie vollenden und dabei einige ihrer negativen Seiten aufdecken. Als Nachfolger seines ruhmreichen Vaters hatte er dessen letzten Willen zu vollstrekken und Joab, den alten, getreuen General Davids, sowie seinen Halbbruder Adonia auszuschalten. Große Kosten verursachte ihm der Unterhalt der ererbten Kriegsmaschinerie, an deren Spitze er als General Benaja stellte, denn dieser hatte ihn bei der Erlangung der Königswürde wirksam unterstützt. Um die Einfälle Ägyptens im Zaume zu halten, wandte er eine eigene Strategie an, indem er sich entschloß, die Tochter des Pharao zu heiraten. Salomo hatte nichts gegen Gewalt, war aber von Natur aus friedfertig. So gelang es ihm ohne einen Schwertstreich, das Erbe seines Vaters unversehrt zu bewahren und das Königreich zu einer nie wieder erreichten Blüte zu bringen.

Unter seiner Herrschaft wußte sich jeder Bewohner Judas und Israels geborgen »unter seinem Weinstock und unter seinem Feigenbaum«, in den heiteren Gegenden des Landes. Der König zeichnete sich als hervorragender Richter aus; seine Richtsprüche sind sprichwörtlich geworden und zeugen noch heute von seiner Weisheit. Die ungeheuren, von David während seiner Kriege angehäuften Schätze verwendete man nun für den Aufbau der königlichen Paläste und des Tempels. Den Untertanen wurden Steuern auferlegt, um den Luxus des Harems, der königlichen Tafel und der königlichen Stal-

lungen zu ermöglichen. Salomo hatte nämlich eine Schwäche für Frauen, aufwendige Bauten und den orientalischen Prunk.
Diese allzu menschlichen Seiten überdeckten aber seine mystischen Neigungen nicht. Der Tempel, den er baute, um den Wunsch seines Vaters zu erfüllen, ist zweifellos einer der imposantesten des ganzen alten Orients[38]. Der danebengelegene Palast im Herzen Jerusalems unterstreicht die unauflösbare Einheit des Gottes seiner Väter, der Monarchie und der Heiligen Stadt.
Gestrenge Kritiker unterstreichen jedoch die schwachen Punkte in der Herrschaft Salomos, wie sie es auch bei David und Saul getan haben. Statt vor allem die Anliegen des ursprünglichen Mosaismus zu unterstützen, scheute sich Salomo nicht, Bündnisse mit heidnischen Mächten abzuschließen, seinen Harem mit Moabiterinnen, Ammoniterinnen, Idumäerinnen, Sidonierinnen und Hethiterinnen zu füllen und eine Ägypterin zur Königin zu machen. Er gab seiner Hauptstadt von allem Anfang an einen weltoffenen Anstrich: er wollte eine Stadt schaffen, in der sich alle Nationen zu Hause fühlen sollten. Dazu baute er Kapellen, die dem Kult ihrer Gottheiten offen sein sollten. Diesen Schwächen im Bereich der Religion gesellte sich während seiner Herrschaft noch eine andere bei: die Schwerfälligkeit des Staatsapparates. Die Härte der Fronarbeiten und die Last der Steuern sollten schließlich Anlaß zu Unzufriedenheit geben und die Einheit des Königreichs nach seinem Tode im Jahre 931 brechen.
Während des Zeitabschnittes der israelitischen Geschichte, der uns in diesem Buch beschäftigt, spielt das Königtum eine entscheidende Rolle im Leben dieses Volkes. Doch dürfen wir nie vergessen, daß diese Staatsform eigentlich gegen den göttlichen Willen und gegen die Traditionen des Volkes eingeführt worden war. Die Bücher Samuel und Könige verurteilen allesamt die Könige Israels und verschonen in ihrem strengen Urteil nur einige der judäischen Herrscher. Die der Monarchie günstig Gesinnten[39] können die Stimmen nicht unterdrücken, welche das »Königsrecht«[40] verurteilen. Jedenfalls ist Israel seit seinen Anfängen eine religiöse Gemeinschaft, deren Organisation zu gewissen Zeiten ein Staatsgefüge erforderte – manchmal sogar die Struktur einer Monarchie –, aber es bleibt

vor allem ein Zusammenschluß von Menschen, die ihrem Gott und dessen Gesetz gehorchen. Monarchie und Staat sind oft erforderliche Äußerlichkeiten, mit denen sich die Hebräer abfinden, um ihr Überleben zu sichern. Ihre Wurzeln aber, wie auch ihre irdische Bestimmung, sind unabhängig von der Verwaltungsform ihres Volkes und gründen vielmehr in der Welt des Geistes.

Wahl und Weihe der Könige

Die hebräische Bürgerschaft wird in Israel von 1031 bis 721, in Juda bis 586, von Königen regiert, die ihr Vorbild, manchmal sogar ihr Recht dazu, aus der von Saul, David und Salomo begründeten Tradition ableiten.

Wie im ganzen Orient im ersten Jahrtausend v. Chr., gründete sich die Königswahl in erster Linie auf den göttlichen Willen. Auch in Israel bestimmte der freie Wille Gottes die königliche Macht. Kommt der König den Verpflichtungen des königlichen Bundes nicht nach, begibt er sich in die Illegalität und wird als von Gott Abgefallener betrachtet. Gott ist frei, seinen Nachfolger in der alten Dynastie oder außerhalb zu suchen. Nichts schränkt seine Freiheit ein. Das Prinzip der Nachfolge innerhalb einer Dynastie muß sich nicht automatisch ergeben, und dasjenige des Erstgeborenen spielt, angesichts der Parteiintrigen und der zahlreichen Königsgattinnen, nur eine geringe Rolle. Die Frauen sind normalerweise von der Nachfolge ausgeschlossen. Eine einzige regiert in Juda; dies ist Athalja, die beim Tode ihres Sohnes Ahasja die Macht an sich reißt. Sie regiert sieben Jahre und wird dann durch das Schwert von den Anhängern Joas' in ihrem Palast getötet[41]. Diese Episode zeigt ganz genau die Vorgänge bei einer Palastrevolution, wie sie in der Geschichte der Könige Judas und vor allem Israels häufig vorkamen.

Die königliche Macht stützt sich so im wesentlichen auf den Bund zwischen Gott, dem Monarchen und dem Volk. Die Weihe wird im Tempel vollzogen. Sie ist die bedeutendste liturgische Handlung, während der der Auserwählte mit dem heiligen Öl gesalbt wird und aus den Händen des Priesters den *nesär* und den *edut* empfängt, welche Krone und Zepter entsprechen und die Zeichen des Königtums in Ägypten und Mesopotamien waren.

Durch die Salbung wird der König ein neuer Mensch, berufen dazu, ganz im Geiste Gottes zu handeln. Eine Verwandlung geht mit ihm vor und verleiht ihm wirksame Macht, so daß er als Gottesgesalbter heilige Handlungen ausführen kann. Er wird zum Retter Israels und bekommt, wenn er seiner Berufung treu bleibt, übernatürliche Kräfte[42]. Wenn er auch nicht gerade zu einem Gott wird, wie in Ägypten z. B. der Sohn Rês, lebt er doch eng mit dem Schöpfer zusammen. Wie ein Engel Adonais kann er dank eigener Weisheit alles wissen[43]. Der 2. Psalm geht noch weiter, indem er verkündet: »Mein Sohn bist du; ich habe dich heute gezeugt.«

Diese Aussage belegt jedenfalls die Vorstellung einer Adoption des Königs durch den Schöpfer.

So erklärt sich die unermüdliche Ausübung der geistlichen Macht. Saul opfert Gott; David errichtet einen Altar, plant den Bau des Tempels und regelt das Amt der Leviten. Salomo baut den Tempel neben seinem Palast, weiht ihn ein und vollendet so das heilige Werk, das sein Vater vorbereitet hatte[44]. Nach der Teilung des Reiches gründet Jerobeam das Heiligtum von Bethel, wo er seine Priester ausliest und leitet; er setzt auch den heiligen Kalender fest. So üben alle Könige Israels und Judas neben ihrer weltlichen immer auch die geistliche Macht aus, deren höchste Instanz auf Erden sie sind. Ahas ordnet eine liturgische Reform an, die der Priester Uria im Tempel durchführt[45]; der israelitische Gottesaltar wird in der Regierungszeit des assyrischen Königs Tiglatpileser III. durch eine Kopie desjenigen von Damaskus ersetzt. Ahas läßt im Tempel den ausschließlich für den israelitischen König errichteten Gang entfernen, um seinem Feudalherrn, dem König von Assyrien, eine unbestreitbare Ehrenbezeigung zu bieten. Und die Priester, dienstbeflissen und ohne die Stirne zu runzeln, kommen diesen unerhörten Befehlen ihres Königs nach.

Joas setzt das gesammelte Geldopfer für Reparaturen am Tempel ein. Seine Anordnungen werden von den Priestern ausgeführt, die in Wirklichkeit Beamte sind, von ihm ernannt und in gewissen Fällen auch wieder entlassen[46]. Josia wacht über die richtige Verwaltung der Tempelgelder[47]. Er verwirklicht vor allem die große Reform, die ihm durch das vom Hohenpriester Hilkia im Tempel des Herrn entdeckte Gesetzbuch eingegeben wird[48]. Die Könige Israels und Judas bringen dem Volke Segen durch die Ausübung ihrer priesterlichen Berufung.

Da die Königsweihe ja vor allem die Feier eines Bündnisses ist, wird sie, wie immer in solchen Fällen, durch Opfergaben beschlossen, deren Blut die nun entstehenden Bande zwischen dem König, seinem Gott und seinem Volk bestätigen soll.

Das Königshaus

Dank der monarchischen Regierungsform wird Israel zu einer politischen Macht, die am internationalen Leben teilnehmen kann. David schließt so einen Bund mit einem kanaanäischen Fürsten, Hiram von Tyrus. Salomo knüpft, wie wir gesehen haben, ein die ganze antike Welt umspannendes Netz von Beziehungen mit Hilfe von Politik, Handel und Schiffahrt. Die Monarchien Israels und Judas unternehmen alles – zwar mit unterschiedlichem Erfolg und oft auf Kosten ihrer Unabhängigkeit –, damit sie mit den benachbarten Städten, Staaten und Reichen in Verbindung bleiben.

Um das Land zu verwalten, es zu verteidigen und den internationalen Verpflichtungen nachzukommen, umgibt sich der König mit einem Hof von Ministern, hohen Beamten und einem Generalstab. Diese Untergebenen sind die »Königsdiener«, *'abde hammäläch* genannt, oder *sarim*, die Minister oder Sekretäre, die die höchsten Staatsämter bekleiden. Als Vorbild für die Organisation ihres Staates dienen David und Salomo übrigens die in den kanaanäischen Städten und in ihren Nachbarstaaten früher üblichen Formen. Die Königschroniken überliefern uns die Namen der wichtigsten Minister Davids: Joab, der Sohn der Zeruja, Kriegsminister, war Anführer der gesamten israelitischen Armee; Benaja, der Sohn Jojadas, war über die aus *Kretern* und *Plethern* gebildete Leibwache gesetzt[49]. Man weiß auch von administrativen und diplomatischen Ämtern, die für die Hebräer am Anfang der Königszeit durchaus neu sein mußten und für uns einen seltsamen Anstrich von Modernität haben: Der Sekretär ist wahrscheinlich das Sprachrohr der königlichen Herrschaft; der Staatsschreiber leitet den diplomatischen Notenwechsel mit den Nachbarstaaten. Die von David geschaffenen Ämter, wie das des Kriegsministers, des Chefs der Leibwache, des Sekretärs und des Staatsschreibers, bestehen weiterhin in der langen Geschichte des Königreiches Juda, doch es gesellt sich ein anderes, sehr wichtiges dazu, dasjenige des Ministers für Angelegenheiten im königlichen Hause. Nach dem Aufstand Absaloms und als Folge der immer drückenderen Steuerlasten schafft David einen neuen, im allgemeinen Interesse des Staates stehenden Posten, den des Steuerministers. Dieser hat vornehmlich die Aufgabe, die Fronarbeiten zu verteilen, welche das Volk dem König leisten muß. Außerdem hat der König auch Ratgeber und treue Freunde an seiner Seite, die ihn über die Vorgänge in der Weltpolitik orientieren, ihn vor den Gefahren der Außenpolitik warnen oder ihm die Ränkespiele der Parteien hinterbringen. So werden zum Beispiel Ahitophel ›Ratgeber‹ und der Arkiter Husai ›Freund des Königs‹ genannt. Ohne Zweifel mußten die Königsstaaten Juda und Israel noch mehrere ähnliche Ämter vergeben haben, die in diesen Zeiten der nicht enden wollenden Intrigen, inmitten welcher die Könige lebten, lebensnotwendig waren. David wählte seine Berater manchmal unter den Musikern aus, die seine Freunde und Brüder waren[50].

Das 27. Kapitel des 1. Buches der Chronik vervollständigt unsere Kenntnisse über die zivile und militärische Ordnung im Reiche Davids und stellt uns Ämter vor, die interessante Aspekte der Wirtschaftsgeschichte der Alten Welt beleuchten. Da erfahren wir, daß es einen Verwalter der königlichen Vorräte gab; einen Verwalter der Vorräte auf dem Lande, in den Städten, Dörfern und Festungen der Provinzen; einen Chef der Feldarbeiter, die den Boden zu bebauen hatten; einen Vorsteher über die Weinberge; einen Verwalter der Weinvorräte; einen Forstmeister für die Öl- und Maulbeerfeigenbäume; einen Verwalter der Ölvorräte; je einen

Beamten, der verantwortlich war für die Rinder der Saron-Ebene, das Vieh der Täler und die Kamele, Eselinnen und Kleintiere[51]. Daraus ist ersichtlich, in welch hohem Maße die Arbeitsteilung im Staate Davids verwirklicht war. Diese lange Aufzählung ist einmalig für unsere Dokumentation. Sie zeugt vom Reichtum des Königshauses und von einer großen Unabhängigkeit. Zur Zeit Davids wurde diese Verwaltung sicher noch verstärkt und gestützt durch die religiöse Struktur, deren Zentrum und Ursprung im Tempel von Jerusalem zu suchen ist. Der alternde David führte eine Zählung der Leviten durch. Nach der königlichen Chronik waren es 38 000, von denen 24 000 im Tempeldienst standen, 6000 Amtleute und Richter, 4000 Torhüter und 4000 Musiker waren[52]. David wollte sie reorganisieren und teilte sie in die Abteilungen Leviten, Priester, Tempelsänger und Torhüter ein. Die Hauptverwaltung des Tempels geht vom Oberpriester, ihrer Spitze, aus und von den Aufsehern über die Tempelschätze und -vorräte[53].

Die königliche Verwaltung wie auch der geistliche Beamtenstab stützen sich auf die große und mächtige Armee, die der König um seinen Thron herum aufbaut. Auch hier geben uns die königlichen Chroniken wieder erstaunliche Angaben über die hebräischen Truppen zur Zeit Davids. Vergegenwärtigen wir uns die sicher etwas aufgerundeten Zahlen, die sie anführen: Jeder der zwölf Stämme hebt 3700 bis 120 000 Soldaten aus, was im ganzen mehr als 340 000 Krieger ergibt. Diese stattliche Versammlung von Offizieren und Soldaten, alle mit Schild und Lanze bewehrt, spendet dem jungen König David zu Hebron am Tag seiner Weihe Beifall unter den flatternden Fahnen ihrer Stämme[54].

Der König und sein Volk

Die Monarchie ist in Israel nicht Samuels, Sauls oder Davids Erfindung *ex nihilo*, sondern sie übernimmt innerstaatliche Zustände der Richterzeit und paßt diese den neuen Bedürfnissen des Königreiches an. Wie früher verbindet ein Bündnis den König mit seinem Volk. Aufgrund dieses Bündnisses entstehen den Bürgern und ihrem

Regenten Rechte und Pflichten. Eine wechselseitige Abhängigkeit eint sie und stellt sie unter Gottes Führung. Jedes Glied dieses feierlichen Bundes verpflichtet sich, JHWH zu folgen und der Thora nachzuleben.

Für die Regierung des Landes stellt der König einen Statthalter an die Spitze jedes der zwölf Stämme[55], deren Grenzen seit der Zeit der Landnahme erwiesenermaßen gleichgeblieben sind. Die außerhalb des Landes eroberten Gebiete werden durch Gouverneure *(nizabim)* verwaltet oder den besiegten Königen der betreffenden Gebiete überlassen und der Tributpflicht unterworfen[56].

Salomo reorganisierte das immer noch in zwölf Regionen eingeteilte Land[57]. Diese Regionen waren: das Gebirge Ephraim; das durch die Philister- und Kanaanitergebiete erweiterte Land Dan; die Ebene Saron; die Gegend von Dor; die Esdralon- und die Bethsean-Ebene; das Gebiet des alten Manasse von Transjordanien, erweitert durch die aramäischen Eroberungen Davids; die Gegend um Mahanaim in Transjordanien; das Gebiet von Naphtali nördlich des Tiberiassees; das Aser-, Issaschar-, Benjamin- und schließlich noch das Gilead-Land (das wahrscheinlich dem ehemaligen transjordanischen Gad entspricht)[58]. Die Statthalter der zwölf Regionen sind einem Minister unterstellt[59], der den Steuerzins überwacht. Die Zinseinnahmen eines jeden Gebietes deckten genau für je einen Monat die Ausgaben des Königshofes und seiner Armee einschließlich des Unterhalts der riesigen salomonischen Kavallerie und der Zugtiere.

Neben der Aufgabe des Steuereinzuges hatten die Statthalter für die allgemeine Verwaltung ihres Gebietes, die öffentliche Ordnung und die Achtung der Gesetze zu sorgen.

Steuerpflichten und Frondienste

Der Kostenaufwand für den königlichen Staat wird noch vergrößert durch die vielen Bauten. Wie ein Jahrtausend später Herodes, ist Salomo der große Planer und Architekt. Er läßt den Tempel und seine Paläste, Megiddo, Hazor und Geser errichten. Dabei kommt ihm die Unterstützung des Volkes zu Hilfe, das zu einem in jeder Jahreszeit zu leistenden Zivildienst für öffentliche Arbeiten verpflichtet ist. Jedermann hat sich diesem Frondienst, *sebäl*, zu unterziehen, der einer strengen Kontrolle unterworfen ist. Die königliche Chronik spricht von 70 000 Fronarbeitern, 80 000 Steinmetzen und 30 000 Lastträgern zur Zeit Salomos, von denen 10 000 für den Transport des libanesischen Holzes sorgten, das von den Waldarbeitern von Tyr gefällt wurde[60]. 3 300 Frondienstaufseher überwachten und organisierten diese ungeheure Arbeitsarmee, die zum Teil aus Hebräern und aus Kanaanitern zusammengesetzt war, wobei die letzteren sicher in der Überzahl waren. Der Bürger ist nun also der Steuer- und Frondienstpflicht ausgeliefert, und man versteht die Erbitterung, die in den Stämmen im Süden wie im Norden, im Osten wie im Westen über diese Neuerung aufkommt.

Darüber hinaus soll ja auch die königliche Armee in Jerusalem und in den Befestigungen des Landes unterhalten werden. Das Wichtigste am Heer sind die Wagen, die in Israel zur Zeit Davids Eingang fanden. Die Wagenlenker bilden eine Elite, die zum königlichen Hof zugelassen ist; sie besitzen auch Festungsstädte wie Geser, Hazor, Megiddo, deren ehemaliger Glanz nun durch die archäologischen Ausgrabungen wieder auflebt.

So müssen wir uns also schwerwiegende Steuererhebungen vorstellen, die sich zu der Last der Fronarbeiten gesellten. Die königlichen Chroniken lassen sich zwar kaum aus über das im Lande gehandhabte Steuersystem, doch kann man Staats- und Tempeleinkünfte, Einnahmen aus den zahlreichen königlichen Unternehmungen und schließlich aus dem Besitz des Königs unterscheiden. Der König ist frei, je nach seinen Bedürfnissen aus der einen oder der anderen dieser Kassen zu schöpfen.

Es ist möglich, daß die Hebräer noch zu anderen regelmäßigen Leistungen als nur zu den Frondiensten verpflichtet waren. »Von euren Saaten und Weinbergen wird er den Zehnten nehmen und seinen Kämmerern und Dienern geben.«[61] Dieser Text ist sicher mehr als eine leere Drohung und bezieht sich auf die in den Nachbarstaaten gehandhabte Ordnung, wo der König mindestens den zehnten Teil aller Einkünfte der Bürger bekam. Wir besitzen keine genauen Angaben über die Zehntenerhebung zur Königszeit, aber im Laufe der Jahrhunderte kehren die Anspielungen auf diesen Brauch immer wieder, der sich dann nach der Rückkehr aus dem Exil fest einbürgert, indem das Volk feierlich gelobt, dem Tempel jährlich den dritten Teil eines Sekels Silber, die ersten Feldfrüchte und Jungtiere und den zehnten Teil des Boden- und des Holzertrages abzugeben[62].

Die Sitte will es, daß jede wichtigere Persönlichkeit, die am Hof empfangen wird, mit Geschenken anrückt, deren Wert je nach ihrem Rang – oder nach ihren Hoffnungen – schwankt. So übergibt Naaman, der Kriegsminister des Königs von Aramäa, dem König von Israel 10 Talente Silber, 6000 Goldstücke und 10 Festkleider als Geschenk. Allerdings ist er hergereist, um durch den Propheten Elisa von seiner Leprakrankheit geheilt zu werden[63]. Die Geschenke häufen sich im Königspalast bei Krönungen als Zeichen der Unterwürfigkeit ihrer Spender. Die Untertanenstaaten haben zu Davids und Salomos Zeiten dem König einen, wie es scheint, sehr hohen jährlichen Tribut zu entrichten. Gemäß den königlichen Chroniken hat Mesa, König von Moab, dem israelitischen König 100 000 Lämmer und die Wolle von 100 000 Widdern abzugeben[64]. Da versteht man, daß er die erste Gelegenheit, die sich ihm bot, nützte, sich beim Tode Ahabs zu erheben[65].

Wenn es die äußeren Umstände erfordern, verlangt der König eine außerordentliche Steuer. So ließ Menahem die beträchtliche Summe von 1000 Talenten Silber – 50 Sekel auf jeden begüterten Mann Israels – einziehen, um sie dem König von Assyrien zu übergeben[66]. Jojakim nahm den wohlhabenden Bewohnern Judas, je nach der Größe ihres Vermögens, den Gesamtbetrag von 100 Talenten Silber und 10 Talenten Gold ab, die dazu bestimmt waren, den Pharao zu besänftigen[67].

Die politische und wirtschaftliche Krise am Ende der salomonischen Regierungszeit vergrößerte die bedrückende Last der Steuern und Fronarbeiten. Sie trug bei zum Ausbruch des Aufstandes im Norden und zur Spaltung des geeinten Königreiches, was der politischen Expansion der Hebräer ein Ende setzte. Im Moment, da sich der Orient in einem durch den Dynastiewechsel in Ägypten und die Edomiter- und Aramäer-Aufstände hervorgerufenen Umwälzungsprozeß befindet, sollten die Beziehungen zwischen Juda und Israel in der Tat entscheidend sein für die Zukunft der hebräischen Kultur.

Die Beziehungen zwischen Juda und Israel

Nach Absaloms Aufstand setzt sich David entschieden für eine Verstärkung des Thrones ein und bekennt sich von nun an offen zu den geographischen und militärischen Strukturen Judas, das, entgegen den alten Ideen der Gleichberechtigung im Nomadentum, den Vorzug erhält. Beim Tode Salomos sind die Forderungen der nördlichen Stämme vor allem wirtschaftlicher und sozialer Art. »Mache du nun die harte Fron deines Vaters und das schwere Joch, das er uns aufgelegt hat, leichter, so wollen wir dir untertan sein«, erklären die Ältesten Israels Rehabeam in Sichem[68]. Der Nachkomme Salomos übergeht jedoch den Rat der Weisen, die um ihn sind, und bläst ins gleiche Horn wie seine ungebärdigen Jugendfreunde, die ihn, geblendet vom glanzvollen Aufstieg, zu einem Machtkampf aufstacheln: »Mein kleiner Finger ist dicker als meines Vaters Lenden. Nun wohl, hat mein Vater euch ein schweres Joch aufgeladen, so will ich es noch schwerer machen; hat mein Vater euch mit Geißeln gezüchtigt, so will ich euch mit Skorpionen züchtigen.«[69]

»Auf, Israel, zu deinen Zelten!« So ertönt der Kriegsruf, und der Aufstand beginnt. Rehabeam kann nur noch die vollendete Tatsache anerkennen. Erntet er nicht, was seine Väter gesät haben? Jerobeam I. schließlich vollzieht die Trennung, die sich langsam vorbereitet hatte, und gründet sein eigenes Königreich, Israel, als Gegenpol zu Juda. Das so zerschnittene Jerusalem hat die politische und religiöse Gegenwart Sichems zu dulden.

Die Heimat der Hebräer bleibt nun während langer Jahrhunderte geteilt. Doch hier wie dort bleiben die Stämme dem monarchistischen Prinzip treu und Juda dem Davidschen Königshaus. Die beiden neuen Königreiche haben einen großen Verlust an fruchtbarem Land erlitten. Sie überleben durch vermehrten Fleiß und dank der Einführung neuer Techniken. Unter Salomos Regierung haben sich Eisenwerkzeuge weitherum im Lande verbreitet. Sie ermöglichen den Hebräern nun, Brunnen auszuheben, Kanalisationen anzulegen und Wasser-Leitungen zu bauen, um das Wasser, Quelle des Lebens und der Fruchtbarkeit, einzufangen. Dieser Entwicklung ist es zuzuschreiben, daß das Volk sich auch in den Bergen heimisch fühlen kann, indem es diese zu Fruchtbarkeit bringt. Dank der neuen Methode des Ackerbaus, die sich von der Abhängigkeit von Quellen und Wasserläufen freigesagt hat, darf es einer neuen Blütezeit entgegenschauen. Wieder ist es um einen Schritt vorwärts gegangen auf dem langen Weg, den der Mensch zurücklegen muß, um sich vom Joch der Natur zu befreien. Die Bergbevölkerung Israels und Judas bekommt die Möglichkeit, sich in ihrem Adlerhorst einzunisten[70].

Die Teilung

Die Teilung wird ohne Blutvergießen vollzogen, denn Rehabeam läßt seine Truppen nicht gegen die nördlichen Stämme antreten, wie es David getan hatte, um dem Aufstand beizukommen. Der Tatsache muß man ins Auge blicken können, sagt er sich; man muß sich mit einer Zweiheit abfinden, die im Wesen und in den überlieferten Traditionen des Volkes verankert ist, auch wenn sie seinem Streben nach einer erhabenen Einheit im Wege steht.
Zur Zeit Salomos hätte der Staat Israel auf geographischem, demographischem, politischem, wirtschaftlichem und militärischem Gebiet eigentlich als genug stark eingeschätzt werden können, um sich neuen Eroberungen zuzuwenden und, wie die andern großen Völker des alten Orients, an die Gründung eines Großreiches zu denken. Doch hier spielt ein komplexer Mechanismus mit hinein, der Israel auf den Weg seiner geistigen Bestimmung und Berufung hin lenkt. Die physische Lebenskraft des Volkes Israel ist zur Zeit der geeinten Monarchie am größten; doch mit ihr brechen Antinomien

hervor, die jede Möglichkeit, ein Großreich zu gründen, untergraben, die die Hebräer zur Beute der großen Nachbarstaaten machen und sie darüber hinaus der Angst vor der ihnen prophezeiten Bestimmung aussetzen.
In der Tat war der Monotheismus der Hebräer fast am Verschwinden, als es die Philister wagten, das ganze Land zu erobern und die zwölf Stämme unter ihre Herrschaft zu bringen. Die Errichtung der Monarchie war der Schachzug gegen diese Gefahr. Doch ihr Glanz, ihr Übermaß an politischer und wirtschaftlicher Macht, zu der innerhalb von drei Generationen die Könige Israels gelangen, bringen wieder dieselbe Gefährdung. Der ethische Monotheismus der Hebräer behält seine Vorrangstellung jedoch und lebt vor allem dank dem Abbröckeln der königlichen Macht nach dem Tode Salomos weiter. Als Rehabeam, der Sohn Salomos, 931 seinen Vater ablöst, bricht im Reich eine Revolte aus. Sie endet mit der Abspaltung der zehn Stämme des Nordens[71], die das Königreich Israel mit der Hauptstadt Sichem gründen, wo Jerobeam I., der Sohn des Nebat, regieren wird. Die beiden südlichen Stämme Juda und Benjamin erstrecken sich um Jerusalem herum auf ein Gebiet, das mit Idumäa und dem Philisterland zusammen knapp ein Viertel des Königreiches Salomos ausmacht und ungefähr ein Drittel seiner Bevölkerung enthält.
Trotz der politischen und sogar militärischen Auseinandersetzungen zwischen den beiden rivalisierenden Königreichen konnte die lange Zeit zwischen der Teilung von 931 und der Zerstörung Samarias 721 ihre Schicksalsgemeinschaft nicht zerstören. Was die beiden vereint, ist wichtiger als was sie trennt. Die Literatur bleibt die eines einzigen Volkes, denn die Sprache, der Glaube, die Wurzeln und die aus Liebe zum selben Gott gesteckten Ziele sind gleich. Die politischen Grenzen können weder diese geistige Übereinstimmung noch die engen wirtschaftlichen Beziehungen unterbinden, die in diesem winzigen und von allen Seiten bedrohten Land gewachsen sind. Die große gegenseitige Abhängigkeit bleibt bestehen. Jede wirtschaftliche, politische, geistige Krise, jeder Krieg und jede Notlage im einen Land wirken sich gleich nachhaltig im anderen aus.
Doch in Jerusalem bleibt das Volk dem Hause David treu, wäh-

rend in Israel, wie übrigens in allen benachbarten Ländern, die Dynastien kaum ihre Begründer überleben, da sie, eben erst aufgekommen, in Blut, Verbrechen und Intrigen versinken. So brachte das Königshaus Jehu, das am längsten am Leben blieb, nur vier Könige hervor. Die anderen waren weniger dauerhaft, und ihr Verschwinden zog die Ausrottung der ganzen Königsfamilien und ihrer Anhänger nach sich. Der Umsturz betraf sämtliche Stufen der zentralen und regionalen Regierung. Das Land war klein, der Ehrgeiz groß und das Heer stark, überdies hielt es von Anfang an Distanz zum Hause David und zum Dynastie-Prinzip, das dieses symbolhaft verkörperte.

Das Königreich Israel

Das Leben im Königreich Israel zeichnet sich, seit der Teilung von 931 bis zum Zusammensturz von 721, durch geschäftige Unruhe aus. Während der 210 Jahre seiner Unabhängigkeit erlebte es eine Folge von neunzehn Herrschern, also fast ebenso viele wie Juda in 345 Jahren (von 931 bis 586) hatte, nämlich deren zwanzig[72].

Jerobeam I., der Sohn Nebats, der Gründer des Königreiches Israel und dessen erster König, will von Grund auf Ordnung in sein Land bringen und es durch unabhängige Institutionen stärken. Die Chroniken berichten nichts über seine administrativen oder militärischen Vorkehrungen, die sicher beträchtlich waren, hieß es doch, ein ganz neues politisches Zentrum zu schaffen und dieses gegen die im Innern wie außerhalb des Landes zahlreichen Feinde zu verteidigen. Dafür kennen wir seine grundlegende religiöse Reform in allen Einzelheiten. Er sah auf den ersten Blick, daß sein Reich nur Bestand haben könne, wenn es ein religiöses Zentrum besitze, das es in den Augen der Leute mit der mystischen Anziehungskraft Jerusalems aufnehmen könnte.

»Darum ging der König mit sich zu Rate, ließ zwei goldene Kälber machen und sprach zum Volke: ›Lange genug seid ihr nun nach Jerusalem gepilgert! Siehe, das sind deine Götter, Israel, die dich aus dem Lande Ägypten heraufgeführt haben.‹«[73] Eines der goldenen Kälber stellte er in Bethel auf, das andere in Dan, in neuen Tempeln, die er mit Priestern versah. Ohne das alleinige Vorrecht des Stammes Levi zu berücksichtigen, wählte er diese aus. Er führte eine Kalenderreform durch. Diese Umgestaltungen brachten die Teilung gründlicher zum Ausdruck als jegliche verwaltungstechnischen Änderungen oder militärischen Maßnahmen.

Die Aufstellung des goldenen Kalbes im Tempel erinnerte an die Riten der Nachbarvölker. Der Stier zum Beispiel dient den syrophönizischen, mesopotamischen und ägyptischen Göttern als heiliges Sockeltier. Jerobeam weiß allerdings, wie weit er gehen darf. Im Gegensatz zu den ausländischen Gepflogenheiten steht auf seinem Goldkalb keine menschliche Figur. Hinter seiner Kühnheit verbirgt sich sowohl eine Auflehnung gegen den strengen Mosaismus als auch eine sichtbare Verehrung der sinaitischen Vergangenheit zur Zeit des Nomadentums von Israel. Soviel, und nicht mehr: er geht nicht bis zur gotteslästernden Götzenanbetung. Auf diese Weise glaubt er, dem Gott Israels treu zu bleiben.

In seiner Klugheit stößt er das dem Königshause David eigene zentralistische Prinzip zurück. Sein Reich bekommt keine Hauptstadt mit symbolischem Charakter. Vielmehr reist er von einer Stadt zur anderen, von Sichem nach Pniel und Thirza, wie um eine alte Sitte aufrechtzuerhalten.

Seine Reformen finden ihren Abschluß unter dem ägyptischen Druck. 923 dringt nämlich König Scheschonk in die Königreiche Juda und Israel ein. Die Aufzählung der von ihm eroberten Städte ist uns auf den Mauern des Tempels von Karnak erhalten. Es sind 150 Siedlungen, die meisten davon in Israel. Vor nicht allzulanger Zeit hat man in Megiddo einen Rest des Triumphbogens entdeckt, den Scheschonk dort errichtete, nachdem er die Schätze des Tempels zu Jerusalem geraubt und die Stadt nur gegen hohes Lösegeld verschont hatte[74].

Nach diesen Vorfällen wollte Rehabeam sein Land besser sichern durch die Errichtung eines breiten Befestigungsgürtels, der das von David und Salomo gebaute Verteidigungssystem wiederaufnahm und verstärkte. Rehabeam und vor allem sein Sohn Abim nehmen die Gelegenheit wahr und greifen das durch Scheschonks Feldzug geschwächte Israel an. Die Niederlage des nördlichen Königreichs bedeutet das Ende der Dynastie Jerobeams, da sein Sohn, der König Nadab, ermordet wird und der Kriegsminister Baesa, der Sohn des Ahias, sich des Thrones bemächtigt, den er von 909 bis 886 innehat. Der neue König macht sich verdient durch die politische und militärische Erneuerung des Landes. Sein Bündnis mit Benhadad I., König von Aramäa, setzt auch seiner Dynastie ein Ende. Sein Sohn Ela (886–885) wird in betrunkenem Zustand vom Streitwagen-Obersten Simri in Thirza totgeschlagen, der 885 seine Nachfolge antritt. Dieser letztere regiert nur sieben Tage, bis der Feldhauptmann Omri Thirza belagert. Simri flüchtet in den Turm des Königspalastes, wo er in der selbstentfachten Feuersbrunst lebendigen Leibes verbrennt... Omri hat gegen einen erneuten Aufstand zu kämpfen, denjenigen Thibnis, bevor er zum König gekrönt wird (885–874). Er gründet Samaria. Sein Sohn Ahab regiert 22 Jahre über Israel (874–853).

Samaria, Hauptstadt Israels

Der israelitische König Omri wählte den Ort, wo er 880 seine Hauptstadt erbaute, 10 km nordwestlich von Sichem. Heute ist das Dorf bekannt unter dem Namen Sebastje, so genannt nach der von Herodes auf diesem 430 m hohen Hügel wieder aufgebauten Stadt. Die Umgebung ist fruchtbar, reich an Wasser und strategisch günstig gelegen, da man von ihr aus alle Straßen des Nordens überblickt. Ahab führt das Werk seines Vaters dank seinem großen Bautalent weiter. Unter Joram erleidet die Stadt einen Rückschlag, denn eine schwere Hungersnot bricht aus während der Belagerung durch den aramäischen König Benhadad. Unter Jerobeam II. dann erreicht die Stadt ihre höchste Blüte. Reichtum und Luxus nehmen so überhand, daß dies Amos' Kritik wachruft[75]. Später folgt wieder eine Zeit der Not, gewissermaßen als Vorzeichen der Auflösung des Königreiches Israel[76].

Seit 1908 wird der Boden der Stadt durchsucht. Die Festung des Königspalastes, die Stadtmauern, der Palast selbst mit seinen Nebengebäuden, wie auch viele kleinere Gegenstände, Münzen, Ostraka und Elfenbeinschnitzereien aus der Zeit Omris wurden schon ans Tageslicht befördert. 1931 bis 1935 entdeckte man einen Tempel und Gräber. Die Ausgrabungsergebnisse zeichnen ein ziemlich genaues Bild dieser Stadt, die *intra muros* eine Fläche von etwa 7,5 ha bedeckte und aus zwei Teilen bestand. Die Oberstadt bildeten Festung, Königsburg und Wirtschaftsgebäude; die Unterstadt dagegen, wie in ruhigen Zeiten auch das Land ringsum, bewohnte die Bevölkerung.

Die Häuser der Stadt sind außerordentlich stabil, da sie – sicher nach übernommenen phönizischen Baumethoden – in den Fels gehauen oder auf einen Steingrund gestellt wurden.

63 der in der Stadt aufgefundenen Ostraka sind lesbar. Sie ergänzen unsere Kenntnisse über jene Zeit in bezug auf das Schreiben mit schwarzer Tinte, die Personennamen und die von den Königen gehandhabten Steuerpraktiken. Die Elfenbeinschnitzereien bilden die reichste Kunstsammlung, die man bis heute in Israel entdeckt hat. Sie sind nach phönizischer Art gearbeitet und gehen zum größten Teil auf die Herrschaft Ahabs zurück, der ein Elfenbeinhaus errichtet und seinen Palast mit kunstvoll geschnitzten Elfenbeinbetten geschmückt hatte.

Der freundschaftliche Bund

In den Regierungszeiten des judäischen Königs Josaphat, Sohn Asas, und der israelitischen Könige Omri (885–874) und Sohn Ahab (874–853) kann man zwischen den beiden hebräischen Königreichen eine Annäherung beobachten, ein Wiedererwägen ihrer außenpolitischen Beziehungen sowie eine administrative und kulturelle Entwicklung. Nachdem die Schwierigkeiten und die Not der Teilung überstanden und vergessen sind, nimmt man auf beiden Seiten der Grenze die politischen und wirtschaftlichen Vorteile eines Bündnisses wahr, welches gestärkt wird durch die Heirat von Josaphats Sohn Joram mit Athalja[77]. Diese Vermählung drückt das Ende der

Wirren zwischen den beiden hebräischen Staaten aus, welche größtenteils ihr früheres Wohlergehen wiederfinden.

Der Frieden begünstigt Reformen. Josaphat führt das Werk seines Vaters fort. Er schickt Richter in die Grenzfestungen und eröffnet in Jerusalem einen obersten Gerichtshof. Götzenkultorte zerstört er und verbreitet die Lehre der Thora. Wahrscheinlich hat er das Königreich Juda in zwölf Verwaltungsbezirke unterteilt; er verstärkt seine Armee und vollendet die Zentralisierung der judäischen Monarchie um Jerusalem herum.

In Israel verbündet sich Omri, wie einst Salomo, mit Sidon und Tyrus. Militärische Erfolge gegenüber Moab und zweifellos auch gegenüber Aram sichern sein Reich. Vor allem aber gründet er, wie wir gesehen haben, mitten in seinem Land eine neue Stadt, Samaria, und erhebt sie zur Hauptstadt. Auf diese Weise beweist er seine Unabhängigkeit und zeigt, daß er nicht bereit ist, in den alten, von so vielen Krisen heimgesuchten Städten seines Landes zu residieren. Wir können nicht umhin, bei der Wahl Samarias durch Omri an die Wahl Jerusalems durch David zu denken. Weil der König von Israel keine »neutrale« Stadt fand, gründete er eine neue. Übrigens streiten die beiden Hauptstädte später um den Vorrang, und noch heute erinnern sich die Samaritaner an diese Rivalitäten.

Nachdem Ahab das Werk seines Vaters fortgesetzt hat, erntet er auch die Früchte. Zu seiner Zeit ist das Königreich Israel eines der wichtigsten im Nahen Osten. Die neuesten archäologischen Ausgrabungen lassen den weit fortgeschrittenen Stand von Wirtschaft, Handwerk, Handel und seiner eindrucksvollen städtischen Bauten erkennen. Israel tritt so als politisches und wirtschaftliches Zentrum hervor, in dem sich Juda, Ägypten, Tyrus und Edom treffen, und es beherrscht die großen Handelswege der Gegend.

Benhadad, der König von Aramäa, begehrt die Reichtümer Israels. Nachdem er aber zweimal geschlagen worden ist, einmal in Samaria, das andere Mal in Aphek[78], willigt er schleunigst in das Bündnis ein, das ihm Ahab vorschlägt. Man nimmt heute an, daß der für Aramäa und Israel gleichermaßen gefährliche militärische Aufschwung Assyriens vom 9. Jahrhundert an schließlich die Annäherung dieser beiden ehemals feindlichen Länder verursachte.

Die assyrische Herausforderung und die Zeit der Prüfungen

Vom 9. bis zum 7. Jahrhundert ist die assyrische Armee die von allen Ländern des Nahen Ostens gefürchtetste. Nur den Babyloniern und Medern gelingt es, dieser unheilvollen Kriegsmaschinerie standzuhalten, die den Vorderen Orient während dreier Jahrhunderte beherrscht und Fall und Zerfall Israels herbeiführt, das geschwächt ist durch seine tragischen inneren Streitereien, welche nach dem Tode Ahabs leidenschaftlich aufflackern.

Die blutigsten Bilder veranschaulichen diesen Zeitabschnitt: Ahab, als Soldat verkleidet, stirbt in der Schlacht von Ramoth und bleibt, von einem Pfeil durchbohrt, bis in die Nacht hinein starr auf seinem Wagen stehen, während sein Heer die Flucht ergriffen hat. Sein Körper wird im Teiche von Samaria gewaschen: die Hunde lecken sein Blut und die Dirnen baden sich darin[79].

Ein wenig später spielt eine andere Tragödie: Mesa, der König von Moab, wird von den verbündeten Königen Israels, Judas und Edoms geschlagen und, in Verzweiflung getrieben, opfert er dem Gott Kamos eigenhändig seinen ältesten Sohn.

Überall geht der Tod um: Joram stirbt, von einem Pfeil Jehus durchbohrt, der außerdem auch Ahasja ermordet. Isebel stirbt in ihren Königskleidern, orientalisch geschmückt und frisiert, eine trotzige Herausforderung auf den Lippen. In Samaria werden die 70 Söhne Ahabs von angesehenen Bürgern der Stadt umgebracht. Die Häupter der Erschlagenen gelangen, in Körbe verpackt, zu Jehu, der diese Morde angeordnet hatte. Der neue König kann in seine Hauptstadt Samaria einziehen, doch unterwegs schlägt er noch 42 judäische Prinzen tot, die sich eben nach dem Ergehen der königlichen Familie erkundigen wollten. Aufrührer umzingeln den Tempel des Baal und erstechen seine Priester und Verehrer, bevor sie schließlich das ganze Haus mit seinen Nebengebäuden dem Erdboden gleichmachen.

Jehu ist abgeschnitten von Juda, das regiert wird von Athalja, Tochter der Isebel, dann von Joas, ihrem Sohn. Deshalb hält es der israelitische König für angezeigt, schon im zweiten Jahre seiner Regierung gemeinsame Sache mit Salmanassar III. (840) zu machen.

Der assyrische Monarch hat auf einem schwarzen Obelisk den Augenblick festgehalten, wo ihm israelitische Botschafter ihren Tribut in Form von Silber- und Goldbarren, goldenen Vasen und kostbaren Gaben überreichen.

Diese Episode geht dem Vormarsch der Aramäer voraus, die einen beträchtlichen Teil des Landes besetzen. Sie plündern die befestigten Städte, metzeln die Bevölkerung zu Tausenden nieder, ohne Frauen, Kinder und Greise zu schonen, und lassen bei den unerhört grausamen Hinrichtungen ihre Phantasie walten. So erfinden sie neue Marterinstrumente, wie zum Beispiel geschliffene Eisenklingen, die von den Oberaufsehern gezogen werden, um die Massaker leichter durchführen und besser Furcht einflößen zu können.

Die Kleinen nützen die Verwirrung in Israel aus. Die Ammoniter, Moabiter, Idumäer, Philister und Tyrier stürzen sich, jeder von seiner Seite, auf die Überreste und machen die Bewohner der am schlechtesten verteidigten Dörfer zu Sklaven. Die Regierung des Joahas (814–798), Sohn und Nachfolger Jehus, bringt das Land in äußerste Not. Damaskus zwingt Israel, sein Heer auf 50 Pferde, 10 Wagen und 10 000 Infanteristen zu reduzieren. Später erwählt der Nachfolger Hasaels, Benhadad, Samaria zur Hauptstadt und verursacht eine so entsetzliche Hungersnot, daß israelitische Frauen ihre eigenen Kinder verschlingen ...[80]

Diese Greuel werden von den Propheten und dem Volk in ihrer tiefsten apokalyptischen Bedeutung erlebt. Augenblickliche Ruhe oder auch glänzende Siege wie derjenige von Aphek sind nur Zwischenfälle, welche noch größere Todesgefahr ankündigen und vorbereiten. Zwei Könige aber, Asarja in Juda (768–739) und Jerobeam II. in Israel (782–753), nützen die Schwächung von Damaskus und den assyrischen Rückzug unter der Regierung von Assurdanit III. (772–755) und Assur-nirari IV. (755–746) während eines knappen halben Jahrhunderts, um gemeinsam vorzugehen und das hebräische Land wieder zu einem Wohlstand zu bringen, den es seit der Zeit Salomos nicht mehr gekannt hat. Volk und Könige träumen vom ewigen Frieden, während sich die Stimme der Propheten unheilverkündend erhebt.

Der Zerfall des Königreiches Israel

Zu dieser Zeit tauchen in Juda und Israel neue Leute auf, deren leidenschaftliche Kritik den Staat aufrüttelt, um der Nation und ihren Idealen eine Überlebenschance zu geben.
Die Königsbücher und die Chroniken bringen uns die Geschichte jener Zeit näher anhand einer außerordentlichen Vielfalt an Einzelheiten, die direkt aus dem Leben geschöpft sind. Geschehnisse wie auch Personen werden nicht nur beschrieben, sondern erklärt; die Erläuterungen stützen sich auf ältere Quellen, die *Archive der Könige von Juda und Israel* sowie diejenigen des Tempels. So werden, immer mit kritischem Geist, Kriege, Bauten, der Lebenslauf jedes Königs mitsamt Tugenden und Lastern beleuchtet. Die vorwiegende Tendenz geht jedoch dahin, alle israelitischen Könige zu verurteilen, da sie die Teilung des Reiches aufrechterhalten und somit »Dinge getrieben, die nicht recht sind, wider den Herrn«. Darüber hinaus öffnen ihre ökonomischen und politischen Beziehungen zu den phönizischen Städten und den »Königen Syriens und der Küste« der religiösen und kulturellen Beeinflussung Israels durch das kanaanäische Volk Tür und Tor. So wird am Hofe Samarias nach der Heirat von Ahab mit Isebel, der Tochter des Königs von Tyrus, der Baal von Tyrus verehrt.
Jehus Aufstand verjagt Ahab und mit ihm die heidnischen Einflüsse, doch er unterbindet auch die Beziehungen, die Israel mit Tyrus verbanden. Daraus entwickelt sich, auf längere Sicht gesehen, eine fatale Schwächung des Reiches. Der Zerfall Israels beginnt somit zur Zeit Jehus und dauert, mit kurzen Unterbrechungen, bis zum Untergang des Königreiches im Jahre 721.
Der 782 gekrönte Jerobeam II., Sohn des Joas, kann zur Zeit einer Flaute im Königreich von Damaskus die Freundschaftsbeziehungen zu Juda wiederaufnehmen, die Wirtschaft des Landes in gefestigtere Bahnen lenken und die kulturelle Ausstrahlung verstärken: Das Prophetentum nimmt mit Amos und Hosea einen neuen Aufschwung.
Nach Jerobeam II., der 753 stirbt, beschleunigt sich der Zerfall. Die vier letzten Könige Israels sind zu schwach, um das von den assy-

rischen Armeen bedrohte Land vor dem Angriff und dem Untergang zu bewahren.

Tiglatpileser III., Herrscher über Damaskus, Israel und Juda, erobert 729 noch Babylon. Sein Nachfolger, Salmanassar V., wird 727 gekrönt und regiert fünf Jahre. König Hosea von Israel, unterstützt durch den ägyptischen Herrscher Sewe, weigert sich, an Assyrien den jährlichen Tribut zu zahlen. Salmanassar läßt den widerspenstigen König, der auch bald von Ägypten verlassen wird, gefangennehmen. Das belagerte Samaria versucht während dreier Jahre verzweifelt, der assyrischen Armee Widerstand zu leisten, doch fällt die Stadt 721[81]. Eine babylonische Chronik, die aufgrund älterer Quellen im 5. Jahrhundert abgefaßt wurde, bezeugt, daß Salmanassar V. *Schamrain* umzingelt hat. Dies ist der aramäische Name für Samaria, welches Sargon I. schließlich eroberte. Wahrscheinlich ist Salmanassar V. sehr bald nach der Übergabe der Stadt umgekommen, vielleicht durch eine Revolte in seiner Armee; an seinen Platz tritt Sargon II. Dieser vereitelt einen Aufstand seiner Vasallen, bevor er dann 720 das Werk der Zerstörung in Samaria und im Königreich Israel beendet. Sargon II. deportiert 27 280 Einwohner Samarias und siedelt sie als seine Untertanen in anderen Teilen seines Reiches an, wohin er auch Araber, Babylonier, Kuthier und Leute aus Awa, Hamath und Sepharwaim deportiert. Die gewaltigen Zwangsansiedelungen ganzer Bevölkerungen waren bei den assyrischen Eroberern gang und gäbe; diese Sitte wird später auch von den Babyloniern übernommen. Die samarischen und israelitischen Exilierten sind Soldaten, Priester, Beamte und Angehörige der obersten Schichten. Sie werden nach Mesopotamien und Medien verpflanzt. Die große Volksmasse bleibt allerdings an Ort und Stelle. Zu ihr gesellen sich ausländische Elemente, die zusammen eine neue ethnische und religiöse Einheit bilden werden, das Volk der Samaritaner[82].

Die Wegführungen Sargons II. geben Anlaß zum Mythos der zehn verlorenen Stämme. In Wirklichkeit machen die Deportierten aber nur eine kleine Minderheit des ganzen Volkes aus. Wir besitzen wenige sichere Angaben über ihr Schicksal. Im assyrischen Gosen angesiedelt, scheinen sie der assyrischen Armee in ganzen eigenen

Einheiten gedient zu haben, wie es Brauch war. Was ist aus ihnen geworden? Ein Teil wird sich zweifellos in der Bevölkerung, in der sie lebten, integriert haben. Die stärksten unter ihnen werden günstige Gelegenheiten abgewartet haben, um den Boden ihrer Heimat wieder zu erreichen oder ins Königreich Juda zu gelangen.

Nur das Königreich Juda überlebt

Das Unheil, das Israel zerschlagen hat, lauert nun auch an den Grenzen Judas und vor den Toren Jerusalems. Der Prophet Micha in Moreseth sieht das Schlimmste voraus: »Darum wird Zion um euretwillen zum Feld umgepflügt, Jerusalem wird zum Trümmerhaufen und der Tempelberg zur Waldeshöhe.«[83] Er ruft den Rest seines Volkes zusammen und ermahnt es, sich mehr als bisher in Gerechtigkeit, Wahrheit, Reinheit und Liebe zu üben, um so vielleicht Gottes Vergebung zu erhalten und dem drohenden Untergang zu entgehen.

Hiskia (717–687), in dem Jesaja sicher den Friedensfürsten oder das Kind der Wunder auf dem Throne Davids[84] sah, führt die Politik von Ahas weiter und entrichtet Assyrien Tribut. Doch hegt er die Absicht, bei der ersten Gelegenheit mit seinem gefürchteten Herrn zu brechen.

Als er dies auch tut unter dem Einfluß der ägyptischen Haltung und entgegen Jesajas Ruf nach Neutralität, wird er von Sanheribs Truppen besiegt, welche die Befestigungen Judas eine nach der andern erobern und Jerusalem umzingeln. Nur durch ein Wunder und nur vorübergehend wird die Hauptstadt gerettet. Die Assyrer sind nämlich beunruhigt, sei es wegen eines Aufruhrs in Ägypten, sei es, weil sie von neuen Erhebungen im Osten hören oder in Panik geraten über eine im Heer ausbrechende Pestepidemie, so daß sie die Belagerung plötzlich aufheben müssen. Jerusalem ist wieder frei, der Tempel unversehrt. In den Augen aller hat sich Jesajas Prophezeiung wunderbar erfüllt.

Doch Juda bleibt unter dem Joch Assyriens. Die lange Regierungszeit Manasses, des Sohnes von Hiskia (687–642), eröffnet eine Zeit der politischen und religiösen Gegenbewegung. Die gewaltigen Reformen Hiskias werden rückgängig gemacht und ihre Urheber hingerichtet. Der alte Prophet Jesaja bezahlt – nach einer alten Überlieferung – den Mut seiner Voraussagen mit dem Leben. Die Götzenverehrung nimmt im ganzen Lande wieder überhand. In den Provinz-Heiligtümern finden heidnische Gottesdienste und rituelle Orgien statt, und im Gehenna-Tal zu Jerusalem werden den Götzen Kinder geopfert. Manasse bringt seinen eigenen Sohn dar, wie es Ahas getan hatte. Die Priester nehmen die alten Praktiken der Auguren und Wahrsager wieder auf. Im Tempel wird der assyrischen Gottheit Istar, der Königin des Himmels, eine Statue errichtet. Die im Namen der Religion ausgeübte Prostitution blüht wieder auf; Frauen bieten sich den Gläubigen zur Ehre der Himmelsgöttin an. Die Opfergaben an sie kommen dem Tempel zugute, und die Kinder, die aus jenen Begegnungen hervorgehen, werden zu ihrem Dienste aufgezogen. Der assyrische Sterndeutungs- und Götzenkult, das Nachahmen des Auslandes und die soziale Ungerechtigkeit breiten sich überall dominierend aus.

Der Sohn Manasses, Amon, wird 639, im dritten Jahre seiner Herrschaft, ermordet. Dessen achtjährigen Sohn Josia erhebt das Volk auf den Thron, nachdem es den Aufstand unterdrückt hat. Es ist dies die Zeit, in der die skythischen Horden das westasiatische Gebiet überfluten und Assyrien und Ägypten bedrohen. Neue Propheten, Nahum und Zephanja, sagen allerletzte Katastrophen voraus, ein Jüngstes Gericht, aus dem Juda geläutert hervorgehen werde.

Josia und seine Priester unterstellen sich selbst der Reform, die sie predigen. Die im Tempel entdeckte Thora bewirkt, daß das Gesetz Gottes feierlich als das Gesetz des Königreiches ausgerufen wird. Auf Josias Befehl hin werden sämtliche Götzenbilder und -altäre vernichtet, die heidnischen Liturgien im ganzen Reich und selbst in Samaria verboten, wo ebenfalls die Höhenheiligtümer sowie der Tempel von Bethel niedergerissen werden. Während des Laubhüttenfestes feiert Jerusalem in großer Aufmachung die Wiederherstellung des Monotheismus im gereinigten Tempel. Für eine gewisse Zeit noch und in gewissen Grenzen floriert das Land und genießt eine verhältnismäßige politische Sicherheit.

Nur die sich erhebende Stimme Jeremias verurteilt die oberflächliche Reform, die das Übel nicht an der Wurzel zu fassen vermag und somit nicht zu einer geistigen Wandlung durchdringen kann, was die Voraussetzung zu einer Rettung wäre. Ein abermaliges Gottesgericht wird das Volk, wie er verkündet, zur Reue bringen und es vor den lauernden Gefahren retten.

Und wirklich fällt Ninive im Jahre 612 beim gemeinsamen Ansturm der Babylonier, Meder und Skythen.

Die ägyptischen Truppen landen wieder einmal an der Küste. Die Hebräer begegnen ihnen in Megiddo, wo sie geschlagen werden. Im Jahre 609 stirbt Josia. Sein Sohn Joahas wird vom Volke zum König geweiht, doch nach drei Monaten Regierungszeit wird er gefesselt nach Ägypten verschleppt. Sein Bruder Jojakim vertritt ihn. Unter seiner Herrschaft (608–597) kommt eine Annäherung an Ägypten zustande, aber auch ein religiöser Rückschritt und ein Rückfall in die heidnischen Bräuche: Wieder verehrt man die Himmelsgöttin. Ägypten aber wird von Babylonien im Jahre 605 geschlagen. Nebukadnezar, der Sieger, läßt seine Truppen auf Syrien, Israel und Juda los, welches 604 unter seine Herrschaft kommt.

Das Ende des Königreiches Juda

Wir kennen die zwanzigjährige Geschichte der babylonischen Herrschaft in Juda aus den königlichen Chroniken und dem Buche Jeremias[85]. Die *neubabylonischen Chroniken* haben uns noch zusätzliche Informationen gebracht. Aus ihnen erfährt man, daß Nebukadnezar II. 604 Syrien und Israel erobert, Askalon eingenommen und zerstört und seine Bewohner weggeführt hat. Jeremia tadelt die Zornesausbrüche der nationalistisch Gesinnten und ruft zur Reue und zu bedingungslosem Ergeben an Babylon auf, denn in seinen Augen führt jede auch nur versuchte Auflehnung unweigerlich ins Verderben[86]. Im Jahre 601 entschließt sich Nebukadnezar, in Ägypten einzumarschieren. Jojakim will diese Gelegenheit zu einem Aufstand nützen[87], wobei er die wirkliche Stärke Babels unterschätzt, welche nur Jeremia und seine Anhänger richtig erkannt hatten. Die pro-ägyptisch Eingestellten unterstützten die Revolte. Drei Jahre später, im Jahre 598, taucht Nebukadnezar II., gefolgt von seinem Heer, in Juda auf, um dieses zu bestrafen. Jojakim stirbt. Auf ihn folgt Jojachin (597). Er unterwirft sich Babylon und entrichtet den hohen Tribut, der ihm auferlegt wird: Er hat dem Belagerer die gesamten Tempel- und Palastschätze auszuhändigen. Nebukadnezar deportiert 10 000 Jerusalemer, den König und sein Haus, die Minister, Offiziere und angesehensten Bürger. Jojachin ergibt sich Nebukadnezar, indem er mit seiner Mutter und seinen Hofleuten aus den Mauern Jerusalems hinaustritt. Seiner Haltung allein ist es zu verdanken, daß die Hauptstadt nicht gänzlich zerstört wird. Als Nebukadnezars Gefangener wird er wie ein König im Exil behandelt: In seiner Gefangenschaft bezieht er ein Gehalt vom babylonischen Staat; die *babylonischen Chroniken* erwähnen seine in der Staatsbuchhaltung eingetragene Rente.

Der letzte König der Davidschen Dynastie ist Zedekia (597–586), der Sohn des Josia. Zu seiner Zeit ist das Land wieder einmal in Freunde Mesopotamiens und pro-ägyptisch Eingestellte geteilt. Jeremia wiegt da keine falschen Hoffnungen. Er zeigt sich in den Straßen Jerusalems, ein Joch auf seinen Schultern, das die Knechtschaft der Hebräer in Babel darstellen soll. Hananja, Sohn des Assur, jedoch prophezeit das nahe Ende der Unterdrückung und nimmt ihm vor den Augen des Volkes das Joch von den Schultern. Jeremia schreibt nach Babel, um die Verbannten zur Geduld zu ermahnen und ihnen zu raten, sie mögen sich auf ein langes Exil vorbereiten.

Zedekia gibt schließlich dem Druck der pro-ägyptischen Partei nach, die für eine Revolte gegen Babylon plädiert. Im Jahre 590 greift er zu den Waffen, um gemeinsam mit Ägypten zu kämpfen, das seine Truppen zur Eroberung der fünf Phönizierstädte ausschickt. Nebukadnezar II. beschließt nun, den ägyptischen Angriffen ein Ende zu bereiten und Juda ein für allemal heimzuleuchten. Mitten im Winter des Jahres 588 belagert er Jerusalem. Um die Einwohner durch eine Hungersnot zur Kapitulation zu zwingen, baut er um die Stadtmauer herum eine zweite Mauer.

Die Ägypter kommen Jerusalem zu Hilfe, so daß Nebukadnezar

vorübergehend die Belagerung aufheben muß. Als Jeremia die Stadt verläßt, um nach Anathoth heimzukehren, beschuldigt man ihn, er habe zum Feind überlaufen wollen. So wird er von den Ägypterfreundlichen ins Gefängnis geworfen. Der Prophet rät dem König Zedekia weiterhin, sich in einem günstigen Augenblick zu ergeben, denn Nebukadnezar belagert schon wieder die Stadt, nachdem er die Ägypter verjagt hat. Am 9. Tammus 586 gelingt es ihm, eine Bresche in die Stadtmauer zu schlagen. Zedekia will entfliehen, doch in Jericho erwischt man ihn und führt ihn ins Lager von Ribla, wo Nebukadnezar sein Hauptquartier aufgeschlagen hat. Vor den Augen des judäischen Königs werden dessen Söhne und Adelige aus Juda hingestreckt. Schließlich sticht man ihm selbst die Augen aus und führt ihn, mit schweren Ketten gefesselt, nach Babylon.

Einen Monat später, mitten im Sommer, und zwar am 7. Ab, kommt der babylonische General Nebusaradan noch einmal zurück, um Jerusalem endgültig zu zerstören. Die letzten Reste des Schatzes, die bronzenen Säulenfiguren und die Wasserbecken werden geraubt, Jerusalem samt Tempel und Palast geplündert, die Befestigungsmauern dem Erdboden gleichgemacht und die Einwohner Jerusalems und Judas nach Babel deportiert[88]. Fünf Jahre nach diesen gewaltsamen Wegführungen, im Jahre 582, kehrt Nebukadnezar nochmals zurück, um das Werk der Zerstörung zu vervollständigen, wobei er noch einmal, im dritten Anlauf, 745 Männer aus Juda abführt. Juda und Jerusalem erholen sich nie mehr richtig von dieser Niederlage, trotz der heldenhaften Versuche des Neubeginns nach der Rückkehr aus dem Exil, ein halbes Jahrhundert später, im Jahre 538. Die davidsche Monarchie ist für immer zerstört: Sieben von ihren Königen, Ahasja (841), Athalja (841–835), Joas (835–797), Amon (642–639), Josia (639–609) und Jojakim (608–597) sind eines gewaltsamen Todes gestorben wie der Gründer der hebräischen Monarchie, Saul, und wie die Hälfte der 19 Könige des Reiches Israel.

Die biblische Bürgerschaft
Das Überleben der Stammesordnung

Während der ganzen Zeit der Monarchie schlägt das Herz der Hebräer höher bei der Erinnerung an die Ursprünge ihres Volkes, welche von den Nazaräern und Rechabitern stets idealisiert werden. Als die Hebräer noch Nomaden waren, lebten sie, um geschützt zu sein, zurückgezogen auf Hügeln mit kargen Weiden, hüteten ihre Schaf- und Ziegenherden und führten in ihren Zelten und Höhlen ein bescheidenes Dasein, das abhing von den Bündnissen oder Spannungen zwischen den einzelnen Stämmen. Die Hebräer überliefern die Wegstationen der Reisen von Abraham, Lot, Isaak und Jakob. Sie beschreiben die Bündnisse, die geschlossen wurden mit Gibeon und Sichem und besingen ihre Siege: den von Jericho, das sich beim Klang der Widderhörner ergab, den von Ai, und den Triumph Deboras sowie die Heldentat Jaels, die Sisera überwand. Sogar zu der Zeit, wo sie schon in Kanaan leben, erzählen ihre Schriften noch von ihren Zelten.

Als sie nach der Eroberung Kanaans aufhören, Nomaden oder Halbnomaden zu sein, verändert sich ihre Lebensweise vollständig. Nach und nach verlassen sie ihre Zelte, um in Städten erstellte Häuser zu bewohnen. Aus Hirten werden Ackerbauer. So müssen sie, oft bei den Kanaanitern, Gesetz und Handwerk ihres neuen Berufes lernen. Diese Wandlung, die durch sie entstehenden Probleme und Folgen gehören zu den wichtigsten Erscheinungen in der Geschichte Israels.

Der Stamm, wie auch die Familie oder die Sippe, ist ein unabhängiger Verband, der auf einen namengebenden Ahnen zurückgeht, auf einen der Söhne Jakobs. Die biblische Bürgerschaft ist aus der Verbindung der zwölf Stämme Israels mit demselben Glauben und demselben Gesetz hervorgegangen.

Die hebräische Familie

Die Grundlage der hebräischen Gesellschaft bilden das Ehepaar und die Familie: Gott hat zuerst Adam und Eva geschaffen. Die Anthropologen haben die hebräische Familie definiert als endogam, patrilinear, patriarchalisch, patrilokal, sich erweiternd, polygam. Diese sechs Hauptzüge der Familie findet man auch bei den andern Völkern des Nahen Ostens, und alle diese Charakteristika zusammen nur bei ihnen.

Da endogam, bevorzugen die Hebräer Ehen zwischen Blutsverwandten. Der Stammbaum war in fernen Zeiten vielleicht matrilinear; in geschichtlicher Zeit aber bestimmt der Vater die Familienzugehörigkeit eines Neugeborenen. So ist Isaak vor allem der Sohn Abrahams und wird *ben Abraham* genannt. Der Vater ist in der patriarchalischen Familie Herr und Meister. Bei der Heirat führt er seine Frau in Haus und Familie seines Vaters ein, deren Glied er bleibt. Die erweiterte Familie, die *mischpachah*, umfaßt bei den Hebräern den Mann als Haupt, seine Frau oder Frauen, seine Söhne, deren Frauen und Kinder, und schließlich die noch nicht verheirateten Töchter. Gut und Habe der *mischpachah* werden vom Familienhaupt verwaltet und überwacht. Die Mitglieder dieser Ökonomie-Gemeinschaft betreiben Viehzucht, Ackerbau, Handwerk, Handel oder Kunst. Die biblische Familie umfaßt, je nach ihrer finanziellen Lage, überdies eine gewisse Anzahl Sklaven oder Lohnarbeiter. Diese Angestellten sind für die verschiedensten Aufgaben verantwortlich, wie Hausarbeiten, Kriegführung oder Geschäftsleitung. So kann also eine biblische Familie aus einigen Dutzend oder sogar einigen hundert Personen bestehen. Sie lebt in einem oder in mehreren Dörfern, wobei das Gesetz der Solidarität streng eingehalten wird, welches von alters her Tradition des Nomadentums gewesen war.

Der Stamm ist sodann zusammengesetzt aus einer Gruppe blutsverwandter Familien. Jeder einzelne versteht sich als Abkömmling desselben Ahnherrn. Die Glieder des Stammes sind deshalb alle »Brüder«, die ihr Leben dem gleichen Blut, Fleisch und Gebein verdanken. Daher die Bedeutung der Geschlechtsregister, die von

Generation zu Generation ehrfürchtig bewahrt wurden und deren Namenlisten uns die Bibel peinlich genau überliefert.

Jedes Kind Israels weiß, daß es zu einem »Haus«, *baït*, gehört, daß es Glied einer Familie, *mischpachah*, ist, die ihrerseits zu einem Stamm, *schäbät*, gehört, aber es weiß auch, daß alle Stämme Israels dieselbe Wurzel haben in ihrem Patriarchen Jakob, dem Sohn Isaaks, Sohn Abrahams. Ein Stamm kann auch ihm fremde Gruppen aufnehmen: So hat der Stamm Juda zum Beispiel die Überlebenden des Stammes Simon sowie die Abkömmlinge vom Stamme Kaleb und Jerahmeel bei sich eingebürgert. Dem Hebräerkind ist ebenfalls bewußt, daß der Ursprung der ganzen Menschheit auf Adam und Eva oder jedenfalls Noah zurückgeht. Deshalb ist der Stamm auch fremden Völkern gegenüber offen, was die vielen Beispiele exogamer Ehen zeigen: Mose, Boas, David und Salomo, neben vielen anderen, haben Ausländerinnen geheiratet.

Nach der Eroberung wird das Land unter die Stämme Israels verteilt. Mit fast notarieller Genauigkeit überliefert uns das Buch Josua die Stammeslisten und die Festlegung der Grenzen, die zur Königszeit bei der Teilung der Reiche (931) wieder berücksichtigt werden.

Von Süden nach Norden besetzen die Stämme Simeon und Juda, Benjamin, Dan, Ephraim, West-Manasse, Asser, Issaschar, Sebulon und Naphtali das Land. Östlich des Jordans lassen sich die andere Hälfte des Manasse-Stammes und die Stämme Ruben und Gad nieder. Das Stammesmosaik verändert sich mit der Zeit und spiegelt das Leben des Volkes. Unklarheiten und Widersprüche in den Texten schüren den historischen Streit um Anordnung der Stämme und Festlegung ihrer Grenzen. Die Lösung des Problems wird noch erschwert durch den Umstand, daß es oft heikel ist, Ortsnamen und Städte zu identifizieren. Die heutige Forschung zeigt darin jedoch beachtliche Fortschritte.

Der Stamm ist eine Einheit; er wird von einer internen Regierung gelenkt, die auch auf der Blutsverwandtschaft basiert. Die *s^ekenim*, die Ältesten, bilden einen Rat, der aus den Häuptern der wichtigsten Familien zusammengesetzt ist. Er leitet den Stamm in allen Fragen des täglichen Lebens und der Beziehungen zur Außenwelt.

In Krisenzeiten nimmt ein Führer das Schicksal des Stammes in seine Hände. Der Stamm stellt der Landesarmee ein je nach seiner Größe variierendes Kontingent Leute. Das Gebiet, auf welchem ein Stamm lebt, wird von der Tradition festgelegt, der Boden ist Familienbesitz, und Quellen, Brunnen und Zisternen sind oft Gegenstand unaufhörlicher Streitereien zwischen benachbarten Stämmen.

Als Folge der Ansiedelung beginnt sich die Stammesordnung aufzulösen. Die geographischen Eigenheiten des Heiligen Landes fördern die Zerstückelung und die Differenzierung der Stämme. Die Grenzen ihrer Gebiete werden zu Beginn der Monarchie und zur Zeit der Teilung der Reiche beträchtlich verändert. Wichtiger als die Blutsverwandtschaft wird die geographische Herkunft. Die Lehre der Propheten hat die Neigung, die Vergangenheit zu idealisieren, wenn sie das Leben der Nomadenstämme mit dem Leben auf dem festen, bindenden Boden vergleicht. Die Rechabiter (deren Stammvater zu Jehus Zeit, im 9. Jahrhundert, Jonadab war, der Sohn Rechabs) bekunden als Reaktion gegen die Seßhaftwerdung ihr Mißfallen an den neuen Sitten während der ganzen langen Geschichte des biblischen Israel bis zu Jeremias Zeiten[89].

Die Freistädte

Neben den Gebieten, die den Stämmen und den Leviten gehören, gibt es im Lande auch Freistädte[90]. Diese Einrichtung scheint älter zu sein als die von der Monarchie herbeigeführte Zentralisierung. Ihr Zweck war es, einem unfreiwilligen Mörder Schutz zu gewähren vor der Blutrache. Wenn die Ältesten der Stadt, wo der Mord begangen wurde, bezeugen, daß es sich in der Tat um eine Ermordung handelt, können sie die Auslieferung des Schuldigen verlangen, um ihn nach dem Gesetze zu richten. Zur Königszeit entscheiden die Regenten gerne selbst, ob man den Mördern den Schutz der Freistädte gewähren soll oder nicht[91]. Kedes im Stamme Naphtali, Sichem und Hebron in Cisjordanien, Golan, Bezer und Ramoth in Transjordanien waren die sechs Freistädte, die im ganzen israelischen Land verstreut lagen, um den Zweck dieser biblischen Einrichtung erfüllen zu können, der darin lag, der automatischen Blutrache einen Riegel vorzuschieben.

Arm und reich

Ein Volk von Nomaden ist gezwungenermaßen auf die Gleichheit seiner Mitglieder ausgerichtet. Der Stamm setzt sich aus Familien zusammen, die zu einer sehr homogenen Gesellschaft verschmelzen.

Diese teilt sich erst seit der Ansiedelung in Klassen. Die Stabilität der Seßhaftigkeit deckt Unterschiede auf, die von der Verschiedenheit der Gaben und Fähigkeiten herrühren.

In Zeiten des Wohlstands nehmen die Reichen und Mächtigen alle Gelegenheiten wahr, Boden, Häuser und Güter, Gold und Silber zu erwerben. Folgt dann eine Zeit des wirtschaftlichen Abstiegs, vergrößert sich der finanzielle Unterschied. Die Reichen wenden präkapitalistische Ausbeutungspraktiken an, die damals ebensogut bei den Hebräern wie bei den Nachbarvölkern existierten. Jede nationale oder internationale Notlage trifft die Armen am härtesten. Feindliche Invasionen, Überschwemmungen oder Trockenzeiten, Epidemien, welche die Ernten oder die Herden vernichten, oder die häufige und gefürchtete Heuschreckenplage vertiefen den Graben zwischen den Schichten, denn sie zerstören bei den einen die Früchte jahrelanger Arbeit, während sie die Macht der anderen verstärken. Die im Norden so häufigen Krisen der Königshäuser ziehen sehr oft Abrechnungen zwischen Siegern und Besiegten nach sich. Die Propheten prangern unaufhörlich das Zusammenkaufen des Bodens an: »Wehe denen, die Haus an Haus reihen und Acker an Acker rücken, bis kein Platz mehr ist und ihr allein Besitzer seid mitten im Lande!«[92]

Diese Verwünschungen ertönen um so heftiger, je sichtbarer die sozialen Gefahren werden, die durch den Verlust an Boden entstehen. Naboth wehrt sich entschieden, als Ahab seinen Weinberg konfiszieren will. Diese Enteignung wird von der Stimme des Propheten mit Nachdruck gebrandmarkt[93], denn äußerst schwerwiegend sind die sozialen und politischen Folgen des Verlustes an Grundeigentum, welchen die Gesetze einzudämmen versuchen[94]. Für die Betroffenen kommen sie einem Todesurteil auf lange Sicht gleich.

Zur Zeit der Eroberung war das Land in ungefähr gleichgroße Parzellen unterteilt und an die Stämme und Familien gerecht verteilt worden. Daher die heftigen Reaktionen im Gewissen des Volkes gegen die Grundbesitz-Anhäufung, die Mesopotamien oder Ägypten in der dunklen Geschichte früherer Jahrhunderte schon kannten und die sich nun in der Blütezeit Israels vor seinen Bewohnern auszubreiten beginnt, welche einen geschärften Blick für die menschlichen und moralischen Folgen eines solchen Vorganges besitzen. Der Boden bedeutet dem Hebräer ja, wie wir gesehen haben, als Quelle der Fruchtbarkeit und des Reichtums mehr als ein Gegenstand; er ist eine Kreatur Gottes und Gottes Besitz, über den Gott allein rechtlich verfügen kann. Die Eroberung Kanaans wurde von ihm angeordnet; auf seinen Befehl hin wurde das Land nach dem Prinzip der Gleichheit an die Stämme und Familien vergeben. Eine Konzentration des Grundbesitzes verstieß also nicht nur gegen das Interesse der Allgemeinheit, sondern gegen den Willen Gottes. Aus diesem Grunde entstanden die Gesetze, die das Eigentumsrecht garantieren: Ein Grundbesitzer kann sein Land nur verlieren, wenn er es als Schuldner verkauft, um seine Schulden zu tilgen, oder als Dieb, um seine ihm auferlegte Buße zu begleichen. Und dann noch hat die Familie das Rückkaufsrecht; sie kann das zum Verkaufe angebotene Gut »einlösen«, so daß das soziale Gleichgewicht des Stammes gewahrt und ein Verkauf an einen »Fremden« verhütet wird.

Wie Grund und Boden, wird auch das Geld, obwohl noch nicht in Münzenform, während der Monarchie zu einem wichtigen Faktor des Reichtums. Die sozialen Krisen, die das Land heimsuchen, die andauernden Kriege und die regelmäßigen oder außerordentlichen Tributentrichtungen an die großen Herrscher rufen eine Geldknappheit hervor, an der die Wirtschaft des Landes krankt. Man besitzt bis heute noch keinen Geldleihvertrag aus der Königszeit.

Es ist jedoch bekannt, daß in der aramäischen Bezirkshauptstadt Gusana der Darlehenszins in Geld 50 % und in Getreide 100 % betrug. In Assyrien überstieg der durchschnittliche Zins 25 %. Aus diesen Tatsachen läßt sich leicht ableiten, wie die Lage im armen und durch die vielfältigen Konflikte zerrissenen Kanaan aussehen mußte. Deshalb entstand sicherlich das formelle Verbot der verzinslichen Geldanleihen in der Gesetzgebung Mose, der durch diese drastische Maßnahme der Unsitte des Wucherzinses ein Ende bereitete[95].

Andrerseits erlaubt es das Gesetz Mose, wie dasjenige einiger anderer alter Völker, daß ein Schuldner seine Schulden in Form von Arbeitsleistungen begleichen kann. Bei sehr hohen Schulden können diese Monate, ja sogar Jahre dauern, so daß die Hebräer, jedenfalls zeitweilig, Sklaven ihrer Gläubiger werden können.

Es scheint, daß Handel und Gewerbe im Lande nie recht florierten. Die Handwerker verfertigten für ihre weibliche Kundschaft »die Fußspangen, die Stirnreife und die Möndchen, die Ohrgehänge, die Armketten und die Schleier, die Kopfbunde und die Fußkettchen, die Gürtel, die Riechfläschchen und die Amulette, die Fingerringe und die Nasenringe, die Feierkleider und die Mäntel, die Umschlagtücher und die Taschen, die feinen Zeuge und die Hemden, die Turbane und die Überwürfe«.[96] Doch Gewerbe und Handel liegen in den Händen der mächtigen Nachbarn Israels, so daß das Land überschwemmt wird von Produkten aus Damaskus, Mesopotamien und Ägypten.

Die hebräische Gesellschaft setzt sich vorwiegend aus Bauern zusammen. Der von seinem Boden Enteignete verdingt sich als Bauernknecht an erfolgreichere Unternehmen. Jesaja erwähnt jährliche Arbeitsverträge[97], doch im allgemeinen wird der Arbeiter pro Tag entlohnt, wie es das Gesetz vorschreibt, entweder in Geld oder in Naturalien. Die Klasse der Lohnarbeiter muß beträchtlich gewesen sein, trotz der wenigen biblischen Texte, die sie erwähnen. Bauern und Arbeiter bilden so die überwiegende Mehrheit des biblischen Volkes[98].

Neben den Tagelöhnern gibt es Handwerker, Maurer, Tischler, Schmiede, Gießer, Metallstecher, Weber, Schneider, Stickerinnen,

Müller, Bäcker, Walker, Töpfer, Schlosser, Goldschmiede, Parfümhersteller, Brunnengräber und Ingenieure...
Diese Berufe vererben sich innerhalb einer Familie vom Vater auf den Sohn. Dem Handwerker helfen seine Kinder, manchmal auch Arbeiter oder Sklaven. Wie man es heutzutage noch in orientalischen Städten beobachtet, haben die einzelnen Handwerksberufe die Tendenz, sich in ganzen Straßen, Quartieren oder Dörfern zusammenzuscharen. Ersichtliche wirtschaftsgeographische Gründe führen zu dieser Zusammenballung. So gab es in Jerusalem eine Bäckergasse[99], ein Goldschmiedeviertel[100], ein Käsertal, ein Walkerfeld[101] und ein Scherbentor[102]. In Beth-Asbea[103], im Süden Judäas, wie in Debir, einer Stadt von etwa tausend Einwohnern in 250 Häusern, wob und färbte man Stoffe, während man in Lod und Ono, in der Ebene, Metall und Holz bearbeitete. Es ist möglich, daß sich die einzelnen Handwerke sehr früh schon in Zünften zusammenschlossen, wie dies in Mesopotamien Brauch war. Man kann annehmen, daß gewisse in Töpfereien der Königszeit eingravierte Siegel schon Herstellungszeichen der Innungen und nicht nur die eines einzelnen Handwerkers waren. Der König seinerseits verwaltete größere staatliche Betriebe wie die Gießerei in Ezeon-Geber oder die Töpfereien in Gedera und Netaim[104].
Diese Handwerks- oder Gewerbetätigkeit nahm in der Wirtschaft des Landes den zweiten Platz ein, unmittelbar nach der Landwirtschaft. Da die großen Handelsgeschäfte in den Händen der benachbarten Phönizier, Assyrer und Tyrier lagen, beschränkten sich die Hebräer auf den nicht zu umgehenden Handel. Bauern, Viehzüchter und Handwerker verkauften ihre Produkte auf den Stadtmärkten direkt an die Verbraucher. Wahrscheinlich gab es die Berufsgruppe der Händler bei den Hebräern nie. Der »Kanaaniter« ist in diesem Land der Handelsmann. Das Königshaus hatte aus politischen wie auch wirtschaftlichen Gründen eine Art Handelsmonopol inne. Salomo schloß sich mit Hiram von Tyrus zusammen, um eine Flotte auf dem Roten Meer zu rüsten[105]. Diese Schiffe brachten Kupfer aus Ezeon-Geber nach Arabien und Äthiopien und importierten dafür Gold, Elfenbein und andere Reichtümer jener Länder nach Israel. Salomo erhandelte auch Wagenräder aus Ägyp-

ten und Pferde aus Zilizien. Ahab besaß in Damaskus Kaufläden, wie der syrische König Benhadad welche in Samarien unterhielt[106]. Die Handelsbeziehungen des Königshauses erstreckten sich bis nach Tyrus, Äthiopien und sehr wahrscheinlich über den ganzen Nahen Osten des Altertums. Dank der phönizischen Kolonialunternehmungen konnten sie sich mit der Zeit bis weit ins Mittelmeergebiet ausdehnen. In Krisenzeiten ließ das ehemalige Prinzip der Gleichheit die sozialen Probleme stärker hervortreten, die um so schwerer wogen, als der allergrößte Teil der Bevölkerung, die Bauern mit eingerechnet, in einer kleinen Zahl winziger Städtchen wohnten[107]. Bei dieser Siedlungsart war die Herausschälung bestimmter sozialer Klassen aus dem Volksverband, ein Sich-Absondern vom Volk des Bundes, unerträglich. Die Teilung in Arme und Reiche erhärtete die Fronten zwischen dem Partikularismus und der staatlichen Zentralisierung, welche die drei ersten Monarchen Israels erstrebten. Sie begünstigte den Hang zum regionalen Separatismus.

»Israel hat zugenommen und ist angriffslustig geworden«

Wie wir gesehen haben, ist die Grundlage der Gesellschaft zur Zeit der Könige nicht mehr der Stamm, sondern die Sippe. Das Leben spielt sich da in Städten ab, von denen die größten höchstens 20 000 Einwohner beherbergten, die meisten aber nicht mehr als einige Hundert Seelen. Man hat schon sehr richtig festgestellt, daß die *chukkim* der Bibel vorwiegend ein städtisches Gesetz waren. Der Gesetzgeber hatte vor allem die Stadt, weniger das ganze Land im Auge[108]. Die wichtigsten Gesetze des 5. Buches Mose spiegeln diese Sicht in bezug auf die Freistädte[109], unbekannte Mörder[110], störrische Söhne[111], Ehebruch[112] oder Schwagerehe[113]. Dies läßt erkennen, wie wichtig die Stadtpersönlichkeiten waren, die vereinigt im Rat der *s^{e}kenim*, der Ältesten, die Stadt regierten. In Samaria und Jerusalem bilden die für lokale Angelegenheiten verantwortlichen *s^{e}kenim* und die *sarim*, Minister oder hohe Beamte des Königs, eine Macht, die bei gewissen Gelegenheiten den königlichen Willen brechen kann. Diese Großen, *g^{e}dolim*, oder Helden, *gibbore chajil*, werden leicht zum beliebten Ziel der Propheten und ihrer Schmähreden. Der Psalmist setzt Reichtum, Anerkennung, Autorität, Macht und Einfluß fast immer mit Verworfenheit gleich. Wer zunimmt, wird angriffslustig und gerät naturgemäß auf unrechte Wege. So verstärkt das Ideal der Propheten die aus dem Nomadenleben überkommenen Vorstellungen und verurteilt den Machtmißbrauch der Reichen. Was unter Reichtum verstanden wird, ist übrigens sehr relativ. Die Erde verleiht ihn hauptsächlich, doch die Familien bewahren ihr Erbe so gut, daß Bodenverkäufe selten sind. Wir besitzen eine Aufstellung der Güter Nabals aus der Zeit Davids: Er hatte 3000 Schafe und 1000 Ziegen. Als Abigail, seine Frau, die Gunst Davids zu erlangen trachtete, machte sie ihm ein königliches Geschenk. Dieses bestand aus 200 Broten, 2 Schläuchen Wein, 5 Schafen, 5 Scheffeln Korn und 100 getrockneten Trauben. Das heißt, daß das Vermögen Nabals einige zehntausend heutige DM betrug und seine Gabe, die von König David mit Freuden entgegengenommen wurde, einige hundert heutige DM ausmachte[114]. Wir können uns eine Vorstellung machen von dem, was man unter ungeheurem Reichtum verstand, wenn wir die Angaben über die Besitztümer Hiobs betrachten: 7000 Schafe, 3000 Kamele, 500 Joch Rinder und 500 Eselinnen[115]. Der wahrscheinlich mythische Reichtum Hiobs mußte so eine Million heutige DM übersteigen, wobei diese Vergleiche allerdings nur andeutungsweise stimmen können. Das tägliche Leben, das uns die Bibel in allen Einzelheiten schildert, bringt uns wieder auf bescheidenere Verhältnisse zurück. Abraham wird uns als Nomade mit großem Zelt vorgestellt, Saul bearbeitet selbst seinen Boden und geht selbst auf die Suche der verlorenen Eselinnen seines Vaters. Auch David ist Hirte. Als er vor König Saul tritt, bringt er ihm ein Geschenk von fünf Broten, einem Schlauch Wein und einem Zicklein[116].

All dies läßt uns heutzutage jenen Reichtum in ziemlich bescheidenem Lichte erscheinen. Die archäologischen Ausgrabungen decken die relative Einheitlichkeit im Lebensstandard auf. Zur Zeit Davids müssen die Häuser fast immer in denselben Formen und Ausmaßen gebaut worden sein. Zu Amos' Zeiten weisen sie größere Unterschiede zwischen Armen und Reichen auf und gruppieren sich als verschiedene Viertel einer Stadt. Hier setzen nun die drohenden Mahnungen der Propheten ein, welche, von Amos bis Jesus, nicht müde werden, die Anhäufung von Grundbesitz und Geldern, den übertriebenen Verbrauch an Gütern, Ungerechtigkeit, Spekulation, Schmuggel, Luxus und Korruption und die Hartherzigkeit der Reichen anzuprangern. Arme, Schwache und Kleine, Witwen und Waisen sind die bedauerlichen Opfer der sozialen Ungerechtigkeit. Unaufhörlich werden sie von der Stimme der Propheten wie der biblischen Gesetzgebung verteidigt und beschützt. Geld darf nur zinslos verliehen werden, und die Decke, die der Arme als Pfand gibt, soll man ihm jeden Abend zurückgeben[117]. Gerechtigkeit muß man an ihm üben[118]. Das 5. Buch Mose kommt auf diese Gebote zurück, indem es sie erweitert:

»Wenn bei dir ein Armer ist, einer deiner Brüder, in irgendeiner Ortschaft in deinem Lande, das der Herr, dein Gott, dir geben will, so sollst du nicht hartherzig sein und deine Hand vor deinem armen Bruder nicht verschließen, sondern willig sollst du deine Hand für ihn auftun und ihm gerne leihen, so viel er nur bedarf. Hüte dich, daß nicht in deinem Herzen der nichtswürdige Gedanke aufsteige: ›Das siebente Jahr, das Erlaßjahr, ist nahe‹, und du deinen armen Bruder unfreundlich ansehest und ihm nichts gebest und er dann wider dich den Herrn anrufe und so eine Schuld auf dich komme; willig sollst du ihm geben und nicht mißmutig sein, wenn du ihm gibst; denn dafür wird der Herr, dein Gott, dich segnen in all deinem Tun und in allem Beginnen deiner Hand. Denn nie wird es an Armen fehlen im Lande; darum gebiete ich dir: Willig sollst du deine Hand auftun für deinen dürftigen und armen Bruder in deinem Lande.«[119]

Hier handelt es sich um einen wichtigen Wesenszug der hebräischen Gesellschaft, die darauf abzielt, die durch die Seßhaftwerdung des Volkes und die Landnahme entstandenen Ungerechtigkeiten auszugleichen. Damit wir den Geldverleiher verstehen, der einem Armen am Vortage des Erlaßjahres lieber kein Geld leiht, müssen wir wissen, daß im Erlaßjahr alle Schulden verfallen[120], wie auch alle Bodenerträge den Bedürftigen überlassen werden[121]. Und dies alle sieben Jahre. Alle neunundvierzig Jahre ist Jubeljahr, wo dem Volk ein allumfassender Erlaß gewährt wird und jeder wieder seine alten Rechte auf sein ererbtes Land zurückerlangt. JHWH ist der wahre Beschützer der Armen gegen die Härte der Reichen. Auch wenn Reichtum ein Gottesgeschenk ist, lehrt doch die Erfahrung, daß ein Reicher schlecht sein kann und ein Gerechter arm. Das Buch Hiob erhebt seine Klage unversöhnlich gegen diese Ungerechtigkeit, die es Gott selbst zuschiebt. Dadurch bildet sich im 2. Kapitel Jesaja und in den Psalmen eine geistige Haltung der Armen heran, die immer wichtiger wird bei den letzten Propheten, zur Zeit des zweiten Tempels und schließlich innerhalb der entstehenden christlichen Kirche. Verstanden es die Armen in biblischer Zeit nie, sich in einer politischen Partei zusammenzuschließen, so wurden sie am Ende doch eine Macht, die die Ideale des hebräischen Geistes prägte und das ganze Volk zu seiner übernationalen und universellen Bestimmung hinführte.

»Das gleiche Gesetz gilt für Bürger und Ausländer ...«

Das Land der Hebräer wird von einer großen Zahl von Ausländern, *gerim*, bewohnt. Diese Bezeichnung bedeutet genauer »Metöken« und meint die Klasse der zahlreichen Leute, die im Lande wohnen, ohne hebräischen Ursprungs zu sein. Das Gesetz versucht, sie in allem den Bürgern, *äsrachim*, gleichzustellen. Tatsächlich werden sie eng in die sozialen, wirtschaftlichen und sogar politischen Strukturen der übrigen Bevölkerung mit einbezogen. Es hat sich eingebürgert, daß man die *gerim* mit den ehemaligen Bewohnern des Peloponnes, den *perioikoi*, vergleicht. Die *gerim* sind, wie sie, Nachkommen der ehemaligen Eigentümer des Landes. Ungünstige Umstände haben sie aber ihres Grundbesitzes beraubt, denn der Boden geht ganz in die Hände der zwölf Stämme über. Darin sind sie den Leviten gleich, die auch kein Land besitzen, da Gott allein ihr Hort sein soll. Die Gesetze für sozialen Schutz behandeln die *gerim* gleich wie die Leviten[122], die Armen, Witwen und Waisen. Das Gesetz versucht, Schlimmes zu verhindern, indem es gebietet, ihnen den Zehnten jedes dritten Jahres[123] und den Ertrag des Ruhe-

jahres[124] zu überlassen und ihnen Zulaß zu den Freistädten zu gewähren[125]. Sie dürfen die Ecken der Felder abernten, Ähren lesen oder in den Weinbergen Nachlese halten und sogar die vergessenen Garben einsammeln[126]. Das Gesetz legt viel Gewicht auf die Verpflichtungen des Volkes den *gerim* gegenüber. Man soll sie lieben wie Brüder – ohne zu vergessen, daß auch die Hebräer einst *gerim* waren in Ägypten[127]. In der Weissagung, in der Hesekiel die Grenzen des Landes bei der Rückkehr aus dem Exil absteckt, teilt er den *gerim* auch ihren Boden zu: »Die unter euch weilen und unter euch Söhne gezeugt haben«, sie sollen gelten wie Bürger Israels und ihren Erbbesitz bekommen im Stamme, bei dem sie wohnen[128].
Auch die kulturellen Gesetze tendieren auf eine immer weiter gehende Angleichung der *gerim* an die hebräische Gesellschaft. Wie die Hebräer sollen sie das Gesetz der Sündenreinigung befolgen[129] und Gott ebenso treu sein[130]. Sehr oft sind sie ausdrücklich denselben Pflichten unterstellt wie die Hebräer:[131] Sie müssen fasten, opfern, sich gewisse Speisen versagen und dürfen kein Blut essen ... Die Assimilation scheint schließlich so weit gegangen zu sein, daß zahlreiche *gerim* ganz und gar in der hebräischen Gesellschaft aufgegangen sind, so daß sie sich sogar der Beschneidung unterzogen haben[132]. Für andere waren die Unterschiede nur noch sozialer Art, wie sie bestanden zwischen arm und reich oder Patriziern und Plebejern, wobei sich der Gesetzgeber Mühe gab, die Unannehmlichkeiten dieser Tatsache zu umgehen. Die *gerim*, wie auch die Armen, erhöhen nämlich die Gefahr, die dem sozialen Gleichgewicht von der Schicht der Sklaven droht. Und die Weisen, die sich nichts vormachen, wissen, daß es trotz ihrer Anstrengungen doch immer Arme im Lande geben wird.

»Sie werden eure Sklaven sein«

Das Sklavengesetz hängt in der hebräischen Gesellschaft nicht nur von sozialen, wirtschaftlichen und historischen Faktoren ab, sondern auch von den theologischen Absichten der Gesetzgebung. Daß die Sklaven im Altertum ein grausames Los hatten, ist eine Binsenwahrheit. In Mesopotamien, Ägypten, Griechenland wie auch in Rom ist der Sklave eine Ware unter anderen Waren; keine Person, sondern »ein Stück Sklave«, wie man Rinder und Schafe pro Stück zählt. Man bezeichnet ihn wie Vieh: Eine mit einem brennenden Eisen direkt auf die Haut gebrannte Marke nennt seinen Besitzer. Die Hilfeleistung an einen flüchtigen Sklaven wird streng bestraft. Der Verkauf eines Sklaven ging nicht anders vor sich als derjenige einer gewöhnlichen Ware. Die Sklavin schuldete ihrem Herrn nicht nur ihre Arbeit, sondern auch ihren Körper. Sogar wenn sie ihm Kinder gebar, blieb sie Sklavin. Außer im Gesetze Hammurabis, war der Besitzer überall Herr über Leben und Tod seiner Sklaven, die in gar keiner Weise vor seiner Willkür geschützt waren.

Es ist erwiesen, daß das Sklaventum auch in der biblischen Gesellschaft existierte. Das Wort *'äbäd*, das einige Übersetzungen diskret mit *Diener* wiedergeben, bezeichnet nichts anderes als den Sklaven. Ein sehr inhaltsreicher Abschnitt des Buches Jesus Sirach beschreibt den hebräischen Sklaven als ein Tier. Der Esel hat ein Recht auf Heu, die Peitsche und eine Traglast; der Sklave auf Brot, Züchtigung und Arbeit. Sein Herr ist auf der Hut, denn jede dem Sklaven erwiesene Gunst rächt sich: »Laß den Sklaven arbeiten, so verlangt er [nur] nach Ruhe; laß seine Hände feiern, so verlangt er nach Freiheit... Halte ihn zur Arbeit an ... und wenn er nicht gehorcht, so leg ihm schwere Fußfesseln an«[133]. Dieses grausame Bild des wirklichen Sklavenlebens wird alsogleich korrigiert durch den zweideutigen Ratschlag: »Hast du einen Sklaven, so behandle ihn wie einen Bruder...«[134]

Der hebräische Gerechtigkeitssinn kommt wieder zum Zuge, um gegen diese Ungleichheiten einzuschreiten. Hiob ruft aus: »Hat nicht, der mich erschuf, auch ihn erschaffen? und Einer uns im Mutterschoß bereitet?«[135] Zu dieser persönlichen Gleichheit fügt sich noch eine entscheidendere, kollektive Übereinstimmung, an die die biblischen Texte mit Nachdruck erinnern: Israel war in Ägypten während Generationen Sklave. Es kennt die Nöte des Sklavenlebens, es muß sich daran erinnern, wenn es seine eigenen Sklaven menschlich behandelt. Das biblische Gesetz regelt, so gut es kann, den Schutz des Sklaven. Es stellt dem Herrn Strafe in Aussicht, der

seinen Tod verursacht; hat sein Herr ihm das Augenlicht genommen, ihn verstümmelt oder schwer mißhandelt, soll der Sklave befreit werden; ihm steht ein Ruhetag in der Woche zu; die Sklavinnen, die als Konkubinen dienten, dürfen nicht mehr wie eine Ware verkauft werden[136]. Schließlich bleibt dem mißhandelten Sklaven immer auch die Möglichkeit der Flucht. Im Gegensatz zu den meisten Gesetzgebungen der Antike verbietet das 5. Buch Mose ausdrücklich, einen flüchtigen Sklaven seinem Herrn auszuliefern[137].
Im Altertum ist der Krieg Hauptlieferant der Sklaven. Das Buch der Richter und die Chroniken erwähnen diese Tatsache[138]. Im 4. Buch Mose wird die Verteilung der Midianiter-Jungfrauen an die Sieger beschrieben[139].
Der Staat verfügt über eigene Sklaven, die in seinem Dienst oder in dem der Tempel stehen. Das biblische Gesetz spricht nie von den Sklaven in öffentlichem Dienst, doch haben sie gewiß existiert. König Salomo verwendet sie in seinen Bergwerken, an Bord seiner Schiffe und in seinen staatlichen Gewerbebetrieben[140]. Einige unter ihnen, die *n^etinim*, dienen im Tempel. Nur sie überleben in der nachexilischen israelitischen Gesellschaft, nach dem Zusammenbruch der Monarchie.
Der ausländische Sklavenhandel liegt in den Händen der Phönizier; Gaza und Tyrus sind seine Zentren, wo mit kleinasiatischen Sklaven gehandelt wird, während man in Kleinasien Hebräer verkauft. Der Preis für einen Sklaven ist, wie aus dem Gesetzbuch des Bundes hervorgeht, sehr hoch, gemessen an der allgemeinen Armut: 30 Sekel Silber[141].
Ein Sklave muß aber nicht unbedingt aus dem Ausland kommen. In gewissen Fällen kann ein Hebräer auch unter seinen Brüdern in Sklaverei geraten. Die Lehre der Propheten[142], das Gesetz[143] und die ganz persönliche Ansicht der Hebräer scheinen diese Möglichkeit verurteilt zu haben, die jedoch in verschiedenen Formen bestand. Das 3. Buch Mose sorgt vor für den Fall, daß sich ein Hebräer als Sklave verkauft hat, und ordnet an, daß er nicht zu Zwangsarbeit angestellt werden darf[144]. Ist ein Hebräer ins Ausland verkauft worden, so sind die Seinen verpflichtet, alles zu tun für seinen Rückkauf[145].

Auf jeden Fall wird die Sklavenschaft eines Hebräers nur als vorübergehender Zustand betrachtet: Sie ist auf sechs Jahre befristet; danach muß er befreit werden. Eine letzte gütige Geste verfügt der Gesetzgeber überdies: »...im siebenten Jahre aber sollst du ihn freilassen. Und wenn du ihn freiläßt, sollst du ihn nicht mit leeren Händen ziehen lassen; ausstatten sollst du ihn aus deinen Schafen, von deiner Tenne und von deiner Kelter. Je nachdem dich der Herr, dein Gott, gesegnet hat, sollst du ihm geben und sollst daran denken, daß du [auch] Sklave gewesen bist im Lande Ägypten und daß der Herr, dein Gott, dich befreit hat; darum gebiete ich dir heute dieses.«[146]

Falls der hebräische Sklave die gutgemeinte Befreiung zurückweist, wird er Sklave für immer; man durchbohrt sein Ohr an der Türe des Hauses, zweifellos als Zeichen seiner Zugehörigkeit zum Hause seines Herrn[147]. Um vor dem Jubeljahr frei zu werden, kann ein hebräischer Sklave bei seinem Meister auch für den Gegenwert seiner Arbeit, die er in den verbleibenden Jahren noch geleistet hätte, losgekauft werden.

Wie überall, hängt das Schicksal des Sklaven vom Charakter seines Herrn ab; es war sicher sehr oft weniger hart als dasjenige des Sub-Proletariats der modernen Gesellschaften. Der Sklave nahm teil am Familienleben des Hauses, in dem er diente. Der Gesetzgeber strebte vorwiegend danach, ihn in die soziale Gruppe zu integrieren, bei der er Dienst leistete: Er mußte sich wie die Hebräer beschneiden lassen[148], am Familiengottesdienst teilnehmen, die Sabbatruhe einhalten und alle religiösen Feste, Ostern mit eingeschlossen, feiern[149], er konnte die Tochter seines Meisters heiraten und sogar dessen Besitztümer erben[150]. Verständlicherweise wurde er in solchen Fällen unverzüglich zum freien Mann, zum *chofschi*[151].

Wahrscheinlich war die Zahl der Sklaven relativ gering. Nicht einmal auf dem Gipfel ihrer Macht, unter Salomo, verfügt die israelitische Monarchie über genügend Sklaven, um Tempel oder Königspaläste zu erbauen. Dazu muß sie Tausende von Tagelöhnern beiziehen. Nach der Teilung nimmt die militärische Stärke der Hebräer ständig ab. Diese denken eher an die Verteidigung als daran, wie sie die Zahl ihrer Sklaven vergrößern könnten. Es gibt wenige, die das Geld zur Verfügung hätten, Sklaven zu kaufen, welche durch die Gesetze so gut geschützt sind. Anscheinend ist es nützlicher und rentabler, Lohnarbeiter anzustellen, denn Freie sind immer geneigt, ihre Dienste auf der Grundlage eines klar abgefaßten Arbeitsvertrags anzubieten. So unterstützen wirtschaftliche Voraussetzungen die Traditionen des Landes und die hebräische Vorstellung von Gleichheit.

Die Grenzen der Macht

In der Tat kennt das Volk, dessen Geschichte wir schon skizziert haben, die Grenzen seiner Macht. Es verbindet von nun an Auserwählung und erkannte Schwäche. Wie viele Menschen zählt es? Da statistische Unterlagen fehlen, kann die Antwort auf diese Frage nur eine etwaige Größenordnung angeben. Die diesbezüglichen Hinweise der Bibel werden neuerdings wieder stark angezweifelt. Das 2. Buch Mose legt die Zahl der Hebräer, die aus Ägypten ausgezogen und unter der Führung Mose vierzig Jahre in der Wüste umhergeirrt sind, auf 600 000 fest[152]. Diese Zahlen werden heute in viel bescheideneren Ausmaßen gesehen, da man in der Terminologie verschiedenes anders interpretiert. Das 2. Buch Samuel[153] gibt die Ergebnisse der zu Davids Zeiten durchgeführten Volkszählung an: Es kommt auf 800 000 streitbare Männer in Israel und 50 000 in Juda, was einer Bevölkerung von etwa 6 Millionen Einwohnern im ganzen Lande entspricht. Dieses Volk, das sich um seiner Kleinheit willen auserwählt fühlt, kann sich in seinen glücklichsten Stunden auch »so zahlreich wie die Sterne am Himmel und der Sand am Meer« sehen. In Wirklichkeit zählten Israel und Juda, deren Gesamtfläche nie 26 000 qkm überstieg, im ganzen etwa 500 Städte und Dörfer.

Der Historiker kann nur mit großer Mühe der Wahrheit in diesem schwierigen und bewegten Bereich auf den Grund kommen. In der Bibel verstreute statistische Angaben[154], nicht-biblische Quellen[155] und vor allem die Ergebnisse der archäologischen Ausgrabungen erlauben es, der Realität etwas näher zu kommen. Jede der israelitischen Städte hielt sich innerhalb einer Fläche von höchstens einigen Hektar. Wie wir gesehen haben, erstreckte sich Jerusalem in Zeiten seiner höchsten Blüte nach den günstigsten Schätzungen über 24 Hektar. Seine Bevölkerung wird zur Königszeit 20 000 Einwohner nicht überschritten haben in dem Land, dessen hebräische Bevölkerung wahrscheinlich zwischen 600 000 und einer Million Menschen schwankte. Diese Tatsachen heben das Wunder der politischen, militärischen und vor allem geistigen Widerstandskraft hervor, mit welcher dieses kleine Volk sich vor den großen Reichen behauptete, die mit solcher Macht und Beharrlichkeit versuchten, es zu vernichten.

III. Die Tage

Die Einheit der Tage

»Und es ward Abend und ward Morgen: ein erster Tag«, heißt es in der Genesis über den allerersten Tag der Welt[1]. Dieser Tag – er ist nicht nur der erste, sondern auch ohnegleichen, wie die Kommentatoren immer wieder betonen – wird im Laufe der Geschichte unaufhörlich wiederholt, in einem Menschenleben, von Geschlecht zu Geschlecht und bis ans Ende der Welt. Für alle Menschen herrscht das Gleichbleibende, das Ähnliche vor, während in der Ferne das Außerordentliche, das Besondere, das Unerwartete liegt. Bei der Untersuchung des Alltäglichen in der Geschichte kann man, wie nirgends sonst, die Einheit der menschlichen Spezies erfassen, welche die Bibel zum Ausdruck bringt, indem sie uns auf ewige Zeiten Kinder Adams und Nachkommen des Schöpfers der Himmel und der Erde nennt.

Wenn Kulturhistoriker über die Griechen, über Ägypten, Mesopotamien, Rom, Karthago oder Indien in bezug auf Wohnstätten, Bekleidung, Berufe, Kunst, Ernährung und Stadt- oder Landleben schreiben, deckt sich das in beträchtlichem Maße. Diese Ähnlichkeiten sind unvermeidlich, da seit dem Neolithikum bis in unsere Zeit hinein die menschliche Lebensart keine bedeutenden Änderungen erfahren hat und die Grundbedürfnisse, die sich in Wohnung, Kleidung und Werkzeug spiegeln, nahezu gleichgeblieben sind. Der Spielraum der möglichen Originalität ist jedenfalls sehr eng. Der große Mangel an Quellen erschwert aber in der Alten Welt oft noch ihr Auffinden und genaues Erkennen. Meistens ist der Historiker gezwungen, Folgerungen zu ziehen: So muß er das von den Mesopotamiern im 9. Jahrhundert v. Chr. gegessene Brot beschreiben anhand der heutigen irakischen Bäckerarbeit.

Darüber hinaus stellt der Leser meistens mit einer gewissen Überraschung fest, daß die wichtigsten menschlichen Bewegungen und

Reaktionen durch ganze Zeitalter hindurch und bis in die höchstentwickelten Kulturen gleichbleiben.
Der Friseur, der Gesichtspfleger und der Schneider Nofretetes oder Athaljas, des Pharao, Salomos oder Caesars haben ungefähr dieselben Gesten, dieselbe Arbeitsweise und die gleichen Ziele wie der Friseur, die Kosmetikerin und der Schneider einer berühmten Persönlichkeit von heutzutage. Sogar das, was uns in unserer modernen Empfindlichkeit ungeheuer grausam, ausnehmend seltsam und sehr fremd, kaum möglich oder denkbar scheint, breitet sich heute wieder offen vor uns aus mit derselben Schamlosigkeit wie ehemals. Die Grausamkeiten des Krieges bei den Assyrern und Babyloniern, die Massaker der Bevölkerung, die Massendeportierungen, die Verstümmelungen und alles, was uns Zartbesaitete im Kontakt mit der Alten Welt erschaudern läßt, findet man in unsern Tagen wieder in fast allen Längen- und Breitengraden, und es wird mit einem Eifer praktiziert, den die Macht der eingesetzten Mittel noch vervielfacht. Selbst das Opfern von Menschenleben kommt heutzutage noch in verschiedenen Formen vor, deren geläufigste das Umbringen von Geiseln oder patriotisches Harakiri sind. Was die sexuellen Haltlosigkeiten, die erotischen Entgleisungen, die phallischen Kulte und die dionysischen oder dagonischen Orgien anbelangt, zweifelt niemand daran, daß eine beträchtliche Anzahl unserer Zeitgenossen in den raffiniertesten Tempeln der Alten Welt als Meister in dieser Materie hätte dienen können.
Auf der Schwelle dieses Kapitels erscheint die Schwierigkeit um so größer, als die Hebräer auf dem Gebiet der Wissenschaft, Kunst und Technik nichts erfunden haben. Alles, was sie auf diesem Gebiete besaßen, haben sie den Mesopotamiern, Syrern oder Ägyptern, später den Persern, Griechen und Römern entlehnt. Wir müssen übrigens in die zweite Hälfte des vierten Jahrtausends zurückgehen, um die ersten Begründer unserer Kultur aufzuspüren. Die Originalität der Hebräer, wenn sie auf diesem Gebiet überhaupt bestanden hat, kann nur in der Art der Aufnahme und der Anwendung ausländischer Techniken und Einflüsse liegen. Ihre Möglichkeiten im täglichen Leben waren beschränkt durch die Tatsache, daß das Volk winzig war und sich nur mit Mühe auf dem kargen

und undankbaren Boden halten konnte. Aber daran lag es, daß sie ihren Glauben festigen und Zeugnis ablegen mußten als eine Art Herausforderung an die Völker, die Menschheit und in großem Maße auch an die Schöpfung selbst, deren natürliche Ordnung sie nicht anerkennen wollten. Denn ihr Streben ging nicht nur dahin, dem Tag des Menschen einen neuen Inhalt zu geben, sondern vielmehr, Israel und die ganze Menschheit zu verwandeln, damit sie einen neuen Himmel und eine neue Erde schauen könnten – da, wo die Nationen die Kriegsstrategie vergessen dürfen und wo der Wolf und das Lamm friedlich beieinander wohnen werden.
Nun muß ich mich aber dem Unvermeidlichen stellen und darlegen, was wir heute von den wichtigsten Aspekten des täglichen Lebens der Hebräer wissen. Die neuesten archäologischen Funde verhelfen dazu, daß dieses Unterfangen heute weniger enttäuschend verläuft als noch vor zwei oder drei Jahrzehnten.

»Ihr werdet in das Land ziehen, das ich euch zeige ...«

Zur Zeit der Patriarchen und der Richter wird das Land Kanaan unaufhörlich von Völkerzügen überschwemmt, deren Fleiß den Reichtum vergrößert. Die Technik des Ackerbaus und des Handwerks kommt, wie die neuesten Ausgrabungen zeigen, auf einen vorher nie erreichten Stand. Die kappadokischen Täfelchen aus der Zeit um 1800 v. Chr., die Dokumente aus Larsa und Babel und die Texte von Mari scheinen zu bestätigen, daß das Land für seine Nachbarn offen war und die Rolle einer Drehscheibe im Mittleren Orient spielte, ohne daß irgendeine sprachliche Grenze ein Hindernis gewesen wäre. Die westsemitische Sprache wurde überall verstanden und das Akkadische aus Babylonien diente der Verständigung in Handel und Diplomatie. Das Land Ägypten in nächster Nachbarschaft spielte im Leben Kanaans eine wichtige Rolle. Auch im Süden gab es keine unüberwindbaren sprachlichen Grenzen. Die gebildeten Ägypter kannten ds Waestsemitische, und Ägyptisch wurde von den Herrschern und Händlern Kanaans gesprochen. Die archäologischen Funde von Bethsean zeugen, neben vielen anderen, vom starken ägyptischen Einfluß auf die Kultur des kanaanäischen Landes.

Das Kamel kommt erst am Ende der Richterzeit[2] auf als weitverbreitetes Haus- und Arbeitstier, das in Karawanen und auf den Feldern eingesetzt wird. Vorher war der Esel, das stolze und kräftige Tier jener Zeit, der wichtigste Lastenträger des Landes. Man findet ihn überall, in Städten, Dörfern, auf den Feldern und vor allem auf den Karawanenstraßen. Das Pferd dagegen ist selten, denn die von ihm gezogenen Karren kommen wegen ihres schwerfälligen Zaumzeugs nur langsam vorwärts. Die Bevölkerung Kanaans macht eine Übergangszeit zwischen dem Nomadentum und dem Seßhaftwerden durch. Die regionalen Herrscher leben in festungsähnlichen Behausungen, während das Volk im Sommer in Zelten oder Hütten wohnt. Wenn Gefahr droht, flüchtet es in die Festung. Für den Winter bauen die Fleißigeren Steinhäuser von 5 bis 15 m Seitenhöhe, die mit Reisig gedeckt werden, damit sie vor den heftigen subtropischen Regengüssen Schutz bieten. Die Historiker sehen in der Lebensweise des alten Halb-Nomadentums ein wesentliches Element des Laubhüttenfestes, *Sukkoth*[3].

Die Hauptbeschäftigung des Volkes ist Viehzucht und Ackerbau. Das Gebiet, in dem es umherzieht, liegt vorwiegend im Zentrum und im Süden des Landes und reicht, wie es scheint, nur selten an die weiten Ebenen der Negeb-Wüste heran. Die Technik der Kupfer- und Eisenbearbeitung sowie der Textilherstellung entwickelt sich. Die in lebhaften Farben gehaltene Woll-Tunika wird von fachkundigen Handwerkern gefärbt. Sie wird über der linken Schulter zusammengenommen und läßt die rechte unbedeckt. Die Mode ist dieselbe für Männer und Frauen, wobei letztere längere und sicher ausgesuchtere Kleider tragen als die Männer[4]. Später wird die Kleidung unter nordischen und orientalischen Einflüssen eine spürbare Verwandlung durchmachen.

Ein neuer Zeitabschnitt

Die Eroberung Kanaans durch die Hebräer eröffnet einen neuen Zeitabschnitt, der geprägt ist von Unordnung und großen Schwierigkeiten: Die neuen Siedler müssen sich ans Land anpassen und sich einfügen in eine Umgebung, die, wirtschaftlich und sozial gesehen, neu ist und selbst noch mitten in der Entwicklung steht. Die Bronzezeit wird von der Eisenzeit abgelöst. Das Kamel bringt eine Revolution der Verkehrsmittel mit sich. Seinetwegen verkleinert sich die antike Welt plötzlich und wird dafür um so komplizierter. Es bewirkt eine richtige Umwandlung der Gesellschaft im Altertum, vergleichbar mit derjenigen, die vor nicht allzu langer Zeit die Eisenbahn hervorgerufen hat. Unversehens nähern sich Südarabien, der Iran, Indien und Äthiopien dem »fruchtbaren Halbmond« und dem Mittelmeergebiet und nehmen teil am weltoffenen Markt, der den Austausch und den technischen Fortschritt vorantreibt. Die Leistung des Pferdes wird durch schnellere Wagen und handlicheres Zaumzeug verbessert. Neue Kunsthandwerke und eine breite Skala spezialisierter Berufe verändern die Völker, die sich mehr als früher den Einflüssen von weither ausgesetzt sehen.

Die von den Phöniziern erfundenen, geräumigen Galeeren erreichen nicht nur die den kanaanäischen Küsten benachbarten Inseln wie Kreta oder Zypern, sondern auch die entferntesten Gestade des Mittelmeers oder des Roten Meers. Eine Spanien- oder Äthiopienreise wird nun möglich.

Wir haben schon den entscheidenden Einschnitt ins hebräische Alltagsleben erwähnt, der dank der technischen Fortschritte entstand, als das Wasserproblem gelöst wurde.

Der Ackerbau wird dadurch grundlegend anders, aber auch die Hygiene, denn vom 9. Jahrhundert v. Chr. an weist jedes wohlhabende Haus Israels eine Zisterne auf, die das oft reichliche Regenwasser für das ganze Jahr sammelt und aufbewahrt. Neben den privaten Zisternen gibt es ebenso viele öffentliche Wasserbecken, so daß das fallende Wasser gut ausgenützt wird. Der Besucher wird heute noch beeindruckt von den Ausmaßen und der kühnen Konzeption dieser Wasseranlagen. Zu ihnen zählen die Aquädukte Megiddos und Siloahs, die Salomo zugeschriebenen Wasserbecken oder die Zisterne von Gibeon, welche 12 m tief ist und einen Durchmesser von 11 m hat, am Grunde von einem unterirdischen Aquädukt gespeist wird und in ihrer ganzen Größe, wahrscheinlich zu Anfang der Königszeit, in den Fels gehauen worden ist[5].

Die Stadt in biblischer Zeit

Die in den letzten Jahrzehnten vorgenommenen Ausgrabungen geben uns verhältnismäßig genaue Kenntnisse der Stadt in biblischer Zeit, und zwar nicht nur von ihren Tempeln und Palästen, sondern auch von ihren Elendsvierteln und ihren bescheidensten Verhältnissen, so daß wir aus all dem nun auf das Alltagsleben der Hebräer schließen können. Wenn wir an den Begriff der Stadt herangehen, müssen wir uns von unseren heutigen Vorstellungen trennen. In biblischer Zeit ist jede Stadt eine Art Staat, der nach Unabhängigkeit und Autarkie strebt in allen Belangen, wie Lebensmittelversorgung, Sicherheit, zivile und religiöse Administration, wirtschaftliches, industrielles, kommerzielles und soziales Leben. Diese Eigenheit, im ganzen Altertum üblich, wird von den geographischen Bedingungen Kanaans noch verstärkt. Sie verleihen der biblischen Stadt gewisse Grund-Charakterzüge, die sich stark unterscheiden von denen, die Ninive, Babylon, Ephesus, Athen, Karthago oder Rom ihr Gepräge gaben.

Die Hauptaufgabe der Stadt besteht darin, ihre Bevölkerung vor dem Ansturm der Feinde zu schützen. Daher ist sie sehr kompakt gebaut und dicht besiedelt. Deshalb auch verbessert sich die Technik des Befestigungsbaus von Salomo bis Herodes unaufhörlich. Reste der billigen und doch soliden Stadtmauern in Jerusalem, Megiddo und sicherlich in Tell Beit Mirsim, Beth-Semes, Hazor, Geser, Mizpe und an andern Orten der Höhenstraße, die das Land von Süden nach Norden einschloß und von der asiatischen Wüste trennte, trotzten den Jahrtausenden. Die Hebräer bauten zwei Arten von Stadtmauern, diejenige mit Kasematten und diejenige mit Vorsprüngen; beide sollten die Widerstandskraft gegen feindliche Angriffe erhöhen. Die Ränder der 15 bis 20 m hohen Mauern waren möglicherweise mit Schießscharten versehen. Die Tore wurden ganz besonders verstärkt. Es gab Tore mit Zangenverschluß, wie sie von den Kanaanitern übernommen worden waren, und solche mit zwei, drei oder sogar vier Pfeilerpaaren, wie in Megiddo, Hazor oder Geser. Die Leute setzten sich damals gern auf die Bänke entlang den Tormauern, um endlos miteinander zu plaudern oder sogar, um Angelegenheiten der Stadt zu besprechen und Streitigkeiten zu schlichten.

Das eigentliche Stadttor hat oft einen indirekten oder auch einen geheimen Durchgang, wie das in Tell Beit Mirsim zuletzt gebaute Tor.

In den Königsstädten Jerusalem und Samaria wurde die Stadtmauer noch mit anderen Verstärkungen versehen, welche den Königspalast umgaben und sicherten. Später, in den Zeiten des Bevölkerungswachstums, breiteten sich die Städte *extra muros* aus. Um den neuen Stadtteilen Sicherheit zu bieten, mußte man sie mit Befestigungserweiterungen umgeben und Verteidigungstürme, *migdalim*, errichten. Diese spielen in der Landschaft, wie auch in der Kriegsgeschichte des Volkes, eine wichtige Rolle. Das Dorf wird »Tochter« der Stadt genannt, da es in Zeiten der Gefahr von ihr beschützt wird: Die Rechtsbestimmungen für ein Landhaus sind verschieden von denen, die für das gleiche Haus in einer Stadt gültig wären. Die Stadt ist darüber hinaus wirtschaftliches, kulturelles und kultisches Zentrum, wo jeglicher Austausch stattfindet. Sie ist Landwirtschafts- und Handwerksmarkt. Manchmal unterstreichen ein Königspalast, ein Tempel oder eine Garnison noch ihre Wichtigkeit. Meistens entsteht dort, wo eine Festung angelegt wird, zwangsläufig ein städtisches Zentrum.

Zahlreiche Höhlen des Landes dienten in Kanaan als Behausung; sie waren seit prähistorischer Zeit bewohnt und sind es in gewissen Gegenden heute noch. Später kamen die Zelte und Stein- oder Backsteinhäuser. Noch in der Königszeit nennt man ein Zelt »Haus«. Darin kommen die Stämme weiterhin zu ihren großen Versammlungen zusammen. Voraussetzungen für die Gründung einer Stadt sind in allererster Linie Sicherheit und Vorhandensein von Wasser und Nahrung am Ort. Außerordentlich ist der Fall Jerichos, das in einem Tal gebaut wurde. Diese Stadt ist nämlich eine Oase, und das reichliche Wasser erlaubte ihre Gründung. Es liegt auf der Hand, daß nur mächtige Mauern ihre Sicherheit gewährleisten konnten. Überreste davon stammen schon aus dem neunten Jahrtausend vor Christus. Die Dutzende von biblischen Städten, die von den Archäologen aufgespürt werden, zeichnen sich also alle aus durch die Befestigungsmauern und Türme, welche aus Gründen des Schutzes errichtet worden waren. Daher die Notwendigkeit, sich auf kleine Agglomerationen zu beschränken. Die Stadtmauern setzen der Ausbreitung einer Stadt Grenzen und zwingen die Bevölkerung, sich auf Hunderte von Städtchen zu verteilen. Der Historiker Aharoni hat für die Königszeit 363 identifizierbare Städte ermittelt von den 475, welche die Bibel namentlich erwähnt. Es ist klar, daß man dieser Liste noch Hunderte von anderen Siedlungen und Ackerbauzentren anfügen müßte, die weder literarische noch heute von den Archäologen auffindbare Spuren hinterlassen haben.

Die geographische Lage einer Stadt entscheidet darüber, ob diese nun für Handel, Handwerk, Karawanentransport, Fischerei, Schiffahrt oder Industrie geeignet ist.

Ihre Ausweitung hängt von den Bedürfnissen der Bevölkerung ab, ohne daß aber eine Gesamtplanung bestünde. Die Ausgrabungen bestätigen einen natürlichen Sinn für das Ausfindigmachen einer günstigen Lage, und eine übrigens der ganzen Antike eigene Ehrfurcht vor der natürlichen Landschaft. Die Bauten sind ein- oder zwei-, selten dreistöckig, so daß eine Ebene, gebildet aus den Flachdächern, parallel zum Boden verläuft. Die Bautechniken in den verschiedenen Epochen der Geschichte dieses Landes sind uns heute bestens bekannt, von ihren Anfängen bis zu den märchenhaften Bauten in Herodes' Zeit[6].

Der große Ruhm Salomos

Salomo hinterließ den legendären Ruf eines großen Bauherrn: Sobald man nur irgendwelche größeren Ruinen auffand, meinte man, sie salomonisch nennen zu müssen. So zögerte der geniale Archäologe Charles Warren im Jahre 1867 nicht, die von ihm entdeckte herodianische Mauer in Jerusalem Salomo zuzuschreiben, womit er sich in der Datierung um tausend Jahre irrte. Wer hat, dem wird gegeben![7] Und Salomo hatte wirklich eine reiche Auswahl an Bauten jeglicher Art[8]: Städte, Mauern, Befestigungen, Aquädukte... Dank dieser Arbeiten veränderte sich das Antlitz des Landes. Doch sein Meisterwerk ist sein – dem Volke unvergeßlicher – Tempel, den er neben seinem Königspalast zum Ruhme Gottes erstellen ließ: In dreizehn Jahren wurde er vollendet. Er umfaßt das »Libanon-Waldhaus«, das als Waffenlager und wahrscheinlich auch als Aufbewahrungsort für den Königsschatz diente[9]. Da Dokumente darüber fehlen, ist es uns nicht möglich, den Verwendungszweck der »Säulenhalle« genau anzugeben. Das königliche Empfangszimmer ist Ort der Hofzeremonien und außerdem Gerichtssaal des Königs. Hier fällt Salomo die Richtsprüche, deren Weisheit bald legendär wird. Er sitzt dabei auf dem elfenbeinernen und mit Gold beschlagenen Königsthron, dessen Rückenlehne und beide Seiten mit Stierhäuptern geschmückt sind. Zwei dieser Stiere tragen die Armlehnen, und zwölf Löwen sind links und rechts auf den sechs Stufen postiert, die zum Thron hinführen. Die siebte Stufe wird vom König selbst besetzt, dessen menschliches Antlitz den Symbolismus von Stieren, Löwen und den Zahlen Sieben und Zwölf vervollständigt. Der Erzähler beschließt seine Beschreibung des Königsthrons mit dem bewundernden Ausruf: »Dergleichen ist niemals für irgendein Königreich gemacht worden.«[10] Man weiß heute, daß die auf dem Sarg Ahirams von Byblos abgebildeten Throne Tutenchamuns oder syrischer und palästinensischer Könige von der gleichen Machart aus Elfenbein und Gold waren. Der große Saal des Libanon-Waldhauses war mit 200 großen Schilden von gehämmertem Golde geschmückt; jeder mit 600 Sekel Gold überzogen, daneben gab es 300 kleine Schilde von gehämmertem Gold, jeder mit

300 Sekel Gold überzogen. Geschirr, Fläschchen und Schalen der Tafel Salomos waren aus dem Gold, das seine Flotte alle drei Jahre aus Tharsis brachte mitsamt ganzen Ladungen Silber, Edelsteinen, Duftstoffen, Elfenbein, Affen und Pfauen, oder aus Ophir mit seltenen Hölzern, die der Herstellung von Lyren und Harfen dienten.

An seiner Tafel lebten seine Gäste und Familienmitglieder von den Vorräten, welche ihm täglich gebracht wurden: 30 Kor Semmelmehl, 60 Kor gewöhnliches Mehl, 10 gemästete Rinder, 20 Weiderinder, 100 Schafe und eine ganze Anzahl Hirsche, Gazellen, Antilopen und gemästete Enten. Denn aus allen Ländern strömten Besucher herbei, um die Weisheit und Herrlichkeit des hebräischen Königs zu bewundern[11].

Der Königspalast war dreistöckig, kubisch, 100 Ellen lang, 50 breit und 30 hoch. In der Mitte des Gebäudes lag ein großer Hof. Im Norden von Königspalast und Harem erhoben sich Tempel und Opferaltar, wo der Gott Israels gegenwärtig war, der vom Himmel herab über sein Volk wachte[12].

Die Königschroniken geben als Jahreseinkommen des Königs Salomo die Summe von 666 Talenten Gold an, was 29 Tonnen Gold entspricht. Diese Zahl, auch wenn sie um einiges aufgerundet ist, mag eine Idee geben von den Fortschritten, die das Land der Hebräer innerhalb von wenigen Generationen gemacht hat, und von den Veränderungen, die sich seit der anarchistischen Richterzeit, seit den dunkeln Anfängen Sauls oder den Kriegen Davids vollzogen haben.

In den Kunst- und Baudenkmälern des salomonischen Reiches hat die heutige Archäologie die verschiedensten Einflüsse wiedererkannt: Der Palast von Sargon II. in Chorsabad, jener von Sincirli mit der Fassade in syrischem Stil, und jener von Tell Halaf weisen gewiß Ähnlichkeiten auf mit dem Palast des größten aller Könige Israels. Die von seinen Architekten angewandte Bauweise kennt man nun besser seit den Ausgrabungen in Megiddo und in den wichtigsten Städten aus dem Anfang der Königszeit. Sie zeugt von den engen Beziehungen zu den Nachbarvölkern und von den Einflüssen, die aus Ägypten, Mesopotamien, Syrien, Kanaan und speziell von phönizischen Architekten und Ingenieuren kamen, welche die von Salomo geplanten Bauten leiteten. Der 1936 in der Ebene Amuk, im Norden Syriens, entdeckte Tempel von Tell Tainat bestätigt diese Einflüsse. Er ist zur selben Zeit und auf gleiche Art gebaut wie der Tempel von Jerusalem. Zweifellos gehörte auch der Tempel von Silo diesem Bautyp an, der zu Anfang des ersten Jahrtausends v. Chr. als klassisch gegolten haben muß im »Fruchtbaren Halbmond«. Die Ausschmückung des Tempels, die in allen Einzelheiten in den Königschroniken beschrieben wird, zeugt ebenfalls vom selben Einfluß: Die Anwendung von Holz als Bauelement – in Syrien weit verbreitet –, Cherubim, Palmen, Blumen, Bronzegegenstände, Löwen und Stiere findet man nicht nur in den verschiedenen Kulturen Westasiens, sondern auch in der Mittelmeergegend (vor allem in Zypern), die in dieser berühmten Zeit Kontakt mit den Syro-Phöniziern hat. Das Becken aus Amathont, welches im Louvre ausgestellt ist, gibt wahrscheinlich eine ziemlich genaue Vorstellung von dem, was das »Eherne Meer« im Tempel von Jerusalem war[13].

Die Hebräer jedoch vereinigen auf originelle Weise Bau- und Verzierungselemente ihrer Zeit. Die Königin von Saba heuchelt nicht, wenn sie über die Pracht am Hofe Salomos in Entzücken gerät, denn Jerusalem ist zu jener Zeit ohne Zweifel eine der prachtvollsten Hauptstädte der antiken Welt und Salomo einer der größten und erhabensten Herrscher[14].

»Die Häuser deines Volkes . . .«

Die Straßen in den Städten sind eng, mit groben Pflastersteinen besetzt und durch Tücher oder leichte Bedachungen vor der Sonne geschützt. An den ins Zentrum oder an der Stadtmauer entlangführenden Hauptstraßen lassen sich die wichtigsten Gewerbe in Butiken und Bazars nieder, in denen sich Männer und Frauen betätigen. Als Jeremia zum Beispiel Gefangener Zedekias war, bezog er sein tägliches Brot aus einem Laden an der Bäckerstraße in Jerusalem[15].

Die Stadttore sind bevorzugte Versammlungsorte. Unter ihren Bögen finden öffentliche Zusammenkünfte, Märkte und manchmal Gerichtssitzungen statt. Die Häuser werden aus Lehm[16], einfachen Ziegelsteinen[17] oder Stein gebaut[18]. Mit der Entwicklung und dem Wohlergehen einer Stadt stellt sich dann auch die Bildung unterschiedlicher sozialer Klassen ein, die sich in verschiedenen Stadtteilen ansiedeln.

Stein ist das bevorzugte Material für gutes Bauen. Das Land besitzt ausgiebige und leicht auszubeutende Steinbrüche. Die in Kanaan dabei angewandten Arbeitsmethoden unterscheiden sich kaum von denen, die uns von Ägypten überliefert sind. Die Verbreitung der Eisenwerkzeuge erleichtert und verbessert die Arbeit der Steinhauer. Die bescheideneren Häuser baut man aus getrockneten oder gebrannten Backsteinen, meist um einen Hof herum, in dem sich Kinder und Tiere tummeln, während sich die Eltern ihrer Arbeit widmen. Eine Zisterne im Haus zu haben, ist allgemein üblich. Wo sie fehlt, schöpfen die Frauen das Wasser an der Quelle oder aus dem öffentlichen Reservoir.

Die Paläste werden aus schweren behauenen Steinen[19], manchmal aus Marmor, erstellt[20]. Asphalt, häufiger noch Kalk und Gips dienen als Zement oder Verputz[21]. Die Mauern der Wohnhäuser werden in natürlichen Farben gestrichen, wobei Erdbraun vorherrscht.

Der Maulbeerfeigenbaum, häufiger noch Zypressen, Akazien, Olivenbäume und Zedern oder Importhölzer wie der Sandelbaum dienen sehr oft zum Bauen und für Verzierungen der vornehmen Häuser.

Besser bekannt ist jedoch der Grundriß der Wohnungen. Meist handelt es sich hier um ein Viereck, in dessen Mitte sich ein Hof mit einem Brunnen oder einer Zisterne und einem Badebecken befindet; es gab auch Becken für die religiösen Reinigungen und die Fußbäder. Die stattlichsten Häuser weisen verschiedene Stockwerke auf: Dreigeschossig war König Salomos Palast, mindestens zweigeschossig das Haus der Prostituierten Rahab oder dasjenige Davids, bevor er König wurde[22].

Zur Königszeit sind sogar die ganz gewöhnlichen Wohnhäuser zweistöckig; die Familien leben oben und nicht mehr wie früher im

Erdgeschoß. Die Dächer sind flach und leicht geneigt, damit das Regenwasser in die Zisternen fließen kann. Sie bestehen aus Ziegeln oder gestampfter Erde, aus der manchmal mageres Gesträuch hervorwächst. Diese terrassenartigen Dächer können als Ablage benützt werden. Ein Freudenmädchen versteckt dort die Männer, die der Polizei nicht in die Hände kommen sollen. Dieser Freiluftbalkon wird während der Hundstage oder der heißen Südwindnächte als Schlafstelle gebraucht[23]. Terrassen sind der beliebte Ort für Verschwörungen, geheime Zusammenkünfte[24] und – diese Tradition ist nie abgerissen – für Verliebte.

»In einer Dachecke wohnen« ist eine sprichwörtliche Redewendung und bedeutet, ein trauriges, einsames Leben fristen, was jedoch immer noch besser ist, als mit einer zänkischen Frau zusammensein zu müssen[25]. So sucht man auch im großen Schmerz Zuflucht auf den Terrassen der Ruhe unter dem asiatischen Himmelszelt. Die gläubigen Hebräer schlagen ihren Riten gemäß im Herbst dort die Laubhütten auf, und die Heiden errichten da die Altäre zur Anbetung der Sterne[26]. Man bedient sich auf so verschiedene Weise und so häufig der Terrassen, daß es gesetzliche Vorschrift wird, sie ausnahmslos mit Geländern zu versehen. Oft baut man dort sogar ein zusätzliches Zimmer für Reisegäste[27]. Wohlhabende besitzen außer ihren Schlafzimmern noch Speisesäle, Salons und oft sogar verschiedene Wohnstätten für Sommer und Winter[28]. Letztere werden in Berggegenden mit Kohlenglutöfen beheizt, welche man in die Zimmermitte stellt[29].

Die Ausschmückung der Zimmer erreicht manchmal eine beträchtliche Gepflegtheit, sogar einen gewissen Prunk: Parkett und Täfelung sind aus kostbarem Holz; Schnitzereien und Verzierungen aus Gold und Elfenbein; reiche Gemälde schmücken die Wände. Die Türen drehen sich in Scharnieren, die unten und oben am Türrahmen angebracht sind. Man bezeichnet das Loch, in welchem sich die Türangel bewegt, mit dem Wort für die weibliche Scheide[30]. Die Schlösser und Riegel wurden zuerst aus Holz gefertigt, später, nach der Verbreitung der Eisenbearbeitung – vor allem für Stadttore –, aus Metall. Über die Türen hängten die Hebräer Schrifttafeln, auf denen bedeutungsvolle Bibelstellen zu lesen waren[31].

Die kleinen, symmetrisch angeordneten Fenster liegen oft an der Vorderfront zur Straße hin, sogar die der Frauenkammern. Gitter oder Läden schützen die Zimmer vor Sonne sowie auch vor neugierigen Blicken[32]. Daß Glas- oder Glimmerscheiben fehlen, stört eigentlich nur in den Bergen und während der zwei oder drei kältesten Monate des Jahres.

Das Mobiliar besteht aus Tischen, Stühlen, Bänken, Schränken und Betten. Diese letzteren sind diwan- oder sofaähnlich, niedrig, mit Stoff überzogen und mit Kissen und Decken belegt, manchmal purpurrot und mit feinem Leinen bespannt. Einige Möbel fallen auf durch ihre aufwendige Ausführung in Zedernholz, das mit Elfenbein und Gold verziert ist. Metallene oder tönerne Leuchter spenden Licht. Im ärmsten Haushalt gibt es mindestens eine Öllampe. Sicher sind die großartigen Tempelleuchter Vorbild für den Überfluß an Kandelabern, mit denen die reichen Häuser sich schmücken. Gekocht wird auf den *kirajim*, auf Herden mit zwei Feuerstellen. Zu Festmahlzeiten ruft man Küchenchefs, um die Arbeit der Frauen zu erleichtern und zu vervollkommnen[33]. Zum Kochen braucht man die Geräte, welche die Bibel erfreulicherweise im Detail erwähnt: Pfannen, Becken zum Waschen des blutlosen Fleisches, Bratpfannen, Servierplatten, Töpfe, Mörser, Messer, Gabel, Dreizack, Zangen, Schaufeln, Krüge, Krüglein und Schalen. Diese Küchengeräte sind aus Ton oder, noch häufiger, aus Kupfer.

Das Korn wird in Handmühlen gemahlen, die es in jedem Haushalt gibt. Die Hausangestellten, die Sklavinnen oder, wo diese fehlen, die Hausfrau, unter Mithilfe ihrer Kinder, bringen die schweren Mahlsteine zum Drehen, deren Reibung die Körner zermalmt und das Haus mit knirschendem Geräusch belebt. Eine Mühle, die stillsteht, bedeutet ein sterbendes Haus[34]. Ein Backtrog dient der Zubereitung des Teiges, den man vor dem Backen aufgehen läßt. An Ostern wird ungesäuertes Brot gegessen, um der Leiden beim Auszug aus Ägypten zu gedenken. Die Backöfen aus gebranntem Ton, welche die Bibel beschreibt, sind dieselben wie diejenigen, welche die Juden heutzutage noch in ihren asiatischen und afrikanischen Dörfern benützen oder wie sie sie bei der Rückkehr nach Zion wieder mitgebracht hatten. Diese alten *tannur* bestehen aus einer ungefähr 75 cm hohen, pyramidenförmigen Wölbung aus gebranntem Ton. Das auf den Boden gelegte Holz erhitzt die Wände. Der Teig wird an die brennend heißen Innen- oder Außenwände geklebt und auf beiden Seiten gebacken[35]. Die Berufsbäcker verfügen über größere Backöfen, da sie ganze Städte mit Brot versorgen[36]. Das Brot ist das Grundnahrungsmittel; deshalb steht neben jedem Haus ein Brotbackofen. Aus verschiedenen Mehlsorten verfertigen die Frauen immer von neuem Gebäck und erfinden in ihren Gemächern immer wieder neue Süßigkeiten. Das Raffinement der Kochkunst ist in gewissem Sinne eine Folge der damaligen Situation der Frauen. Die hebräische Küche, die die Bibel sehr wichtig nimmt, ist vielseitig. Am Anfang der Zeit, die uns beschäftigt, besteht die Alltagskost eines Soldaten des Königs David aus Brot, Weizen und Gerste, verschiedenen Mehlsorten, gerösteten Körnern, Bohnen, Linsen, Rind-, Schaf- und Geflügelfleisch, Eiern, Wild, Fisch, Käse, Milchspeisen, Olivenöl, verschiedenen Kräutern und Gewürzen, Honig, frischen oder getrockneten Früchten und aus den Getränken Wein oder Milch. Verschiedene Kuchenarten, wie der *'ugah*, der *challah* oder der *rakik* aus Mehl, Öl und Honig ergänzen die Speisekarte, sowie die verschiedensten in Öl oder Honig gebackenen Krapfen[37].

Es gibt zwei Mahlzeiten; sie werden in der Mittagspause und, in reichlicherem Umfange, am Abend nach der Arbeit eingenommen[38]. Jesaja tadelt vehement jene Schwelger, die ihre Gelage im Morgengrauen eröffnen und bis in die Nacht hineinziehen; die Scheol wird sie einmal verschlingen, welche ihren Schlund auch weit öffnet und ihren unmäßigen Rachen aufsperrt, um das ausschweifende, im Freudentaumel aufschreiende Volk dort hinunterstürzen zu lassen[39].

Die Mahlzeiten nimmt man auf niedrigen Stühlen ein, um einen Tisch herum[40]. Später breitet sich die Gewohnheit aus, auf dem Divan liegend zu speisen. Amos prangert diejenigen an, welche, ungerührt vom Unglück des Volkes, ausgestreckt auf ihren Elfenbeinbetten oder wohlig in ihre Sofas gekuschelt, Lämmer verspeisen, zu Harfenklängen grölen oder zur Begleitung anderer Musikinstrumente, die sie für ihre Gelage gebaut haben, und den Wein in vollen Zügen genießen[41].

Das Brot dient für das Fleisch als Teller. Man tunkt es in die in der Mitte des Tisches stehenden Soßen. Die Finger tun dabei natürlich ihren Dienst anstelle von Gabel und Messer, welche anscheinend dem Küchengebrauch vorbehalten waren. Bevor man sich vom Tisch erhebt, wird Gott für die Speisen, die er gegeben hat, gedankt. Auch dieser Brauch bürgert sich in einer späteren Zeit ein[42]. Die Mahlzeit behält im Geiste der mosaismustreuen Propheten und Priester die traditionelle Erinnerung an ihren ursprünglichen Opfercharakter, der die Gemeinschaft der Tischgenossen herstellt mit dem, welcher die Quelle alles Lebens ist. So erklärt sich die Stellung, welche sie in den biblischen Erzählungen einnimmt, wo alles mit einer Mahlzeit beginnt oder endet.

Der Wein

Das Land ist berühmt für Quantität und Qualität seiner Weine. Diese stammen aus den Weinbaugebieten der Ebene, der Täler und der Bergterrassen. Noch andere alkoholische Getränke stellen die Hebräer aus Granatäpfeln, Feigen, Datteln und Honig her. Sie kennen die Methoden des Bierbrauens und Schnapsbrennens.

Obwohl der Wein wahrscheinlich aus Kaukasien stammt, nimmt er im Leben der Hebräer eine Vorrangstellung ein. Er wird häufig getrunken; man spricht von ihm auch in lyrischen Umschreibungen. Er ist das gewohnte Getränk zu Mahlzeiten und Tischgesellschaften, welche man übrigens »*Trink*gesellschaften«, *mischtäh*, nennt. Er war das bevorzugte Geschenk an einen König oder sonst eine hohe Persönlichkeit. Wie man sieht, wurde ein Krug Wein hoch geschätzt.

Wein wird auch als Medikament gebraucht. Man verwendet ihn außerdem täglich bei der Liturgie und beim Trankopfer. In der Literatur ist er Symbol für das mystische Leben in Gott, für Freude und Liebe. Die Propheten streichen oft die Gefahren des unmäßigen Weingenusses hervor, doch haben sie weniger gegen den Wein als gegen die Betrunkenen[43].

Die hebräische Diät

Der heilige Charakter einer Mahlzeit wird noch verstärkt durch die strengen Diätvorschriften, welche die Gläubigen einhalten müssen. Um den Zustand der Reinheit aufrechtzuerhalten, dürfen sie keine unerlaubte Nahrung zu sich nehmen. Reine Tiere sind die wiederkäuenden Vierfüßer mit gespaltenem Huf. Tiere, welche nur eine dieser beiden Bedingungen erfüllen, wie Kamel, Hase und Schwein, die Symbole der Unreinheit, gehören zu den verbotenen Speisen.

Außer den flossen- und schuppenbesetzten Fischen ist alles unrein, was im Wasser lebt.

Für die Vögel gibt das Gesetz Mose keine allgemeine Regel an, doch nennt es die, welche unrein sind: Adler, Habicht, Rabe und Strauß ... Alle Muscheltiere sind überdies unrein sowie auch fast alle Insekten. Von diesen sind die einzigen zum Verzehr freigegebenen gewisse Arten von Heuschrecken mit vier Beinen und Flügeln. Besondere Gesetze verbieten den Vollzug der heidnischen Riten, die im Lande verbreitet sind, wie zum Beispiel das Kochen eines Lammes in der Milch seiner Mutter[44]. Den Götzen Wein als Trankopfer darzubringen, ist ebenfalls untersagt.

Ähnliche Riten findet man bei den Ägyptern, in den Büchern Zoroasters und den Gesetzen Manus. So gibt es bei den meisten Völkern Speiseverbote. Sie werden von den Hebräern auf ein Gebot ihres Gottes zurückgeführt, das auf dem Berge Sinai ausgesprochen worden war. Die Beachtung dieser Gebote beschränkt sich auf die Kreise der Frommen, doch kann man ihre genaue Ausbreitung kaum exakt festlegen. Es ist offensichtlich, daß sie von Hebräern, die den Götzen dienen, nicht beachtet werden. Die Bibel scheut sich nicht, Elia darzustellen als einen, der vom Fleische lebt, das ihm die Raben herbeischaffen. Dabei können wir uns kaum vorstellen, daß dieses Fleisch gesetzesgemäß geschlachtet worden wäre. Der Verfasser des Elia-Zyklus scheint sich darüber aber nicht im geringsten aufzuhalten[45].

Die Kleidung

Die Bibel lehrt, daß Mann und Frau ursprünglich unbekleidet lebten. Aus dem Paradies vertrieben, bedeckten sie sich mit Feigenblättern, später mit Tierhäuten, um ihre Schande zu verstecken[46]. Zur Königszeit ist das Hebräerland reich an Textilstoffen. Wolle und Leinen sind am häufigsten anzutreffen. Die Baumwolle scheint erst am Ende der Königszeit aufgekommen zu sein, während der Hanf lange Zeit noch unbekannt war. Es gibt viele und fachkundige Wollkämmer, Spinner und Weber. Die Färber bilden eine einflußreiche Zunft. Weiße Kleidung, die gut zum vorherrschenden religiösen Symbolismus paßt, ist die am meisten geschätzte. Die Reichen wählen schwere Stoffe, die mit natürlichen Färbemitteln purpurrot, violett, karmesinrot oder braun getönt werden. Stickerinnen und Spitzenklöpplerinnen schmücken die Fest- und Prunkkleider. Die assyrischen Bildhauerreliefs zeigen uns mit einiger Genauigkeit, wie sich die Hebräer jener Zeit kleideten. Der 850 geschaffene schwarze Obelisk Salmanassars III. führt uns eine hebräische Delegation vor Augen, die von König Jehu ausgesandt worden ist, dem assyrischen Oberherrscher den Tribut zu entrichten. Die Delegierten haben eine besondere Kleidung, die ganz und gar verschieden ist von der assyrischen und an die damalige Kleidungsart in Nordsyrien und Südarmenien erinnert.

Die Hebräer tragen, wie man da sieht, lange, fransenbesetzte Tuniken, *k*^{e}*tonät*, über die ein ebenfalls mit Fransen geschmückter Mantel, *simlah*, geschlungen wird. Diese Kleidung wird über den nackten Körper gezogen oder über ein Hemd, *sadin*, und vielleicht auch über eine Unterhose, *michnasajim*, wie sie die Priester trugen. Diese Kleider sind aus Leinen oder Wolle gewoben und ziemlich weit geschneidert, so daß man im Tagesanzug auch bequem schlafen konnte. Das Gesetz Mose schreibt vor, man solle an allen vier Zipfeln des Mantels Fransen mit blauen Fäden einziehen, die den Hebräer in jedem Augenblicke seines Lebens an die Gebote JHWHs erinnern sollen[47]. Diesem sehr einfachen Anzug kann man auch noch den *m*^{e}*'il* hinzufügen, eine Obertunika, die weiter ist als die *k*^{e}*tonät*; sie ist an den Seiten geschlossen und hat Öffnungen für Kopf und Arme. Der *m^e'il* der Priester weist unten eine Saumborte auf, die mit verschiedenfarbigen Granatäpfeln verziert und mit kleinen Goldglöckchen besetzt ist, deren bewußt ausgewählter Klang kultische Bedeutung hatte.

Der *ephod* der Priester wird oft von Hebräern getragen, die etwas auf ihr Äußeres geben. Es ist ein kurzer Überhang aus zwei Stükken, die kostbare Achselhakenspangen zusammenhalten. Er besteht aus gezwirntem Leinen, in das Goldfäden und violett, hell- und dunkelrot gefärbte Fäden eingewirkt sind. Josephus vergleicht dieses Kleidungsstück mit der *epomis* der Griechen.

Auch die Könige tragen einen weiten, festlichen Mantel, den *addärät*[48].

Die Männer haben mächtigen Haarwuchs, und Kahle sind auch schon Zielscheibe des Spottes[49]. Die Spitzen des Haupthaares werden nie gestutzt[50], jedenfalls verbietet das Gesetz diese ausländische Mode. Der Bart ist der Schmuck des Mannes und verkörpert seine Ehre; alle tragen ihn. Wenn die Hebräer das streitbarste Volk sind, wie gesagt wird, muß man beifügen, daß sie auch so aussehen.

Als Kopfbedeckung dient eine Mütze, *migba'a*, die für die Priester noch mit einer Art Turban, *miznäphät*, umgeben wird[51], dessen Art und Farbe je nach Zeit und Schicht mit den Launen der Mode wechselt. Man kann, wie es scheint, gar nicht barhaupt gehen. Als Fußbekleidung trägt man Sandalen, welche man mit Lederriemen um die Knöchel bindet oder im Winter mit einem hohen Lederschaft versieht, der oben nach hethitischer Art umgestülpt wird.

Das 5. Buch Mose beschreibt die israelitische Priesterkleidung in zahlreichen Einzelheiten[52]. Nichtsdestoweniger ist es schwierig, sie genau zu rekonstruieren. Ihr Muster wurde wahrscheinlich wieder einmal Ägypten abgeguckt, und es muß zweifellos auch eine Entwicklung in der Mode gegeben haben. Der Brustschild, *choschän*, wird mit goldenen Ringen auf den *ephod* (Teil des Priestermantels) gehängt. In die Ringe sind, je drei zusammen, zwölf verschiedene Edelsteine eingelegt. Der Name der Stämme, denen sie entsprechen, ist eingraviert. Den Turban des Hohenpriesters schmückt eine Goldplakette, auf der zu lesen ist: KADOSH JHWH – *Heilig für Adonai.* Sicherlich war die Priesterkleidung zur Blütezeit von großer

Pracht; sie erhöhte den Glanz der Tempelzeremonien, so daß diese durch ihre eindrucksvolle Schönheit große Menschenscharen aus allen Himmelsrichtungen anzogen.
Außer dem *ephod* und dem *addärät* tragen die Frauen Kleider derselben Art wie die Männer. Doch Unterschiede in der Frauen- und Männerkleidung zeichnen sich trotzdem ab, zumal das Gesetz den Geschlechtern verbietet, ihre Kleider zu vertauschen[53]. Diese Unterschiede liegen in der Qualität und den Farben der Stoffe, in Länge, Ausschmückung und Schnitt. Der wollene, leinene oder seidene Gurt der Frauen, *kischurim*, umschlingt ihre Taille einige Male. Er ist eines der wichtigsten Accessoires ihrer Toilette. Der Frauenmantel[54], *mitpachat*, ist sehr weit geschnitten und kann den Kopf bedecken. Eine Ärmelkapuze, *ma'ataphah,* schützt ebenfalls den Oberkörper der Frau, deren Aufmachung – wir wissen dies von Jesaja[55] – genauso kompliziert, geheimnisvoll und prachtvoll sein kann wie anderswo.
Die Frauenschuhe[56], *tachasch*, werden aus sehr feinem Leder genäht. Die *aschasim* sind wahrscheinlich mit Glöckchen geschmückte Sandalen oder Pantinen, die mit ihrem Klingeln den Schritt der Schönen begleiten. Als Kopfbedeckung gibt es Turbane, Netzhäubchen und Leinen- oder Seidenbänder. Der Schleier ist ein wichtiges Element der weiblichen Toilette. Er wird, je nach Alter und Herkunft seiner Besitzerin, mit vollendeter Kunst dazu benützt, ihre Gefühle der Scham, der Furcht oder der Liebe auszudrücken. Nichts zwingt die Frau Israels, wie es scheint, ihr Gesicht vollständig zu verschleiern. Sie muß in den frühen Zeiten große Freiheit in ihrem Tun und Lassen genossen haben[57]. Ihr Haar ist sehr gepflegt, oft in Zöpfe geflochten, immer aber verschleiert, denn das Gesetz stellt es dem nackten Körper gleich, der sich nur vor dem Gemahl zeigen darf.
Wir haben die dauernden Temperaturunterschiede schon hervorgehoben, die innerhalb eines Tages genauso groß sind wie zwischen den Jahreszeiten. Daraus entsteht die Notwendigkeit zu häufigem Kleiderwechsel, was mit dem hebräischen Wort *chalifa*, eben ›Wechsel‹, bezeichnet wird. Die Reichen besitzen eine umfängliche Garderobe[58]. Da die Kleidung weit und nicht unbedingt auf den Körper

geschnitten ist, kann sie auch verschenkt werden. So setzt Samson 30 Anzüge und 30 Stück feines Tuch aus als Preis für die Lösung eines Rätsels, das er den Philistern stellt. Weil er dabei seine Wette verliert, verschafft er sich die Kleider von 30 Askalonern, die er umbringt. Nachdem Elisa Naama von seiner Lepra geheilt hat, erhält er von diesem 10 Gewänder als Geschenk. Eine solchermaßen ausgewogene Garderobe enthält Sommer-, Winter-, Arbeits- und Festkleider, diese alle in Tages- und Abendausführung.
Es ist möglich, daß die Würdenträger am Hofe und in der Armee, wie die Priester, eine besondere Kleidung tragen. Bei Trauerfällen und an Buß- und Fasttagen wird eine Art Büßerhemd übergeworfen, der *sak*, der aus rauhem Stoff oder derbem Leder geschneidert wird, um das Fleisch zu kasteien und zu demütigen[59].

»Im Schweiße deines Angesichtes sollst du dein Brot essen . . .«

Die Berufe, von denen die Bibel spricht, werden in Israel nach denselben Methoden ausgeübt wie in seinen Nachbarländern. Die Hebräer lernen sie von den Kanaanitern, Hethitern, Philistern, Mesopotamiern oder Ägyptern und geben ihre Kenntnisse auch an sie weiter. Zur Königszeit verfügen Bauern und Handwerker über weiter entwickelte Werkzeuge als in früheren Zeiten. Die Sicheln mit der Schneide aus Feuerstein auf hölzernem Stiel werden durch gut geschliffene Eisensicheln ersetzt, welche ein viel rascheres Arbeiten ermöglichen: der Bauer muß die Getreidehalme büschelweise mit der Hand greifen, da die lange Sense erst viel später erfunden wird. Hacke, Hammer, Schere, Hohlmeißel und Säge aus Eisen verändern den Alltag dieses Volkes wie auch die Qualität der erzeugten Produkte.
Der Fortschritt im Lande erlaubt die Einrichtung und die Entwicklung der Serienproduktion von alltäglichen Dingen. Die neuen Methoden stellen einen ebensolchen Fortschritt dar wie das Fließband in der Moderne. Die archäologischen Fundstellen können diese Veränderungen nachweisen: Die Anfänge des ersten Jahrtausends v. Chr. zeigen zahlreichere, verschiedenartigere und besser gearbei-

tete Gegenstände als das zweite Jahrtausend. Das Geschirr ist praktischer, genauer gearbeitet und mit regelmäßigen geometrischen Mustern geschmückt. Zahlreicher schöner Schmuck aus Knochen deutet auf denselben Fortschritt hin.

Spinnen und Weben ist in der Regel Sache der Frauen[60], die so für den Bedarf im eigenen Hause oder auch für den Verkauf auf den Stadtmärkten arbeiten. In Ägypten ist dies jedoch ein Männerberuf, den auch Hebräer betreiben. Der biblische Wortschatz in diesem Bereich ist sehr hoch entwickelt: Drillich, Weberschiffchen, Bindung, Kettbaum, Weberbaum, Zettel und Schuß, Spindel, Spinnrocken und Webekante, alle diese Ausdrücke der modernen Textilindustrie sind im Hebräischen seit der ersten Hälfte des ersten Jahrtausends v. Chr. geläufig[61].

Die Handwerker stellen in dieser Zeit Gegenstände von erstaunlicher Schönheit her, wie den *taschbez* (weißgrauer, kleinkarierter Stoff) oder mit geometrischen Zeichnungen versehene, mit Gold und Silberfäden bestickte, gemusterte oder mit Stickereien oder anderen genähten Verzierungen geschmückte Gewebe.

Die Walker und Färber erhöhen die Dauerhaftigkeit der Gewebe, indem sie Natron und Pottasche verwenden. Auf dem *Walkerfeld* in Jerusalem wurden die in der Hauptstadt behandelten Stoffe getrocknet.

Die Gerber arbeiteten wahrscheinlich nach der ägyptischen Methode der sämischen Gerberei, also mit Fett. Die Lederindustrie fertigte nicht nur alltägliche Gegenstände wie Schuhe, Sandalen, Beutel und Riemen an, sondern auch gewisse Waffen, Helme, Köcher, Schilde und Ackerbaugeräte. Das Land der Hebräer ist reich an dem Gestein, das den wunderbaren Baustoff für die Gebäude ergibt, welche allem Unwetter und dem Ansturm der assyrischen, babylonischen und römischen Eroberer trotzen müssen. David bezieht seine Steinmetzen wie seine Zimmerleute aus Tyrus[62]; sie geben ihre Arbeitsweise den Hebräern weiter; diese behauen dann die Steine und fertigen Backsteine an nach dem klassischen Verfahren des Brennens in Öfen[63].

Der Töpfer nimmt einen bevorzugten Platz ein im Alltagsbild wie auch in der hebräischen Literatur. Seine Technik weicht nicht von der in jener Zeit üblichen ab. Die Töpferscheibe, *obnajim*, setzt sich aus zwei runden Steinen oder zwei aufeinanderliegenden, ungleich großen Holzrädern zusammen. Der Handwerker kauert auf der Erde. Seine Stellung soll, in den Augen der Propheten, derjenigen des Schöpfers gleichen; so heißt jedenfalls seine Bezeichnung im Hebräischen: *jozer*.

Der Glasbläser befindet sich hier im Heimatland des Glases, das von den Phöniziern erfunden wurde. Dieser Grundstoff ist bekannt, bedeutet aber zweifellos einen sehr teuren Luxus[64].

Architekten, Ingenieure, Maurer, Zimmerleute, Tischler, Bildhauer, Eisenschmiede, Klempner und Innenarchitekten arbeiten oft für die Könige, welche zur Zeit der größten Blüte die hauptsächlichen Bauunternehmer waren.

Die Bergwerke von Ezjon Geber beweisen die damalige Kenntnis fortgeschrittener Techniken in der Kupferausbeutung, die uns jedoch unbekannt sind. Ein merkwürdiger Text Hiobs beschreibt mit erstaunlicher Genauigkeit des Ausdrucks, wie der erfinderische Mensch die Materie bezwingt:

»Wohl gibt es einen Fundort für das Silber und eine Stätte für das Gold, wo man es läutert. Das Eisen holt man aus der Erde, und Erz schmelzt man aus dem Gestein. Man setzt der Finsternis ein Ende; bis auf den tiefsten Grund durchforscht man das Gestein des Dunkels und der Nacht.«[65]

Zu dieser Zeit ist die Verwendung von Gold, Silber, Kupfer, Zinn, Eisen, Erz und Blei an der Tagesordnung. Diese Metalle kommen oft aus dem Ausland: von Ophir, Äthiopien, Südarabien, Spanien, Ägypten, Kleinasien und aus dem Kaukasus. Der Stahl, den Nahum und Jeremia[66] erwähnen, stammt vielleicht von den Küsten des Schwarzen Meeres, denn es ist das »nordische Eisen«, *p^{e}ladot*.

Doch die Hebräer kennen die Techniken des Metallschmelzens, der Reinigung und Kupellierung[67]. Man beobachtet diese übrigens im Lande seit der zweiten Hälfte des vierten Jahrtausends, wie die Ausgrabungen von Jean Perrot in Beerseba ergeben haben.

Das am häufigsten verwendete Metall ist Kupfer, da dieses am leichtesten zu bearbeiten ist. Es wird für alle möglichen Gebrauchsgegenstände genommen, für Waffen, Helme, Schilde, Rüstungen,

Lanzen, daneben auch für Amulette und Kunstgegenstände. Eisen wird für vornehmere Zwecke eingesetzt: beim Wagenbau, für Schwerter, Lanzen und Werkzeuge. Sträflingsketten und Schlösser sind aus Kupfer, Bronze oder Eisen[68]. Blei schließlich braucht man für die Gewichtssteine, das Senkblei der Maurer und die Schreibtäfelchen[69].

Die Goldschmiede und Juweliere geben einem Luxushandwerk Aufschwung, das dank der Bedürfnisse des Tempels, des Hofes und der reichen Frauen zum Blühen kommt. Die wichtigsten Arbeitstechniken für Edelmetall und Edelsteine kennen die Hebräer seit den Anfängen der Königszeit. Die dabei verwendeten Schmucksteine kommen aus dem Land selbst oder werden eingeführt. Hier muß man zuerst diejenigen erwähnen, welche das Brustschild des Oberpriesters schmücken: der Sardonyx, der Topas, der Smaragd, der Karfunkel, der Saphir, der Diamant, der Achat, der Hyazinth, der Amethyst, der Chrysolith, der Karneol und der Jaspis. Diese Steine wurden nicht nur um ihres Wertes willen so ausgesucht, sondern wegen ihrer symbolischen Bedeutung. Edelsteine funkeln von Königskronen herab, auf Ringen und Siegelsteinen. Man kannte dazumal auch Korallen und Perlen. Elfenbein diente als Verzierung und wurde von Künstlern von Rang prachtvoll geschnitzt.

Und nun nochmals zu den Damen, die eine große Auswahl an Schmuckstücken zu ihrer Verfügung haben: verschiedenförmige Ohrringe, *näsäm*, *'agil*, *n^{e}tiphot*; mit Steinen geschmückte Nasenringe, in die ein elfenbeinerner oder metallener Ring eingelassen ist, der auf den Mund fällt. Einige dieser Nasenringe haben beträchtliches Gewicht[70]. Die Frauen besitzen auch zwei- bis dreireihige Halsketten, die um den Hals geschlungen werden und bis zur Brust reichen. Sie schmücken sich noch mit vielen Accessoires, als da sind: kleine Sonnen, Fische, Mondsicheln, goldene Amulette, verschiedenartige Talismane, zwischen die Brüste gehängte Riechfläschchen, das Gesicht einrahmende Goldketten, Reifen um Handgelenk, Arm oder Knöchel, Ringe, verzierte Gürtel, am Gurt befestigte Täschchen oder Beutel. Sie benützen Schminkdosen, *puch* und *kochol* für die Augen und *kopher* oder Henna für die Nägel, Haare und Handflächen. Zur Schminke in Töpfchen oder Salbendosen gesellt sich das Parfüm. Die schönen Töchter Zion können sich in ovalen oder runden Bronzespiegelchen betrachten, die sie bei sich haben und manchmal sogar ins Grab mitnehmen. Die Männer haben keinen anderen Schmuck als den Stock und einen Siegelring, den die angesehenen Leute als Schmuckring oder an einer Halskette tragen[71].

Der Parfümhersteller *rokeach* mischt wohlriechende Öle, Salben und Parfüme für den Tempelgebrauch (Weiheöl und Weihrauch) und zweifelsohne für vielfältige profane Zwecke, da wir uns ja in Asien befinden.

Das Salböl wird aus Olivenöl und Duftstoffen zusammengesetzt und mit Myrrhen, Zimt, Kassia und Kalmus vermischt. Die Essenz für den Weihrauch besteht aus Räucherharz, Kiemen von wohlriechenden Muscheltieren, Galbankraut *(galbanum)* und reinem Weihrauch, dem man Salz beifügt. Diese Riechstoffe sind ausschließlich für den religiösen Gebrauch bestimmt, doch findet man ihre Komponenten auch auf dem Markt in verschiedenartigen Mischungen mit vorherrschendem Balsamkraut.

In normalen Zeiten lebt man in den großen Städten, namentlich in Jerusalem und Samaria, unbeschwert und äußerst gut. Die Reicheren besitzen ihr Haus und ihre Sommerresidenz, welche in ihrer Ausstattung mit dem Königspalast konkurrieren. Sie haben etliche Frauen und unzählige Kinder, essen Fleisch und erlesenste Gerichte, trinken gute Weine und lieben Tanz und Musik. Die Jugend vergnügt sich in den Wäldern und Weinbergen oder in ihren Zirkeln, wo Gesang und Liebe den Ehrenplatz einnehmen. Selbstmord ist so selten, daß es im Hebräischen kein Wort dafür gibt. In zwei Jahrtausenden Geschichte kennt man nur zwei solche Taten der Verzweiflung: jene Sauls und Ahitophels.

Die Läden quellen über vor Kleidern und Pomp. Kommt eine Karawane aus Ägypten oder Mesopotamien vorbei, ist das ein Ereignis, von dem jedermann spricht und welches das Gleichgewicht des örtlichen Handels verschiebt.

Die eleganten Damen Jerusalems und Samarias rivalisieren mit ihren Schwestern in Tyrus, Damaskus, Ninive und Memphis. Mit kunstvoll gewelltem und frisiertem Haar, die Augen durch die Schminke künstlich vergrößert, mit ihrem freien, duftenden Körper in den weiten und großartigen Kleidern, tragen sie auf der Straße ihren tänzelnden Schritt zur Schau, wobei die klingelnden Reifen an den Fußgelenken die Aufmerksamkeit auf ihre Schönheit ziehen.

Handel, Maße und Gewichte

Seit der Zeit Salomos unterstützen die Könige den Außenhandel und nehmen sich de facto für gewisse Waren wie Getreide, Olivenöl, Honig, Balsam und Pferde das Monopol heraus. Jedenfalls zahlen Grossisten und Einzelhändler für ihre Geschäftsabschlüsse Steuern[72]. Natürlich kann man keine israelitische Außenhandelsbilanz ziehen für die Epoche, die uns interessiert, denn wir besitzen keine genauen Angaben über diesen Bereich. Die Propheten nämlich neigen immer dazu, sich nicht etwa über die schlechten wirtschaftlichen Verhältnisse des Staates aufzuhalten, sondern das zu verurteilen, was man heute mit Konsumgesellschaft bezeichnen würde, oder genauer, deren schreiende soziale Gegensätze und tödliche Ungerechtigkeiten.

Der Einzelhandel ist, wie anderswo, etwas Alltägliches. Die Moralisten verstehen, ihn zu beschreiben: »Schlecht, schlecht!« meint der Käufer, doch beglückwünscht er sich, wenn er dann seine Anschaffung nach Hause trägt. Sie halten sich auf über Betrügereien und Schwindeleien, besonders wenn sich diese auf die Maße und Gewichte beziehen. Zu Salomos Zeit kostet ein Wagen etwa 6,5 kg Silber, ein Pferd 1,7 kg Silber. Diese Preise sinken, wenn das Geld knapp wird[73].

Die Maßeinheiten entsprechen keiner offiziellen Währung, wie es sie in Mesopotamien, Ägypten, Griechenland oder Rom gab. Die Hebräer sind in dieser Beziehung abhängig von den verschiedenen Maßeinheiten, die in Kanaan gebräuchlich sind. So ist es schwierig, eine unumstrittene Aufstellung der biblischen Maßangaben anzulegen, die eher auf traditionellen Schätzungen als auf genauer Messung beruhen. Auch hier warten wir noch auf neue Erkenntnisse in der zeitgenössischen archäologischen Forschung, um unser derzeitiges Wissen vervollständigen zu können.

Zu den Längenmaßen gehörten die Elle, *amah*, die wie überall an den Küsten des Mittelmeergebiets vom Ellbogen bis zur Mittelfingerspitze gerechnet wurde; die Spanne, *särät*, die bei ausgespreizter Hand zwischen den Spitzen des Daumens und des kleinen Fingers liegt; die Handbreite, *tephah*, welche auf der Höhe des Fingeransatzes abgelesen wird, und der Finger, *'äzbah*, dessen Breite als Maß gilt. Schilfrohr, *kanäh*, und Schnur, *chäbäl middah*, scheinen eher Werkzeuge als Maßeinheiten gewesen zu sein. Der *gomäd* erscheint in der Bibel nur ein einziges Mal, um die Schwertlänge Ehuds zu bezeichnen[74]. Die Umrechnung dieser Längenmaße ins Metersystem gibt Anlaß zu Disputen. Analog zur ägyptischen Elle berechnet man die hebräischen Maße gewöhnlich auf folgende Weise:

große Elle	52,5 cm	kleine Elle	45 cm
große Spanne	26,2 cm	kleine Spanne	22,5 cm
große Handbreite	08,75 cm	kleine Handbreite	07,5 cm
großer Finger	02,18 cm	kleiner Finger	01,87 cm

Die Rute zählt 6 Ellen.

Die Wegstrecken werden empirisch festgesetzt: Man unterscheidet den Schritt, *za'ad*, und die Tagesstrecke, deren eigentlicher Wert nur sehr ungenau ist.

Die Hohlmaße dienen der Messung von festen und flüssigen Waren. Zu ihnen gehören: *kor, lätäch, ephah, bat, se'ah, hin, 'omär, gab* und *log*. Auch hier ist die Diskussion um den exakten Wert dieser Maße noch im Gange. Die Entdeckung irdener Wasserkrüge aus dem 8. Jahrhundert, die eingeritzte Angaben über ihren Inhalt enthalten, geben der Kontroverse noch Stoff, anstatt sie zu beenden. Jedenfalls unterscheiden sich die vorgeschlagenen Systeme erheblich. Damit man sich wenigstens eine ungefähre Vorstellung machen kann, führen wir hier die von A. Barrois[75] vorgelegten Entsprechungen an:

kor	229,913 l	*hin*	3,831 l
lätäch	114,956 l	*'omär*	2,299 l

ephah-bat	22,991 l	*gab*	1,277 l
se'ah	7,663 l	*log*	0,319 l

Andere Berechnungen geben dem Kor Werte von 405 bis 209 Litern.

Die Flächenmaße sind ebenfalls empirisch. Ein Morgen, *zämäd*, ist das Stück Land, welches zwei Ochsen in einem Tag umpflügen können. Man kann eine Fläche auch bestimmen, indem man die Menge des Korns angibt, die für ihre Saat benötigt wird, oder ganz einfach die Seitenlängen.

Die Gewichtsmaße umfassen das Talent *(kikkar)*, die Mine *(manäh)*, den Sekel *(schäkäl)*, das *hega* und das *gerah*, die kleinste für die Hebräer wägbare Gewichtseinheit. Hier ist die Debatte über die Festlegung der entsprechenden heutigen Werte gleichermaßen offen. A. Barrois schlägt folgende Tabelle vor:

1 Talent	34,272 kg	1 Mine	571,2 g	1 Sekel	11,424 g
1 Hega	5,712 g	1 Gerah	0,571 g		

Nach einer anderen Aufstellung, in der eine Mine 60 Sekel mißt, wiegt ein Talent 41,1264 kg[76].

Das Geld

In der Bibel wird der Reichtum nicht nur in Gütern angegeben (Vieh oder Land), sondern seit frühester Zeit auch in Gold und Silber[77]. Die Mitgift eines Mädchens schätzt man nach Sekeln, Ohrringen oder Armbändern. Bei den Geschäften wird das Gold oder Silber, je nach dem Maßsystem des Gebietes, mit der Waage ausgewogen[78]. Die Besitzer schmolzen, kapitalisierten und verwalteten ihre Barren selbst[79]. Das betrügerische Falschmessen der Gewichte ist eines der Themen, auf das die Propheten immer wieder zurückkommen.

Gestanztes Geld, das seinen Wert durch die Prägung erhält, erscheint in Kleinasien im 7. Jahrhundert, verbreitet von den Persern.

Nur die spätesten Texte der Bibel erwähnen es[80]. Die ältesten in Israel aufgefundenen Münzen datieren aus dem 5. Jahrhundert, die älteste jüdische Münze, die man bis zum heutigen Tag entdeckt hat, stammt wahrscheinlich aus der Zeit Nehemias und wiegt 3,88 g Silber.

So haben die Hebräer während der ganzen Königszeit also nie Geld geprägt. Im Dezember 1970 entdeckte man ein Vermögen von 25 kg Silber aus dem 9. Jahrhundert, das nahe dem Hebron, im Kellergeschoß der Synagoge von Esthemoa, in irdenem Geschirr versteckt war. Es gehörte vermutlich einem Manne namens Hamesch. Diese Entdeckung, die interessanteste im Lande auf diesem Gebiet, vervollständigt unsere gegenwärtigen Kenntnisse über den Geldgebrauch in der Königszeit.

Die Wirtschaft des Landes

Der Ackerbau ist zwangsläufig die wichtigste Versorgungsquelle des Landes, für die Hebräer genauso wie für die meisten Völker der Antike. Die Dorfbewohner und zahlreiche Städte ernähren sich von ihrem Boden. Die Hebräer sind somit vor allem ein Volk von asiatischen Bauern und Bergbewohnern.

Abgesehen vom Jordantal, das durch Ausplünderung bald zur Wüste wurde, ist der Ackerbau im Lande Kanaan vom Himmel abhängig, von Regen und Tau, die er schickt. Ein Jahr der Trockenheit, und schon steht die Hungersnot vor den Toren des Landes, und die Hebräer machen sich auf die Suche nach Nahrung, die sie ihren Nachbarn, den Ägyptern oder Mesopotamiern, abkaufen müssen, welche an immer Wasser führenden Flüssen wohnen[81]. Die Ackerbauprodukte ergänzen die Einnahmen aus der Viehwirtschaft: Fleisch, Milch, Wolle und Leder. Israel wird von Hebräern wie von Ägyptern immer als das Land charakterisiert, wo Milch und Honig fließen, was einer Umschreibung der beiden nie versiegenden Quellen Ackerbau und Viehwirtschaft gleichkommt[82].

Der Boden wird fleißig bebaut. Im Gebirge wachsen Reben, Olivenbäume und Gemüse auf Terrassen. Wie in Ebenen und Tälern pflügen, eggen und säen hier die Bauern in unermüdlichem Einsatz, um ihre Früchte, Weizen, Gerste und Mais ernten zu können. Auf ihren Karren führen sie die Garben singend in die luftige Tenne zum Dreschen und Worfeln. Das Korn wird gemahlen und Brot daraus gebacken, während das Stroh Nahrung für das Vieh ergibt, dessen Fleisch teurer Luxus ist. Ochsen und Esel (das Pferd ist Königen und Reichen vorbehalten) ziehen den ländlichen Pflug und die Karren. Sie treten mit ihren Hufen die Garben in der Tenne, damit das Korn herausfällt. Verfügt ein Ackerbauer über Wasser und Weiden, zieht er sich Schafe und Ziegen. Der Viehbestand war sehr groß. Überall entdeckt das Auge Kanalnetze für die Bewässerung, und das fruchtbare Grün der Obst-, Gemüse- und Blumengärten fällt auf.

Überdies ist Israel ja ein Verkehrsknotenpunkt zwischen Ostasien, Mesopotamien und Ägypten. So leiten Kamel-, Esel- und später Pferdekarawanen einen Teil des damaligen internationalen Handels hierher, der eine wichtige zusätzliche Einnahmequelle darstellt.

Der Kleinhandel liegt in den Händen halbnomadischer Krämer, der Großhandel ist das Monopol der Könige und Stammesoberhäupter[83]. Um die Sicherheit der großen Handelsstraßen zu Wasser und zu Land zu gewährleisten, wird es nötig, Elath, die Küstenstraße und die nördliche Ebene des Landes zu überwachen. Die Reise der Königin von Saba und ihr Treffen mit dem König Salomo gehören in diese Zeit der hebräischen Wirtschaftsexpansion zu Anfang der Königszeit. Diese Handelsbeziehungen bringen dem Staatsschatz beträchtliche Einnahmen an Gold, Silber, Edelsteinen, Elfenbein, Parfümen, Gewürzen, Metallen und anderen seltenen Waren.

Die Hebräer bemühen sich, auch nach der Teilung des Reiches wenigstens einen Teil der Küste und zu verschiedenen Zeiten die wichtigsten strategischen Punkte der »Königsstraße« in Transjordanien zu überwachen. Unter der Herrschaft Josaphats und Asarjas kontrolliert Juda so das Land Moab und das Jordantiefland bis nach Elath. Die Ausgrabungen von Ezeon-Geber und Bethel bestätigten überdies einen regen Handel mit Südarabien. Man besitzt auch konkrete Beweise der Handelsrelationen, die zwischen Israel und seinen Nachbarstaaten bestanden haben. Ausgeführt wurden Landwirtschaftsprodukte, Getreide, Tragantgummi, Balsam, Opium, Wein, Öl, Honig und Parfüme[84]; man importierte Kleider, Luxusartikel, Waffen, ägyptische Pferde, phönizisches Holz und arabische Parfüme.

In Al-Amarna fand man einen Brief des Pharao, der dem König von Geser eine Sendung von Gold und Silber, Kleidern und Elfenbeinstühlen ankündigte als Gegenleistung für schöne Haussklavinnen[85].

Fischerei und Schiffahrt scheinen keinen wichtigen Platz in der gesamten Wirtschaft des Landes eingenommen zu haben, da ja die Küsten, wie wir gesehen haben, nicht eben zugänglich waren und es nicht die Zeit der großen Arbeiten war, die sie hätten befahrbar machen können, wie dies in Tyrus, Sidon, Gebal und Arvud in Phönizien geschehen war. Die Häfen von Akko, Dor, Jaffa und Askalon waren von geringer Bedeutung. Daneben boten die Mündungen des Kison, Jarkon und Lachis den Schiffen einen geschützten Anlegeplatz mit ihren kleinen Häfen von Abn Urvam, Tell Kassila und Tell Mor, die die archäologischen Ausgrabungen ans Licht gefördert haben. Von den vier wichtigeren Häfen des Landes blieb einzig Dor ununterbrochen in den Händen der Hebräer. Man kann annehmen, daß er der größte Hafen der Königszeit war[86]. Akko, das die Hebräer zu Davids Zeit gerne gehabt hätten, kommt unter die Herrschaft von Tyrus, als Salomo regierte[87]. Die Philister kontrollierten ständig Askalon, Asdod und Jaffa, ohne daß sie von den Hebräern daran gehindert worden wären, die anscheinend zu jener Zeit in Hinsicht auf die Seefahrt keine Ansprüche stellten.

Ungehindert bestieg Jona in Jaffa ein Schiff von Tarsis. Man neigt dazu, diesen Hafen als einen spanischen zu identifizieren, welcher dazumal Silber, Metalle und Leder exportierte.

Salomo macht freien Gebrauch von diesen Küstenhäfen, um das für seine Bauarbeit benötigte Material einzuführen.

In Elath baut er unter Mithilfe seiner phönizischen Verbündeten eine Handelsflotte. Auf dem Roten Meer verkehren zu dieser Zeit als Konkurrenten allein die Ägypter. Es kann sein, daß der Feldzug von Sisak gegen Jerusalem, im Jahre 924, nach Salomos Tod, unter anderem bezweckte, die Schwierigkeiten dieser Rivalität zur See zu beseitigen.

Israel ist arm an Rohstoffen. Die Bibel erwähnt jedoch seine Kupfer- und Eisenschätze, wobei sie wahrscheinlich die Minen meint, welche im Osten, in Transjordanien, im Libanon und zwischen dem Toten Meer und Elath entdeckt worden sind. Man hat keinen Beweis dafür, daß das Salzwasser des Toten Meeres irgendwie verwendet worden ist, außer für therapeutische Zwecke.

Das Los der Stadtbürger war das Handwerk. Das Hergebrachte vererbte sich vom Vater auf den Sohn, wie wir gesehen haben, und gewisse Städte wurden berühmt um ihrer Spezialitäten willen: Devir, die Stadt mit etwa 1000 Einwohnern, für die Färberei, die Küstenstädte für ihren Purpur, die Bergstädte für ihre Töpfereien und Gewebe.

Das Land der Hebräer ist verhältnismäßig reich, doch sind diese Reichtümer ungleich verteilt. Die hohe Blüte des Handels und die Anhäufung von Kapital verursachen das schrittweise Verschwinden der kleinen Besitztümer und eine Konzentration des Grundbesitzes in den Händen der Reichen. Der kleine, verarmte Farmer gerät in die Netze des reichen Gläubigers. Kann er seine Schulden nicht mehr zahlen, so wird sein Boden verkauft oder er muß seine Kinder in die Sklaverei geben und sich selbst verkaufen. Eine ganze Reihe von Gesetzen versucht, die Folgen dieser Tatsachen abzuschwächen, ohne Erfolg. Die Sklaverei kommt in Israel jedoch nicht der grausamen Unterdrückung gleich, die man in den großen Reichen der Antike beobachtet. Die kleinen Dimensionen des Landes bewahren dieses sowohl vor einer zügellosen Macht als auch vor äußersten Gefahren für das menschliche Leben.

Die Kalender

»Und Gott sprach: Es sollen Lichter werden an der Feste des Himmels, Tag und Nacht zu scheiden, und sie sollen als Zeichen dienen und zur Bestimmung von Zeiten, Tagen und Jahren«, heißt es in der Schöpfungsgeschichte[88]. Bekanntlich bestimmt eine Erdumdrehung die Länge des Tages, ein Mondumlauf um die Erde diejenige des Monats, und die volle reguläre Umkreisung der Sonne durch die Erde diejenige des Jahres. Die Hebräer gelangen zur selben Erkenntnis, was diese Angaben zur Zeitberechnung betreffen.

Der Werdegang des Kalenders ist schwierig aufzuzeichnen bei einem Volk, das im Schnittpunkt verschiedener Kulturen liegt. Die Hebräer übernehmen abwechslungsweise verschiedene Zeitrechnungen. Ihr Kalender hat sich zweifellos parallel zur fortschreitenden Synthese alles Wissens entwickelt. So halten sie sich an einen Mond-Sonne-Kalender, wie es die Ägypter schon taten. Der Tag wird zuerst von einem Morgen zum andern, später von Abend zu Abend gezählt. Diese Änderung vollzieht sich zur Zeit des ersten Exils, wobei die zweite Zählart zur Tradition wird in Israel. Die Nacht wird nach mesopotamischem Muster in drei Nachtwachen eingeteilt. Dann setzt sich schließlich die römische Einteilung in vier Wachen durch. Die Hebräer benützen zweifellos Sand- und Sonnenuhren sowie auch die Art von Sonnenuhren, wie man sie in Geser aufgefunden hat, welche im 13. Jahrhundert v. Chr. zur Zeitablesung dienten.

Die Monate dauerten 29 oder 30 Tage, je nach Mondumlaufzeit. Ihre Benennungen stammen bei den Kanaanitern zunächst aus dem Landleben. So gibt es den Monat der Ähren, der Blumen, der Wasserbäche, der Regenfälle, der Saat, der Ernte, des Ausästens der Bäume, der Sommerfrüchte, der Flachsernte, der Spätsaat usw. In den offiziellen Kalendern werden diese Bezeichnungen durch Zahlen ersetzt: Das biblische Jahr wird vom ersten zum zwölften Monat gezählt. Diese Änderung scheint sich erst spät durchgesetzt zu haben. Nach dem Exil verdrängen die babylonischen Namen die jüdischen endgültig.

Das aus 12 Monaten oder 364–365 Tagen bestehende Jahr kennen die Hebräer der Bibel, ohne daß wir wüßten, auf welchem Wege sie sich diese Kenntnisse angeeignet haben. Sie lassen sich seit dem letzten Viertel des 10. Jahrhunderts nachweisen im ältesten hebräischen Schriftstück, das wir kennen, dem Bauernkalender von Geser.

Man kann nicht genau sagen, wann es war, daß sie einen dreizehnten Mondmonat einschoben, um sich dem Sonnenjahr anzupassen. Diesen Brauch kennt man jedenfalls zur Königszeit[89]. Nach dem Exil wird der Kalender zur festen Einrichtung, wobei die Hebräer schließlich den babylonischen Zyklus von neunzehn Jahren mit einer bestimmten Anzahl festgelegter Schaltjahre annehmen. Die zahlreichen Reformen, welche der Kalender im Laufe der Jahrhunderte erlebte, führten die Rabbiner dazu, vier Anfänge innerhalb des Jahres festzulegen: im Monat *tischri* das neue Jahr zur Erinnerung an die Erschaffung der Welt; es gibt auch den Anfang des Sabbat- und Jubeljahres bekannt; am 15. *schebat*, in der Zeit, wo die Knospen sprießen, ist das neue Jahr für den Zehnten an Bäumen; zu Ostern, im Monat *nisan*, ist das neue Jahr für die Könige und die Feste; im Monat *ellul* dann das neue Jahr für den Zehnten an Vieh.

Die Gepflogenheit, die Jahre von der Schöpfung der Welt an zu zählen, wie es die Juden noch heute tun, wird in der Bibel nicht erwähnt. Die Daten werden nach wichtigen Ereignissen, z. B. im Leben der Richter oder Könige, benannt. Daher stößt man auf beträchtliche Schwierigkeiten, wenn man eine verbindliche chronologische Datierung der Abläufe in der alten israelitischen Geschichte aufstellen will. Neben dem offiziellen Kalender Judas gab es im Königreich Israel noch einen anderen Kalender. Hesekiel sah eine Änderung des Kalenders vor. Das *Buch der Jubeljahre* und die Sekte von Qumran benützten eine eigene Zeitrechnung. Der hebräische Kalender wird in seinem Ganzen regelmäßig unterteilt durch die Abfolge der religiösen und nationalen Feste und die Jahreszeiten, was schon auf seine zwei Seiten, die historische und die bäuerliche, hinweist[90].

Der Sabbat und die Feste

Den wichtigsten Rhythmus erhält das hebräische Jahr durch den Sabbat, den siebten Tag der Woche. Diese in der Alten Welt einmalige Einrichtung reicht wohl in die entfernteste Vergangenheit des Volkes zurück, welches die Vollendung der göttlichen Schöpfung und das Ausruhen Gottes mit der Erholung der Menschen nach den sechs Tagen Arbeit verbindet[91]. Die Beachtung der Sabbatruhe wird in der Thora und von den Propheten mit Nachdruck gefordert. Sie bildet den Hauptgegenstand der Predigten von Priestern und Leviten, die in ihr das Symbol der Treue gegenüber der übernatürlichen Ordnung sehen, welche Gott für sein Volk eingerichtet hat. Die Wichtigkeit des Sabbats muß sich in der nachexilischen Zeit noch verstärkt haben, denn seine Gesetze wurden spürbar verschärft.

Durch die Bibel, welche diese Gesetze verbreitete, wurde dieser Tag zur wahren Heimat des aus seinem Lande vertriebenen Volkes. Der Sabbat nahm in Israel bald die Form eines eigentlichen religiösen Festes an. Er wurde sogar zum Sinnbild des Bundes, welcher das Volk seinem Gott und dessen Thora unterstellt. Sein Kern liegt in der Aufforderung, es Gott nachzutun; selbst er ruhte sich aus, nachdem er die Welt geschaffen hatte. Doch die menschliche, soziale und kosmische Bedeutung wird deutlich unterstrichen durch die Erinnerung an die Sklaverei in Ägypten und die von der Vorsehung bewirkte Befreiung, die ihr ein Ende setzte. Durch den Sabbat wird die Freizeit zum ersten Mal betrachtet als etwas Metaphysisches, das den Menschen in Form einer Vorahnung auf sein eigentliches Ziel hin vorbereitet.

Der Ruhetag ist der Freude in Gott gewidmet, den Opfergaben, der Volkserziehung und den Predigten von Priestern und Gelehrten. Er ist unbedingt arbeitsfrei; Arbeit und Geschäfte ruhen ganz und gar an diesem Feiertag, der eine Art Beschneidung der Tage oder den Zehnten der Wochen darstellt[92]. Sowohl Hebräer als auch Ausländer, Bürger wie Zugewanderte, Tiere, Dinge und die Natur selbst sind diesem Gesetz unterworfen.

Das *Neumondfest* wird jeden Monat mit Speise- und Trankopfern und Opfergaben gefeiert[93]. Auch hier handelt es sich um ein Volksfest, dessen Anfänge sehr alt sind. Bei Vollmond gibt Saul ein Essen, dessen Opfercharakter offensichtlich ist, da die daran Teilnehmenden rein sein müssen. In gewissen Epochen beging man den Vollmond mit Festlichkeiten, sicher ein von den Kanaanitern übernommener Brauch[94].

Das liturgische Jahr der Hebräer ist gezeichnet von drei großen Wallfahrten, die stattfinden an Ostern, *Passah*, an Pfingsten, *Schawuot*, und zum Laubhüttenfest, *Sukkoth*.

Ostern erinnert an den Auszug aus Ägypten und an die mit der Volksbefreiung zusammenhängenden Ereignisse[95]. König Salomo[96] hält selbst den Gottesdienst im Tempel von Jerusalem anläßlich des Festtages der ungesäuerten Brote, dessen Hauptgeschehen das Opfern des österlichen Lammes ist. Die ungesäuerten Brote werden vom Volke sieben Tage lang als Armenbrot gegessen zur Erinnerung an die Knechtschaft in Ägypten. Nach dem Tempelbau in Jerusalem festigt sich der Brauch, aus diesem Fest einen Wallfahrtstag des ganzen Volkes zu machen. In allen Ecken des Landes setzen sich große Volksmengen in Bewegung, um in der Hauptstadt Opfer darzubringen zur Ehre Gottes, des Befreiers, und als Huldigung an den König. Diese Art des Feierns setzt sich immer mehr durch, als die zentralistischen Kräfte der Monarchie stärker werden, und ergänzt die Familientradition des *Passah*festes, an dem jedes Familienoberhaupt in seinem Heim – wie zur Richterzeit in den Zelten – inmitten der Seinen thront und an die Macht JHWHs erinnert, der die Feinde besiegt und sein Volk befreit hat. Dieses Frühlingsfest, das seinen ländlichen Charakter bewahrt, versinnbildlicht das Bedeutungsvollste in der Geschichte und im Glauben Israels.

Pfingsten, Schawuot, wird sieben Wochen nach Ostern gefeiert als das Fest der ersten Feldfrüchte. Es gibt Anlaß zu außergewöhnlichen Tier-, Speise- und Trankopfern. Hier wiederum wird ein ursprünglich im Bauerntum wurzelnder Brauch umgedeutet im Sinne der Heilsgeschichte Israels. Er wird für das Volk zur Feier der Thora-Übergabe am Sinai und der Erneuerung des Bundes.

Das *Laubhüttenfest, Sukkoth*, schließlich findet zum Herbstbeginn statt[97], zur Zeit der Ernte, »am fünfzehnten Tag des siebten Monats«. Es dauert eine ganze Woche und endet mit einem achten Tag, dem Schlußtag, *Schemini 'azärät*. Er ist abermals mit der Freude über die Fruchtbarkeit der Erde verbunden. Die Hütten, welche in Gärten und auf Terrassen aufgestellt werden, erinnern zweifelsohne an diejenigen, welche die Ackerbauern zur Zeit der Früchteernte auf ihren Äckern errichteten, wenn sie fern von zu

Hause leben mußten, um die Arbeiten voranzutreiben. Aber auch hier bekommt das ländliche Fest eine neue historische Bedeutung, die mit dem Heil Israels zusammenhängt. Es soll an die nomadische Vergangenheit und das umherirrende Volk in der Wüste erinnern. So entsteht ein logischer Zusammenhang zwischen den drei Wallfahrten des hebräischen Jahres: Auszug aus Ägypten, Übergabe der Thora und schließlich Umherirren in der Wüste, wobei dies letztere schon auf die Ansiedelung im Heiligen Land hinweist. Das Volk beschwört diese versunkenen Erinnerungen wieder herauf und vergegenwärtigt sie sich, indem es in riesigen Massen zusammenkommt, was Könige und Priester in Jerusalem noch fördern.

Zu diesen drei Festen kommen noch zwei andere große Feierlichkeiten[98]. *Rosch haschschanah*, der Neujahrstag, wird begangen als feierlichstes aller Mondfeste, im Zusammenhang mit der Schöpfung der Welt. Es ist der Sabbat der Neumonde, der siebte im Jahre. *Jom Hakipurim*, der Tag der Sühne, findet zehn Tage später statt als der große Sabbat des Jahres, ein strenger Fasttag, der das Jüngste Gericht vor Augen stellt[99].

Über den Ursprung dieser Feste ist man verschiedener Meinung. In der nachexilischen Zeit werden sie jedenfalls wichtiger. Sie ergänzen das hebräische Kirchenjahr, welches auf diese Weise also den Sabbat und die Neumonde feiert; dazu kommen drei große Feierlichkeiten mit historischem, ländlichem und nationalem Hintergrund (die Wallfahrten von Ostern, Pfingsten und zum Laubhüttenfest) neben den zwei wirklich religiösen, universalistischen und transhistorischen Festen des Neujahrs- und des Sühnetages.

Das Gesetz sieht nur einen einzigen Fastentag im Jahr vor, doch die Gläubigen nehmen sich aus freien Stücken zahlreiche zusätzliche Fastentage vor, um sich in Askese zu üben.

Spiele und Vergnügen

Die biblischen Angaben über die Spieltätigkeit bei den Hebräern sind dünn gesät. Es liegt auf der Hand, daß die Propheten an solchen Vergnügungen keinen Geschmack fanden. Trotzdem konnten bei den Ausgrabungen in Mizpe, Kirjath-Sepher, Beth-Semes, Geser, Megiddo und Debir Gesellschaftsspiele entdeckt werden. Wir besitzen jetzt die Gegenstände, wissen aber nicht, auf welche Weise die Kinder oder Erwachsenen sie gebraucht haben.

Unterhaltungen, die die Bibel erwähnt, sind Rätselwettbewerbe, Tanz und Musik, welche die Tafelrunden auflockern[100]. Der sakrale oder profane Tanz besitzt eine Vorzugsstellung bei den hebräischen Festen wie überhaupt bei allen Völkern der Antike. Die hebräischen Bezeichnungen für die verschiedenen Tanzarten sind sehr zahlreich. Mit Tanz und Gesang wird die Durchquerung des Roten Meeres gefeiert. Sakrale Tänze umrahmen Pfingsten, das jährliche Treffen in Siloah, die Prozessionen mit der Bundeslade und wahrscheinlich auch die Liturgien im Tempel[101].

Doch findet man in der hebräischen Literatur keinerlei Hinweis auf Spiele, die in der Antike bekanntlich einen so wichtigen Platz einnahmen. Nirgends bekommt man direkte Zeugnisse von Jagdpartien, welche Ägypter und Mesopotamier so sehr beschäftigten, von Wettkämpfen zwischen Gladiatoren, von Pantomimen oder Theaterstücken.

Die Autoren, welche im Hohenlied eine Art Drama oder Oper sehen wollen, können sich auf nichts stützen, um ihre Behauptung zu rechtfertigen. Sie projizieren in die Vergangenheit, was erst viel später und in anderen Kulturen aufkam und was außerdem die Hebräer anscheinend nie angenommen haben.

Es ist sicher, daß es zur Königszeit keine öffentlichen Kraft- oder Geschicklichkeitsspiele gab, und noch weniger fanden die grausamen Schauspiele statt, bei denen sich Menschen auf den Tod bekämpfen oder den wilden Tieren ausgeliefert werden. Die Gedanken des Hebräers werden in eine andere Richtung gelenkt. Wir können sicher sein, daß die Propheten in ihrer gewohnten Heftigkeit blutige Spiele angeprangert hätten, wenn solche in der hebräischen Bevölkerung ausgetragen worden wären.

Eine Art der Unterhaltung muß aber beim Volk beliebt gewesen sein: die öffentliche Lesung der Werke von Propheten und Schriftstellern. Diese trugen in den Vorhöfen der Heiligtümer ihre Orakel

und Predigten vor, die, einmal abgefaßt, mit wachsendem Einfluß von Generation zu Generation weitergegeben wurden.
Die Freizeit der antiken Bürgerschaft war reichlich bemessen. Bei den Hebräern wurde etwa ein Drittel des Jahres nicht gearbeitet. Gottesdienste, Prozessionen, Opfer, Gebete in Gemeinschaft oder Zurückgezogenheit, Wallfahrten zum Tempel von Jerusalem oder zu den Heiligtümern und auch die Vertiefung der Traditionen waren dazumal die gewohnten Tätigkeiten der gläubigen Hebräer, welche durch das Gesetz zum Niederlegen der Arbeit gezwungen waren. Die vom Gottesdienst geheiligte Freizeit in der feierlichen Zwiesprache mit Gott scheint also einen wesentlichen Anteil am Denken und an den Sitten der Hebräer gehabt zu haben.

Der Gottesdienst in Israel

JHWH anbeten heißt auf hebräisch, ihm dienen, sein Sklave sein, sich vor ihm niederwerfen, sein Antlitz suchen. Die hebräischen Feste sind Begegnungen, bei denen die Gläubigen in hochzeitlicher Freude mit Gott zusammenkommen. Das Symbol der Vermählung wird immer wieder von den Propheten herangezogen, um die Beziehung zwischen Israel und JHWH zu charakterisieren.
Die zeitgenössische Kritik verzichtet heute darauf, den Gottesdienst der Patriarchen als vorwiegend animistisch zu bezeichnen. Die Stammesväter werden von ihrem Gott besucht. Sie erbauen Heiligtümer an den Stätten, wo ihnen Gott erschienen ist. Dort bringen sie ihre Opfer dar gemäß dem Ritual, das Läuterung, Trankopfer, Ölopfer und Lobpreisung umfaßt[102].
Zur Zeit Mose wird der Gottesdienst genauer umrissen: So das Glaubensritual neben Brand- und Schlachtopfer und Heiligem Mahl[103]. Die Theophanie geht jeweils den verschiedenen Gemeinschaftsritualen voraus[104]. Die alten Familienbräuche der Patriarchen werden ins Gesetz aufgenommen für den Dienst im neuen Glauben. Im »Zelt der Zusammenkunft« ist JHWH wirklich gegenwärtig. Während Mose drinnen mit Gott redet, erhebt sich eine Wolken-

säule am Eingang des Zeltes, vor der das Volk aufsteht und zur Anbetung niederkniet[105].

Zur Zeit der Eroberung verstärkt sich unweigerlich die Tendenz zum Synkretismus. Die kanaanäischen Heiligtümer von Bethel, Beerseba, Sichem und Siloah dienen dem hebräischen Gottesdienst. Die Altäre vervielfachen sich im Land, denn jede Stadt und jedes Dorf ist darauf aus, ein eigenes Heiligtum zu besitzen. Der liturgische Kalender entwickelt sich. Schon werden die drei jährlichen Wallfahrten an Ostern, Pfingsten und am Laubhüttenfest unternommen. Die heidnischen Bräuche vermischen sich mit denen des reinen Monotheismus. Und so werden auch Baal und JHWH im Gottesdienst vermischt, was die Seher Israels scharf kritisieren.

Unter der starken Hand der Monarchen verstärkt sich der Einfluß des Mosaismus wieder, dessen wichtigstes Zentrum Jerusalem wird. Die Gottesdienste Israels setzen sich ebenfalls an einem unverrückbaren Orte fest, im Gegensatz zum umherwandernden »Zelt der Zusammenkunft« und der Bundeslade der Nomadenzeit. Diese Veränderung kann nicht genug unterstrichen werden. Von nun an ist der Symbolismus des Tempels die Seele des hebräischen Gottesdienstes. Da werden die fünf großen Feste im Jahr glanzvoll gefeiert. Die Psalmen werden zum Gebetbuch von wachsendem Einfluß. Die Brand- und Heilsopfer, die Prozessionen, Gesang und Orchestermusik und die sakralen Tänze ziehen große Volksmassen nach Jerusalem, Ursprung der Thora und des Gotteswortes. Die Priester sprechen überdies Orakel aus, um den Leuten Erkenntnis zu verschaffen. Sie tun es im Namen JHWHs, dessen Willen sie kundgeben und dessen Wundertaten sie dem in der Freude Gottes versammelten Volke erzählen, wie es Propheten und Poeten Israels in ihren Gesängen immer wieder tun. Die Feierlichkeiten finden in Jerusalem wie auch in den alten Heiligtümern statt, wo der Gott Israels immer noch angebetet wird. Erst sehr spät, in der Zeit nach dem Exil, festigt sich Jerusalems Monopolstellung im Bereich der Liturgie und der Opferhandlungen. Bis dahin wählen die Propheten mit Vorliebe die Hallen der Tempel, um ihre Stimme um die Wette erschallen zu lassen und die Mängel des Gottes-Dienstes anzuprangern. Sie verurteilen die Gesetzesübertretungen, die Prostitution im Tempel, die Scheinheiligkeit, mit der oft Religion praktiziert wird ohne wirkliche Reue im Herzen. Opfer, die ohne wahrhafte Buße dargebracht werden, verachtet JHWH, denn er zieht Gerechtigkeit und Barmherzigkeit den rein äußerlichen Veranstaltungen von Sabbat, Neumondfest und Wallfahrten vor. Ist das Herz nicht bei der Sache, ist es sinnlos, vor Gott zu kommen. Amos, Hosea und Jesaja setzen hier mit ihrer Kritik an. Sie verdammen nicht nur die Anbetung falscher Götter und der Natur, Fleischeslust, Machtgier oder Streben nach Reichtum, sondern mit ebensolchem Nachdruck die falsche Anbetung des wahren Gottes.

Der Sinn von Tragödie und Humor

Betrachtet man alle Elemente, die man heute schon zusammentragen kann, um sich das hebräische Alltagsleben vorzustellen, ist man überrascht über die harten Bedingungen, unter denen es sich abspielt: Direkt an der Wüste liegt das Land, dem man Morgen um Morgen abgewinnen muß auf Sand und felsigem Gebirge; die Umgebung ist politisch feindselig und unversöhnlich; das Volk durch tausenderlei innere Gegensätze gespalten; und ein gestrenger Gott, der ein mehr als nur einengendes Gesetz vorschreibt – darauf werden wir noch zurückkommen. – Das historische Schicksal ist geprägt von einer Reihe von verhängnisvollen Unglücksfällen wie Kriegen, Revolutionen, Hungersnöten und Seuchen und endet mit der doppelten Katastrophe beim Untergang Samarias und Jerusalems, die den Königreichen Israel und Juda den Tod bringt.

Bei diesem tragischen Hintergrund ist man überrascht, wie stark das Alltagsleben der Hebräer doch von Freude, Jubel, Glück und Hoffnung durchdrungen zu sein scheint. Kaum eine Kultur hat die menschliche Glückseligkeit inniger besungen als die hebräische. Hier stoßen wir zweifellos auf einen der tiefsten Widersprüche im Leben dieser Nation.

Doch schauen wir uns das Leben dieses Volkes näher an.

Die Gastfreundschaft wird mit der im Orient üblichen Großmut gepflegt, und zwar nicht als Ausdruck der Gunst, sondern aus einem

Pflichtbewußtsein heraus. In den Städten gibt es keine Hotels, höchstens ein Gastzimmer an den Stadttoren. So hat der Reisende oder Pilger ein Recht, aufgenommen zu werden, wo er die Nacht zu verbringen wünscht, mit der Verpflichtung allerdings, zur selben Hilfeleistung bereit zu sein. Die Lehre der Propheten weist immer wieder auf diese Aufgabe hin, welche zur Haupttugend, der Nächstenliebe, gehört. Das Gesetz gibt zahlreiche Anweisungen über die Art, wie man seinen Nächsten oder den im Lande niedergelassenen Fremden lieben soll. Diese Pflicht läßt sich aus den Verpflichtungen, die den Hebräer mit seinem Gott verbinden, herleiten. Von daher rühren auch die dauernden Anstrengungen, durch religiöse Unterweisung und regelmäßigen Gottesdienst die Sitten zu verfeinern. So wird jedermann mit einer Segnung begrüßt durch die Worte: »Der Friede sei mit Dir!«

Denn die Alltagssprache ist natürlich geprägt von der Terminologie der Propheten, die sich dank der Tradition weiterverbreitet. Zur Königszeit werden diese Überlieferungen von Priestern, Leviten und Gebildeten in allen sozialen Schichten gelehrt. Die Eltern geben sie an ihre Kinder weiter, und Reiche stellen Hauslehrer an für deren Unterweisung. Große Ausschnitte aus den traditionellen Schriften können die Gelehrten auswendig. Die anspruchsvolle Predigt der Propheten erheischt eine genügend große Zahl in verschiedenen Disziplinen hervorragend gebildeter Leute, die die Botschaft verkünden können. Zum Gruß kommt übrigens normalerweise noch der Friedenskuß, der ja im ganzen Orient weit verbreitet ist. Vor einem Höhergestellten wirft man sich nieder, und man spricht ihn in der dritten Person an, jedenfalls in den besseren Kreisen. Die Achtung den Eltern und Ältern gegenüber, der Schutz von Witwen, Waisen und Armen sind Pflichten, denen das Gesetz Vorrangstellung einräumt[106]. Die Formen der Höflichkeit und des Segnens, die Zeremonie des Vortrittgewährens und die Aufmerksamkeiten in allen Bereichen des sozialen Lebens, wie gegenseitige Besuche und Geschenke, sind Traditionen, welche sich dank der Bemühung der Propheten und Priester durchzusetzen beginnen.

Wie wir gesehen haben, liebt man zu jener Zeit Feste, Tafelfreuden, Musik und Tanz[107]. Dazu versammelt man sich auf Feldern, in den Weinbergen und den Häusern[108]. Es schickt sich, wenig und bedacht zu sprechen[109]; Aufschneider, Spötter und Gewalttätige werden scharf getadelt[110]. Die Kunst des Sprechens und der Geistesblitz haben sich in treffenden Rätseln, Sinnbildern und Gleichnissen auszudrücken, die man vorführen kann. Die Differenziertheit der Sprache hat keine Grenzen, wie übrigens auch ihre Derbheit nicht, wenn es um sexuelle Fragen geht, um Fruchtbarkeit oder Sterilität der Frauen, ihre Geburten oder Krankheiten. All das ist natürlich, und es scheint gar keine Komplexe gegeben zu haben auf diesem Gebiet. Jedenfalls, was das Sprechen darüber anbelangt. In Wirklichkeit war die hebräische Gesellschaft auf große Sittenreinheit ausgerichtet. Ein *nasir* gelobt Enthaltsamkeit und nimmt auch keine alkoholischen Getränke zu sich, solange er zurückgezogen lebt. Droht eine Gefahr, gibt sich das ganze Volk dem Fasten und Sühnen hin, wobei an erster Stelle Enthaltsamkeit und Gebet stehen. Die Aufrufe der Propheten dazu erreichten eine unübertreffliche Sprachgewalt.

Neben dieser Strenge bricht auf fast allen Seiten der Bibel die Freude hervor als Reaktion auf die Erlebnisse der Helden, die da erzählt werden. Jedes Leiden endet in Freude, dank Gottes Heil, wie die Morgenröte der Nacht folgt oder Lachen auf Weinen[111]. Trotz des Unheils, das die Menschheit durchstehen muß, verdunkelt sich weder das göttliche Lachen noch das Schmunzeln des ewigen Schöpfers vor unseren sinnlosen Spiegelfechtereien.

Dieses Lachen und Schmunzeln hat nichts gemein mit der Schadenfreude gegenüber den Verdammten, noch mit rohem Auslachen. »Denn wie das Knistern der Dornen unter dem Topfe, so ist das Lachen der Toren«[112]. Spott wird verurteilt wie auch die Spötter, die zu Staub werden sollen.

Das Lachen Gottes und seiner Freunde auf Erden ist die Antwort auf diese Torheiten[113]. Der gestrengste unter den Patriarchen, der nicht mehr erhoffte Sohn Abrahams und Saras, heißt Isaak, nämlich »der Lachende«. Die Ankündigung der Geburt Isaaks hatte bei Abraham und Sara ungläubiges Gelächter ausgelöst. Der lachende Isaak wird sodann geschildert, wie er, sehr unvorsichtig übrigens, in seinem Zelt mit seiner Frau Rebekka schäkert[114].

Das bekannte göttliche Lachen kommt in der Bibel häufig vor. Gott wird das Lachen des Volkes in den Mund gelegt, welches sich freut über sein Schicksal und den sicheren Triumph[115].

Die Liebe

Vertieft man sich in den Begriff der Liebe bei den Hebräern, so erkennt man, wie zentral und wichtig er im Leben dieses Volkes war als Höhepunkt seines vornehmsten Strebens.
Wir haben gesehen, daß die Hebräer die Familie als Grundzelle der menschlichen Gesellschaft anerkennen. Die ganze Menschheit ist eigentlich eine gewaltige Familie, entsprossen aus Gottes Geist und den Lenden eines einzigen Mannes, Adams, des Vaters des Menschengeschlechts. So erklärt sich die metaphysische Wichtigkeit von allem, was mit Liebe, Geschlecht, Zeugung, Eheleben, erlaubten und nicht erlaubten Verbindungen zusammenhängt. Hier rühren wir an die untersten Wesensschichten in der Seele des Hebräers.
Der Mythos vom ursprünglichen Androgynen erscheint andeutungsweise im 1. Buch Mose: Adam ist gleichzeitig »Mann und Weib«, und die Menschheit gründet eigentlich auf einer stattlichen Reihe von Inzesten, denn die Söhne Adams und Evas heiraten ihre eigenen Schwestern, und Lot schwängert seine Töchter[116]. Diese Art von Ehe, in benachbarten Kulturen manchmal erlaubt, ist zur Königszeit streng verboten[117].
Die Verbindung zwischen Brüdern und Halbschwestern scheint indessen weder in der Patriarchenzeit noch ganz am Anfang der Königszeit bestraft worden zu sein. Amnon liebt seine Halbschwester Thamar und vereinigt sich illegitim mit ihr. Das einzige Unrecht, das man ihm vorwirft, ist, sie nach der Verführung verlassen zu haben[118]. Das sehr alte Gesetz verbietet diese Art der Verbindung strikte, doch wird es so unverhohlen übertreten, daß die Propheten dies wiederholt ankreiden[119]. Im Gegensatz dazu befürworten die Sitten die endogame Ehe, und das Gesetz spricht sich nicht gegen sie aus. Die Familie der Patriarchenzeit gründet auf der Heirat

zwischen Onkel und Nichte, Tante und Neffen und vor allem zwischen Vettern und Basen, mit dem Zweck, die Erbschaften ungeteilt bewahren zu können.

Obwohl die Heirat mit Ausländern getadelt wird, weist die Bibel zahlreiche, manchmal berühmte Beispiele auf: Esau (allerdings hatte er keinen guten Ruf) heiratet gegen den Willen seiner Eltern zwei Hethiterinnen[120]. Mose selbst ehelichte eine Kuschiterin, wobei er sich der Kritik seiner Schwester Mirjam aussetzte. Die Ehe Simsons mit einem Mädchen aus Timna, der Philisterin, gehörte nicht zu den glücklichen für diesen Helden, der entschieden dazu geschaffen war, das Opfer der Frauen zu werden, die er liebte[121].

Nach der Ansiedlung der Hebräer in Kanaan verbietet das Gesetz Heiraten mit den Ausländern der sieben kanaanäischen Völker, Hethiter, Girgasiter, Kanaaniter, Amoriter, Pereziter, Hewiter und Jebusiter. Hauptgrund dazu ist der Kampf gegen den Götzendienst[122]. Doch in Wirklichkeit mehren sich die Mischehen zur Richter-[123] und zur Königszeit und sind bis zum Exil an der Tagesordnung. Wir wissen, daß Esra und Nehemia die Rücksendung der ausländischen Frauen anordnen mußten, um dem ein Ende zu setzen.

David stammt aus einer Familie, in der es Ausländerinnen gibt: die Moabiterin Ruth und die Prostituierte Rahab. Anscheinend wurden die Mischehen in der Königszeit noch eher geduldet als zur Patriarchenzeit oder gar später, nach dem Exil. Es ist verständlich, daß das Seßhaftwerden des Volkes in seinem Lande die Gefahren der Exogamie verringerte und diesbezüglich eine liberalere Handhabung erlaubte. Man weiß ja, welch grenzenloses Gefallen Salomo an den ausländischen Frauen fand, die seinen Harem bevölkerten.

Nach dem Exil versucht die geschwächte Nation, sich gegen die drohenden Gefahren zu wehren. Deshalb wird das Verbot der Exogamie mit verstärkter Härte wiederaufgestellt: Die Endogamie wird wieder eine der grundlegenden Vorschriften der hebräischen Religion.

Die Ehe

Die hebräische Ehe war immer polygam. Hätte der Prediger dieses Thema berührt, hätte er in seiner unverblümten Art sicher festgestellt, daß eine gesetzliche Monogamie der heimlichen Polygamie Vorschub leistet, während eine offizielle Polygamie die Menschen tatsächlich, aus Gründen des Selbstschutzes vielleicht, zu einer Monogamie bringt. Im einen wie im anderen Falle stellt sich ein Gleichgewicht ein; die Instinkte versuchen, sich zu befriedigen und gleichzeitig die Richtung – welche ihnen das Gesetz auch immer vorschreiben mag – zu korrigieren. Die Hebräer kennen das Unglück der Monogamie und die nicht selten mit ihr verbundene Unaufrichtigkeit nicht; dagegen hören sie nicht auf, über die Situation in ihrem Haushalt nachzudenken, der aus einem Mann und mehreren Frauen besteht. Die Zahl der letzteren konnte beträchtlich sein. Die Könige bewiesen ihre Größe mit der Zahl ihrer Frauen: Saul besitzt »mehrere«, David hatte in Hebron schon sechs, und er wird noch mehr gehabt haben in Jerusalem, bei wachsendem Ruhm; Rehabeam hält sich 18 Frauen und 60 Konkubinen, und das Hohelied dichtet seinem idyllischen König 60 Gattinnen und 80 Konkubinen an.

Alle Rekorde werden aber gebrochen mit den 700 Gemahlinnen und den 300 Konkubinen, die die Chroniken König Salomo unterstellen[124]. Man versteht, daß der Gesetzgeber es für angebracht erachtete, den Königen zu empfehlen, die Zahl ihrer Frauen nicht allzusehr anwachsen zu lassen[125], die die ausländischen Beziehungen förderten. Sie gehörten ebenso zum Thron wie zum König, und am Anfang der Monarchie kamen sie sogar als Nachfolgerinnen in Frage.

Die angesehensten, einflußreichen und wohlhabenderen Bürger ahmten die Könige nach, indem sie ihre soziale Stellung zu heben versuchten durch die Erhöhung der Anzahl Frauen und Kinder. Letztere konnten einige Dutzend zählen.

Weibliche Eifersuchtszenen entstehen vor allem zwischen jenen, die Kinder geboren haben, und den unfruchtbaren, zwischen Sara und Hagar, Rachel und Lea, Hanna und Peninna[126]. Streitereien gibt es viele; manchmal gelingt es einer Gattin, einer anderen gegen einen gewünschten Gegenstand eine Nacht bei ihrem Gebieter zu verkaufen, wie Rachel, die dafür von Lea Alraun erhandelt[127].

Seit den Anfängen ihrer Geschichte kennen die Hebräer die romantische Liebe. Die Leidenschaft von Abraham und Sara, Jakob und Rachel, der Frau des Potiphar für Joseph, Sichem und Dina, Simson und dem Mädchen aus Timna, Rehabeam und Maacha, David und Bathseba, Adonia und Abisag, Amnon und Thamar schlagen gefühlvolle Töne an, die nichts von ihrer Lebendigkeit eingebüßt haben.

Normalerweise ist es Sache des Vaters, eine Gemahlin für seinen Sohn auszusuchen[128]; die Zustimmung der zukünftigen Eheleute ist dazu nicht unbedingt notwendig. Die gewöhnliche Ehe geht die Familien nämlich ebensoviel an wie die einzelnen.

Die Mitgift zahlt der Vater des Jünglings an die Familie der Verlobten. Sie richtet sich nach der sozialen Stellung und dem Reichtum der Familie. Es geht hier um ein Geschäft: Der Preis der Verlobten bestimmt ihr soziales Ansehen und die Verehrung, die man ihr zu zollen hat, wie auch ihre Stellung im Harem. Die Aussteuer der Braut ist selbstverständlich auch ein Punkt, um den gefeilscht wird in den langen Verhandlungen, die einer Hochzeit normalerweise vorausgehen. Der Preis für eine unberührte Braut wird im 5. Buch Mose auf 50 Silbermünzen[129] festgelegt, was sehr teuer war. Hat der Bräutigam kein Geld, kann er sich bei seinem zukünftigen Schwiegervater anstellen lassen, statt in barer Münze zu zahlen. Rührend ist hier die Geschichte Jakobs, der so bei seinem Schwiegervater 14 Jahre lang dienen mußte, bis er seine geliebte Rachel bekam.

Die Hochzeitsfeier gibt Anlaß zu einem Hochzeitszug, einem Festessen und zu Segnungen. Es ist wichtig, daß man nach Vollzug der Ehe die Jungfräulichkeit der Braut beweisen kann; ein blutbeflecktes Tuch ist das überzeugende Beweisstück im Zweifelsfalle[130].

Die Fruchtbarkeit einer Ehe ist das Kriterium für deren Erfolg. Gott allein bestimmt darüber; er befruchtet Saras, Rebekkas und Rachels Schoß, indem er »zu ihnen kommt«[131] oder indem »er sich ihrer erinnert«, wie er es mit der kinderlosen Anna tat[132]. Im Durchschnitt hatte man dazumal fünf oder sechs Kinder – am liebsten Söhne – von derselben Frau[133].

Helden haben oft eine wundersame Geburt, wie Isaak, Jakob und Esau, Benjamin, Samuel und Simson. Ein Traum, ein Gelübde oder Engelsbesuch gehen manchmal voraus und künden das Ereignis an[134].

Ehebruch, Prostitution, Sodomie, Homosexualität, Inzest und der Verkehr mit einer menstruierenden Frau sind streng verboten. Unfruchtbarkeit erwartet man als Strafe bei Übertretung dieser Verbote. Die Schuldigen sollen, so im 3. Buch Mose, »aus ihrem Volke ausgerottet werden«[135] oder »kinderlos bleiben«[136], was einer ebenso schweren Strafe gleichkommt wie die Todesstrafe, welche auf Übertretung der sexuellen Verbote steht. Für den Mann gilt der Ehebruch nur dann als Sünde, wenn er ihn mit einer verheirateten Frau begeht. Und Hiob ruft aus: »Wenn mein Herz um ein Weib sich betören ließ und ich lauerte an der Tür meines Nächsten, so müsse mein Weib einem andern mahlen, und Fremden sei sie preisgegeben«[137]. Dieser herzzerreißende Schrei läßt den Gedanken aufkommen, daß die Missetat, deren sich Hiob unschuldig erklärt, in der Gegend nicht selten vorkam.

Unzucht und Ehebruch ziehen nicht nur die Unfruchtbarkeit der Frauen nach sich, sondern auch die der Natur; ihre normale Folge ist die Hungersnot, denn das Land ist unrein geworden und erbricht das Volk[138]. Der Ehebruch der Frau und die Prostitution sind Symbole der gemeinsamen Untreue Israels, das Gott betrügt und den Götzen dient. Die Untaten hängen alle zusammen, und ihre Folgen sind gleich[139]. Ehebruch ist so unerhört und wird so streng bestraft, daß die verdächtigte Frau sich immer dem Richtspruch Gottes stellen kann, dem Gottesurteil, um ihre Unschuld zu beweisen. Dieser Vorgang wird in der Bibel in allen Einzelheiten beschrieben und geregelt: Die Frau, die sich ihm unterziehen soll, muß das Wasser des bitteren Wehs trinken. Ist sie schuldig, wird »das fluchwirkende Wasser zu bitterm Weh in sie eindringen, so daß ihr der Leib anschwillt und die Hüfte schwindet, und der Name des Weibes wird unter ihrem Volk ein Fluchwort werden«.[140] Die Tugend bestimmt nicht nur die Fruchtbarkeit des Schoßes, sondern auch die Schönheit der Kinder.

Der Mann ohne Schuh

Ein Mann, der kinderlos stirbt, soll trotzdem noch Nachkommen haben. Sein Bruder ist gesetzlich verpflichtet, dessen Witwe zu heiraten. Die Polygamie ermöglichte die Erfüllung dieser Vorschrift, deren Zweck es war, die patrilokale, patrilineare und patriarchalische Familie zu vergrößern. Die Leviratsehe war also eine sehr alte und lästige Einrichtung. Um dem auszuweichen, erfand Onan, der seiner Schwägerin kein Kind geben wollte, den *coitus interruptus*, der in Sitten und Literatur der weiten Welt Eingang fand. Diese im Tierreich unbekannte Handhabung sollte Karriere machen und seinem Erfinder unbestreitbare Berühmtheit einbringen. Wie viele Erfinder jedoch, starb er als Opfer seines Geistes, denn ». . . dem Herrn mißfiel, was er tat, und er ließ ihn auch sterben«[141].

Zur Königszeit erleichtert der Gesetzgeber diesen Brauch und erlaubt es den Betroffenen, sich auf andere Weise aus der Affäre zu ziehen als Onan: Der *levir* kann sich seiner Pflicht entziehen, indem er sich einer öffentlichen Demütigung aussetzt. Die Witwe zieht ihrem Schwager die Sandale aus und spuckt ihm ins Gesicht, wobei sie spricht: »So ergehe es jedem, der seines Bruders Haus nicht bauen will«.[142] Diese Reform kommt allerdings zu einer Zeit auf, da sich die Familienbande lockern. Die Geschichte von Boas und Ruth illustriert auf ergreifende Weise diese biblischen Sitten[143].

Durch das Levirat erhält die Frau den Stellenwert eines Familiengutes, das ordnungsgemäß das Schicksal der Erbschaft zu teilen hat. Eine andere Auswirkung dieses Prinzips findet man in der alten Sitte, nach welcher ein Sohn den Harem seines Vaters erbt. Er heiratet dann also die Frauen seines Vaters, natürlich mit Ausnahme seiner eigenen Mutter. Gierig auf ihr Erbe, bemächtigen sich Ruben und Absalom vor der Zeit der Konkubinen ihres Vaters[144].

Diese Bräuche werden vom Gesetz und den Prophetenpredigten streng verurteilt[145].

Die Jungfräulichkeit ist ein kostbares und wohlbehütetes Gut. Wer eine Jungfrau verführt, muß diese heiraten und das Lösegeld zahlen, das ihrer Familie zusteht. Handelt es sich um eine Frau, die schon einem anderen versprochen war, verliert der Verführer sein Leben. Ergibt es sich, daß eine Verheiratete oder Verlobte in vollem Einverständnis entehrt wird, ohne daß sie um Hilfe riefe, und geschieht die Notzucht mitten in der Stadt, so soll auch sie getötet werden[146]. Vergewaltigungen sind Angriffe auf Ehre und Familiengut. Sie rufen unversöhnbare Kollektiv-Racheakte hervor[147], die bis zur Ausrottung eines ganzen Stammes gehen können, wenn das Attentat z. B. durch Homosexuelle an einem Mann verübt wurde. In dem Falle, auf den wir hier anspielen, entkommt ein Levit bei Jerusalem dem Angriff von Männern aus Gibea. Doch seine Frau, die deren Leidenschaft ausgeliefert war, stirbt daran, nach einer Nacht, die für ihre Angreifer folgenschwer sein sollte: ein ganzer Stamm, derjenige Benjamins, wird fast ganz ausgerottet im Laufe des Krieges, den das Ereignis entzündete[148].

Die Strenge der Gesetze wird durch zweierlei gemildert: die Polygamie und die Verstoßung, welche der verschmähten Frau erlaubt, nacheinander mehrere Männer zu heiraten. Juristisch gesehen, hat der Mann als einziger Besitzer aller Güter das Recht, seine Frau zu verstoßen. Tatsächlich kann diese aber jederzeit den Wohnort ihrer Eltern aufsuchen und von dort aus, in mehr oder weniger langwierigen Verhandlungen, die Scheidung erlangen. Oft wird ein Ehepaar unter dem Druck und der Mithilfe von einflußreichen Bekannten getrennt[149]. Die Scheidung wird durch einen »Scheidebrief« besiegelt, den der Ehemann seiner Frau aushändigen muß, um zu bescheinigen, daß sie nicht mehr durch die Ehe geheiligt und unantastbar[150], sondern frei und zur Wiederverheiratung bereit ist. Die Übergabe des Scheidebriefes kann bei Meinungsverschiedenheiten zu vielerlei Intrigen Anlaß geben. Wie die Heirat symbolisiert auch die Scheidung einen Aspekt der Beziehungen zwischen Gott und seinem Volk[151]. Doch Gott nimmt das ehebrecherische Volk immer wieder an, während das Gesetz einem Manne verbietet, seine Frau wieder zu heiraten, wenn sich diese unterdessen mit jemand anderem eingelassen hat[152].

Die berechtigten Gründe zu einer Verstoßung sind ausreichend festgelegt: Vorgetäuschte Jungfräulichkeit zieht nicht nur die Scheidung nach sich, sondern darüber hinaus die Steinigung der Schuldigen[153]; oder, ganz allgemein, hat der Mann das Recht, seine Frau aus seinem Hause zu weisen, wenn »sie ihm dann nicht mehr gefällt, weil er etwas Häßliches an ihr findet«[154]. Dieses »Etwas« meint natürlich vor allem die Untreue[155], auf welcher eigentlich theoretisch Todesstrafe gestanden hätte oder auch die Kinderlosigkeit. In diesem letzteren Falle lassen sich die Dinge wieder einrenken, wenn der Mann sich eine zweite Frau nimmt, was die unfruchtbare Frau ihrem Herrn und Meister gerne zugestehen wird. Die Propheten empfehlen den Männern, ihren Frauen, mit denen sie einen Bund eingegangen sind, treu zu bleiben, doch muß man diesen Rat, wie es scheint, im großen Zusammenhang der polygamen Ehe sehen.

Das Geschlechtsleben

Die normale und erlaubte geschlechtliche Betätigung ist ein Geschenk. Von ihr ist sogar die Rede im ersten Gebot, welches Gott dem Menschen mitgibt im 1. Buch Mose, nach vollendeter Schöpfung: »Seid fruchtbar und mehret euch und füllet die Erde«[156]. Das Geschlechtsleben wird übrigens nicht vom Liebesleben des Paares getrennt, und es gibt im Hebräischen kein Wort, um jenes allein zu bezeichnen. Auch bestehen nirgends Komplexe in bezug auf das Geschlechtsleben. Dieses liegt offen zutage und unterliegt zahllosen sehr genauen und strengen Gesetzen, welche nicht so sehr Zeugnis ablegen von der Tugend des Volkes als von der Wichtigkeit, welche es diesen Fragen beimaß. Dokumente, Ereignisse oder Gesetze, wie sie uns die Bibel über dieses Thema überliefert, gibt es kaum in irgendeiner andern Kultur der Antike. Gehen wir nun auf einige typische Züge des Sexuellen im biblischen Orient ein. Eine verheiratete Frau ist geweiht, geheiligt und ihrem Mann allein vorbehalten. Aus diesem Grunde macht der Koitus unrein wie jeder Kontakt mit dem Heiligen. So soll sich ein Paar nach dem Verkehr wieder reinwaschen. Es wird aber bis zum Abend unrein bleiben. Dieses Gesetz gilt für den Mann nach dem Beischlaf ebenso wie nach jedem anderen Samenverlust. Die geschlechtliche Betätigung, gleich welcher Art sie sei, führt den Menschen in geheiligte Gefilde. Er muß sich reinigen danach, um wieder ganz seiner profanen Beschäftigung nachgehen zu können. Die Sitten neigen auch zu einer gewissen Trennung der Geschlechter.

Jedes Zusammenkommen mit einer menstruierenden Frau ist verboten, wie auch jeder direkte oder indirekte Kontakt mit ihr. Der Blutverlust verunreinigt sie, wie alles, was zum Geheimnis von Tod und Leben gehört. »Wenn ein Mann bei einem Weibe liegt zur Zeit ihres Monatsflusses und mit ihr Umgang pflegt und so ihren Blutfluß aufdeckt und sie ihren Blutfluß entblößt, so sollen beide aus ihrem Volke ausgerottet werden[157]. Denn Blut ist Leben, und der monatliche Blutverlust sowie der Monatsfluß nach einer Geburt stellen die Frau in die geheimnisvolle und gefürchtete Zone zwischen Leben und Tod, zwischen die beiden Pole der Reinheit und der Unreinheit, welche die wichtigsten Begriffe der biblischen Dialektik festlegen. So ist der Geschlechtsakt beispielsweise nur in den Zeiten der Fruchtbarkeit der Frau erlaubt und untersagt, wenn sie unfruchtbar wird.

Es hagelt nur so von sexuellen Verboten in der Gesetzgebung, und die Strafen sind von ernstzunehmender Härte: Tod durch Steinigung oder durch Ausrottung. Im Gegensatz zu der Freiheit, die in der ganzen Antike auf diesem Gebiet herrschte – und nicht nur in der Antike –, begegnet man hier der fast übermenschlichen Anstrengung, den Geschlechtstrieb des Paares in Schranken zu halten und zu lenken.

Die von den Griechen und so vielen andern Völkern gepriesene Homosexualität wird von den Hebräern als »Greuel«[158] angesehen; die Einwohner Sodoms und Gibeas müssen bitter zahlen für dieses Laster[159]. Die hebräischen Propheten und Gesetzgeber sind zweifellos als erste zur Stelle, um es mit unbeugsamer Strenge zu verbieten.

Die Sodomie[160], bei den Nomaden üblich, welche ihre Triebe an den Tieren abreagierten, wird ebenfalls mit dem Tode geahndet. Hier hält sich der Gesetzgeber an Präzedenzfälle des hethitischen Gesetzes. Das Verbot gilt für Männer und Frauen und richtet sich gegen weitverbreitete Gewohnheiten auf dem Lande. In diesem Zusammenhang sollte auch die bei vielen Völkern gebräuchliche Einrichtung der Tempelprostitution und der sexuellen Gastfreundschaft erwähnt werden. Der Unterschied zwischen einer gewöhnlichen Prostituierten, *sonah*, und einer geweihten Prostituierten, *k^e^deschah*, die für den Tempel arbeitet, ist beträchtlich. Beide dienen dem Vergnügen von Wanderern und Reisenden, doch die erstere befriedigt die Triebe des Menschen, während die andere Priesterin eines Gottes ist. Es ist offensichtlich, daß dieser Berufsstand bei den Hebräern nie ganz ausgerottet werden konnte, trotz der dafür vorgesehenen grauenerregenden Strafen durch den Gesetzgeber[161]. Juda meinte, in Thamar eine *k^e^deschah* zu erblicken, und zögerte nicht, um ihre Dienste zu bitten[162]. Der Berichterstatter dieser Geschichte muß darin nichts anderes als ein normales Vorkommnis des Nachtlebens gesehen haben. Einige Hebräer werden gezüchtigt, weil sie sich mit Freudenmädchen von Moab und mit dem Baal Peor eingelassen haben[163]. Die Königschroniken geben eine stattliche Reihe von Beispielen geweihter Prostitution für Israel und Juda an zur Zeit Rehabeams, Asas und Josaphats[164]. Unter der langen Herrschaft Asas (911–870) werden die geweihten Prostituierten aus dem Tempel gejagt, die Götzenbilder zerstört, der Titel »Große Dame«, *g^e^birah*, wird Maacha abgesprochen und das Götzenbild, dem sie diente, im Kidrontale verbrannt[165].

Die Könige geben sich alle Mühe, diese Bräuche zu zerstören, ohne daß es ihnen jedoch gelänge. Später verurteilt Hosea dieselben Schandtaten[166]; am Ende der Monarchenzeit erläßt Josia seine religiösen Reformen. »Er riß die Wohnungen der Geweihten ein, die beim Tempel des Herrn waren, in denen die Weiber Gewänder für die Aschera woben.«[167] Zwischen der Geschichte Judas und Thamars einerseits und dem öffentlichen Haus andrerseits, das im Tempel Jerusalems eingerichtet worden war am Vorabend seiner Zerstörung, liegt mehr als ein Jahrtausend prophetischer und gesetzlicher Verfolgung …

Die Prostitution besitzt also das Bürgerrecht bei den Hebräern. In den Städten empfangen die Dirnen ihre Gäste bei sich. Rahab übte in Jericho zur Zeit Josuas ohne jegliche Störung ihr Gewerbe aus[168].

Sie war offensichtlich eine von den Behörden tolerierte Person. Jephtha, Sohn des Galaad, und Simson besuchen ohne Hemmungen Freudenmädchen in Gaza, und der Chronikschreiber hält dies für immer fest, ohne Einwände zu machen[169]. Die beiden Prostituierten, die gegeneinander jenen berühmten Prozeß führen, haben freien Zugang zum Gerichtshof des Königs Salomo. So gehören die *sonot* und die *k^e^deschot* zum Leben in der Stadt der Königszeit. Sie spazieren in den Straßen, tauchen in Gerichtssälen auf, lassen sich in den öffentlichen Bädern, an Straßenecken in den Städten oder auf der Schwelle ihres Hauses blicken. Sie sprechen die Vorübergehenden an, fordern sie mit ein paar Worten oder einer Geste auf oder, noch einschmeichelnder, sie spielen auf der Harfe und singen zur Freude ihrer Freier. Demnach ist Prostitution gesetzlich verboten, in Tat und Wahrheit jedoch lebt sie weiter. Nachdem die Gesetzgeber beschlossen hatten, es dürfe in Israel weder männliche noch weibliche Prostituierte geben, untersagten sie den Priestern die Ehe mit Dirnen und drohten der Priestertochter, die sich der Prostitution hingäbe, mit der Verbrennung auf dem Scheiterhaufen[170]. Die resignierenden Moralisten beschränken sich darauf, zu warnen vor dem Zynismus, der Arroganz, der Brutalität, der Scheinheiligkeit und der Perfidie dieser Damen ...[171]

Die Vorsicht, mit der unerlaubte sexuelle Handlungen zu solchen erklärt werden, unterstreicht die bezeichnende Art der Hebräer, zu lieben und geschlechtlich zu verkehren. Ihr Anliegen war es immer, das Geschlechtsleben des Paares zu entmythisieren, zu demystifizieren, zu befreien und gutzuheißen.

Die Beschneidung

Es ist kein Zufall, daß die von zahlreichen Völkern der Antike praktizierte Beschneidung bei den Hebräern zum besonderen Symbol des Bundes mit Gott wurde. Das Blut des Bundes, das jeden acht Tage alten Hebräer mit Gott verbindet, ist dasjenige der beschnittenen Vorhaut. An ihr erkennt man die Söhne Abrahams. Die Beschneidung ist die Eintrittsfeier, bei der ein kleines menschliches Wesen in die Gesellschaft der Kinder Israel aufgenommen wird, ein zugleich religiöser und nationaler Akt. Er wird – auch im Zeitalter des Eisens – mit einem Feuerstein ausgeführt, der an den Ursprung dieser Tradition zur Zeit Abrahams erinnert. Seit jenen Anfängen werden durch die Beschneidung die männlichen Geschlechtsteile in einem blutigen Opfer Gott geweiht. Schon hier beginnt das ständige Anliegen, das Geschlechtsleben zu befreien und heilig zu halten. Diese religiöse Pflichterfüllung verleiht göttliche Freude, aus der der Mensch erquickt und in seiner ursprünglichen Vollkommenheit hervorgeht. Gott hat Adam als Mann und Frau zugleich geschaffen, später riß er Eva aus dessen Körper heraus: »Diese ist nun endlich Gebein von meinem Gebein und Fleisch von meinem Fleische«, sprach der Mensch[172]. Daher die ontologische Eigenheit der Liebe. Daher auch das Verlangen, welches die Wiederherstellung der anfänglichen Einheit wünscht; und daher der lyrische Ausdruck im Hohenlied: »Mein Geliebter ist mein und ich bin sein«[173]. Angesichts der Mythologien der Alten Welt verkündigt dieser Ruf eine wirkliche Revolution. Sie verheißt Befreiung des durch die Liebe geheiligten Paares. Die Frau ist in der liebenden Hingabe dem Mann gleichgestellt, und beide sind im Anblick des Himmels allein und befreit von den Fesseln der kraftlosen Götzen.

Die Frauen der Bibel

Die Bibel überliefert uns eine erstaunliche Studie der Frau seit Eva, der Mutter aller lebenden Seelen, bis hin zur Sulamith, der charakteristischen Geliebten des Hohenliedes. In dieser seltenen Galerie, die sich über annähernd zwei Jahrtausende erstreckt, befinden sich die Mutter, die Gemahlin, die Königin, die Kriegerin, die Hexe, die Prophetin, das Mädchen, die Verlobte, die Schwester, die Prostituierte, die Spionin, die Verführerin, die Stammesanführerin, die Versucherin, die Verliebte, die Haßerfüllte, die Affektierte, die Leidenschaftliche, die Diebin, die Schlaue, die Spötterin, die Eifersüchtige, die Scharfsinnige, die Hausfrau, die Kokette, die Sinnliche, die Heldin, die Anti-Eva Lilith, die Zerstörerin, die Todbringende, die Dämonische, das Mannweib, die Geliebte und die Jungfrau. Auch auf diesem Gebiet besitzen wir hier ein Zeugnis, wie es deren wenige in der Literatur gibt.

Vom Wesen her ist die biblische Frau vor allem Liebende, Ehegefährtin und Mutter. Sie findet ihre Aufgabe im familiären, sozialen, wirtschaftlichen, politischen und religiösen Leben des Landes, wobei sie aber in einer prinzipiellen Abhängigkeit von ihrem *ba'al*, ihrem Mann oder ihrem Vater, bleibt[174]. Die Rolle, welche sie im wirtschaftlichen Bereich spielt, wird im berühmten 31. Kapitel der Sprüche hervorgehoben, welches zusammen mit dem Hohenlied sicher das erste und beredteste Manifest des Frauentums ist. Frauen betätigen sich nicht selten an der Politik des Landes. Die Hebräer hatten Prophetinnen, Mirjam, Debora und Hulda zum Beispiel, und Königinnen, Bathseba, Isebel und Athalja. Öfter noch zeigt sich ihr Talent in der Kunst, in Gesang, Tanz, Musik, Stickerei und Weberei. Sie nehmen voll teil an den heiligen Handlungen und gehören zur Gemeinde, in der sie aktiv mitarbeiten. Sie vollziehen die Opfer, ohne jedoch Priesterfunktionen annehmen zu können. Verschiedentlich geben sie sich auch mit Wahrsagerei und Totenbeschwörung ab.

Im täglichen Leben arbeiten sie in ihrem Heim, dessen Seele sie sind: Korn mahlen, Brot backen, die Speisen zubereiten, Wasser aus den Zisternen schöpfen oder es in Tonkrügen, auf dem Kopfe balancierend, von den Quellen herbeischaffen, die Kinder auf- und erziehen, die schwierige Rolle der Ehefrau in einer polygamen Ehe spielen, in einer Familie, welche immer einige Dutzend, wenn nicht sogar einige hundert Personen umfaßt, und vor allem auf Reinheit und Heiligkeit der Wohnung achten, das ist ihr Lebensinhalt.

Sie ist treu, stark, verschwiegen, still, friedliebend und Frieden schaffend, unermüdlich in der Verehrung und im Dienste ihres Gottes, ihrer Eltern, ihres Gatten und ihrer Kinder. Muß sie um ihre Heimat kämpfen, ist sie unerbittlich gegen ihre Feinde, wie Jael, die Sisera umbrachte, wie Judith, die Holofernes köpfte, oder wie die Tochter Jephthas, die sich dem Messer ihres Vaters als Opfer stellte.

Die dem Manne gewöhnlich untergeordnete Frau ist ihm indessen bei gewissen Gelegenheiten vor dem Gesetze gleichgestellt. Mutter und Vater haben dasselbe Recht auf Achtung von seiten der Kinder; Mann und Frau werden genau gleich bestraft für Ehebruch, Inzest und ganz allgemein in der Strafgesetzgebung. Die Frau wird idealisiert und ist Symbol für die Mannesehre, die Klugheit, die Thora oder, im Hohenlied, für die höchste Liebe.

Und hier nun ein Porträt der idealen Frau, wie sie die Dichter Zions erträumen: weiße oder gebräunte Haut mit Purpurschimmer; tiefe mandelförmige, an Tauben erinnernde Augen; schwarze Haare, deren lange Locken auf der Brust tanzen; gleichmäßige Zähne; rote Lippen; kräftige Nase; Wangen und Schläfen, durch die das Blut schimmert; langer Hals; feste Brust; lange, rundliche und volle Beine; ein leicht molliger Bauch, warm in der Farbe und geschwungen wie ein Mühlstein; gerade, hohe Silhouette wie die einer Palme; leichter und feierlicher Schritt, einem religiösen Tanze gleich; frisch und nach Rosen und Lilien duftend, berauschend, anmutig und glanzvoll, leidenschaftlich bis zur Raserei, königlich bis zur Vollkommenheit in der befreienden Hingabe[175].

Wir berühren hier einen der extremsten Gedanken der Propheten, welcher in sprühender Eloquenz im Hohenlied dargelegt wird: Die geschlechtliche Liebe des Paares wird streng getrennt vom Kult um die Götzenbilder. Die heidnischen Sitten, welche beide Ebenen vermengen, sind noch tief verwurzelt in den Bräuchen der antiken Welt, wo die geheiligte Prostitution immer und überall vollzogen wird. Daher bei den Propheten die heftige Verurteilung dessen, was in ihren Augen ein Greuel ist, zumal es in Verbindung mit dem Götzendienst geschieht:

»... denn sie haben den Herrn verlassen, um festzuhalten an der Unzucht. Wein und Most benimmt den Verstand. Mein Volk befragt seinen Baum, und sein Stab soll ihm Kunde geben; denn der Geist der Unzucht hat sie verführt, und sie sind ihrem Gott untreu geworden. Auf den Höhen der Berge opfern sie, und auf den Hügeln räuchern sie unter Eiche, Pappel und Terebinthe – ihr Schatten ist ja so lieblich.

Darum, ob auch eure Töchter Unzucht treiben und eure jungen Frauen die Ehe brechen, ich werde es nicht heimsuchen an euren

Töchtern, daß sie Unzucht treiben, und an euren jungen Frauen, daß sie die Ehe brechen. Denn sie selbst gehen beiseite mit den Dirnen und opfern mit den geweihten Buhlen, und das unverständige Volk kommt zu Falle.
[...] Immerfort treiben sie Unzucht, lieben die Schande mehr als den, der ihr Ruhm sein sollte.«[176]
Hier handelt es sich um die geheiligte Prostitution, bei der der Mann durch die Tempeldienerin mit den Göttern in Kontakt tritt, denen sie dient, wofür er dem ihn beherbergenden Tempel auch Geld spendet. Die Mißbilligung bezieht sich hier eher auf den metaphysischen als auf den moralischen Aspekt. Aus den häufigen Klagen der Propheten kann man auf die weite Verbreitung der geheiligten Prostitution bei den Hebräern zur Königszeit schließen[177]. Wir wissen, daß es im Lande zahlreiche Tempel gab, in denen der sexuelle Kult betrieben wurde. In Zeiten der Dekadenz, unter Josia z. B., schleicht er sich sogar in den *Tempel* Jerusalems ein, wo er neben der Schlangenverehrung und der Anbetung der Naturkräfte besteht[178]. Er soll vor allem die Gunst der Fruchtbarkeitsgötter sichern, von denen das Gedeihen der Felder abhängt. Dieser Brauch machte nicht nur unrein, sondern war überdies unnütz und frevelhaft in den Augen der Propheten. Das Gesetz verbietet ihn nachdrücklich: Es soll weder einen Männer- noch einen Frauenkult geben in Israel; der Dirnenlohn ist verflucht und die Prostitution in all ihren Formen verboten[179].
So beeinflußt die Haltung der Propheten das Denken, das im Hohenlied seinen triumphalen und revolutionären Ausdruck findet. Die Liebe erhält wieder ihren tiefen Sinn, welcher darin besteht, die ursprüngliche Einheit des Menschen herzustellen. Die aus dem Mann hervorgegangene und aus seiner Rippe geformte Frau kommt in der Liebe zu ihm zurück. Diese Liebe wird weitergegeben durch das Wunder der Zeugung, wobei das Kind im Schoße seiner Mutter gebildet wird[180]. Daher die Heiligkeit der Geschlechtsorgane, intimer Ausdruck der menschlichen Person. Daher auch die sakramentale Bedeutung, die allem Geschlechtlichen anhaftet, und die vielen Tabus, die es umgeben.
Im Akt der Liebe werden Mann und Frau wieder ein Fleisch und

spiegeln das Antlitz JHWHs, die einzige Quelle des Lebens und der Fruchtbarkeit. Das Paar wird wieder zur anfänglichen lebendigen Einheit und lernt sich in der Liebe wieder kennen. Der Mann *erkennt* die Frau. Das Verb *jada'* bedeutet ›die Nacktheit sehen, die Denkart kennenlernen‹ und ›sich geschlechtlich vereinen‹. Indem das hebräische Denken mit dem Götzen- und Naturkult bricht, begründet es konkret die Heiligung und »Intellektualisierung« der Liebe und die absolute Befreiung des Paares, das begriffen wird in seiner Einheit und im Lichte und der Transzendenz JHWHs.

Krankheit und Tod

Für die Hebräer sind Körper und Seele eine lebendige Einheit. Je mehr Segen JHWHs über einem ist, desto mehr Lebenskraft besitzt man. Durch Krankheit nähert der Mensch sich dem Tod. Heilung ist vor allem ein geistiges Phänomen, durch welches die Unversehrtheit des Menschen wiederhergestellt wird und der Mensch wieder freien Zugang zur Kraft Gottes bekommt. Schwerkranke werden von Priestern und Gottesmännern in den Tempeln gepflegt.

Die Bibel nimmt selten Bezug auf die Chirurgie. Die archäologischen Ausgrabungen haben jedoch gezeigt, daß diese Kunst von den Hebräern mit großer Meisterschaft ausgeübt wurde. Die Gräber von Lachis enthielten, neben zahlreichen Ostraka, drei Schädel, die unverkennbare Spuren einer geschickten chirurgischen Operation, der Trepanation, tragen. Mindestens einer unter den drei Patienten überlebte seine Krankheit und die Operation, die ihn im 9. Jahrhundert v. Chr. heilen konnte[181].

Die Lepra oder die mit *zara'a* bezeichnete Krankheit gibt Anlaß zu langen Erläuterungen, die sich im Priestergesetz niederschlagen[182]. Der Priester ist verpflichtet, bei einer Krankheit die Diagnose zu stellen oder deren Heilung zu bestätigen. Opfer und Waschungen dienen der Reinigung des Kranken oder sogar seines ganzen Hauses, das befallen ist, denn die Krankheit wird durch einen »Dämon« hervorgerufen, der den durch die Sünde geschwächten Kranken angegriffen hat. Er muß aus dem befallenen Körper vertrieben werden, verjagt aus der abzurasierenden Körperbehaarung des Kranken und verscheucht von den Dingen, die etwa befallen sein könnten und die gewaschen oder verbrannt werden müssen. Reine Vögel, Zedernholz, der rote Farbstoff der Koschenille-Schildläuse, Ysop oder fließendes Wasser sind die klassischen Gegenmittel. Der Priester wendet sie nach einem festgesetzten Ritus an. So führt das Priestergesetz die Krankheiten auf, welche den Menschen verunreinigen, und legt die Heilmittel fest, welche sie wieder tilgen und heilen. Geschlechtskrankheiten werden neben den Hautkrankheiten in der Bibel am häufigsten erwähnt.

Die Bibel gibt sehr strenge Regeln für Körper-, Ernährungs- und Geschlechtshygiene, mit dem Ziel, die öffentliche Gesundheit zu erhalten. Diese Maßnahmen und Anordnungen müssen um so strikter befolgt werden, als sie mit den Anforderungen an Reinheit und Heiligkeit verknüpft sind. Der beste Arzt ist Gott selbst[183]. Die Doktoren zur Zeit der Monarchie verordnen die traditionellen Behandlungen mit Heilpflanzen. Da die Propheten und Priester die Vermittler des göttlichen Willens sind, haben sie auch die besten Heilkräfte. Sie diagnostizieren und behandeln Krankheiten dank ihrer charismatischen Kräfte. Sie heilen Lepra, Geschlechtskrankheiten, Geschwüre und erwecken sogar manchmal Tote zum Leben.

Die Haltung dem Tod *(mawät)* oder der Liebe *(ahabah)* gegenüber läßt uns die Eigenständigkeit der hebräischen Kultur erfassen, die sich in dieser Beziehung grundlegend unterscheidet von der Mesopotamiens oder Ägyptens. Die ganze Jenseits-Mythologie der Nachbarreligionen, alle Einzelheiten, welche zum Beispiel das *Totenbuch* über das Verstorbenengericht angibt, alle symbolischen oder magischen Riten, welche die Gnade der Götter für das Seelenheil ihrer Gläubigen sichern sollen, die übertrieben prunkvollen Trauerzeremonien, das Gepränge der Grabmäler, die hinterhältige Unterwelt, die geldverschlingenden Priesterdienste für das Heil der Seelen, das Zeremoniell bei der Einbalsamierung, die malerische Trauer der Beerdigungszüge, die Beziehungen zu den Toten, diese ganze Welt der Mythen und der Magie wird von den Hebräern weggelassen, auf die Seite gewischt, zurückgestoßen, verschwiegen oder in die allereinfachste Form zurückverwandelt.

Die Achtung vor dem Alter und dem Tod geht parallel zu der Achtung vor Mensch und Leben, ohne daß jemals ausdrücklich auf ein Leben im Jenseits verwiesen würde. Daß der Gesetzgeber über das Leben nach dem Tode schweigt und daß die Bibel sich über diesen Punkt nur ungenau ausdrückt, beweist, daß dieses kleine, schwache und einsame Volk den heroischen Willen hatte, mit Glauben und Bräuchen der Alten Welt zu brechen, gegen die es sich wehrte. Seine Haltung dem Tode gegenüber scheint uns selbstverständlich, doch dazumal nahm sie sich wie eine trotzige Revolte gegen die fundamentalen Glaubenssätze der ganzen Menschheit aus. Es besteht kein Zweifel, daß die Seele dem Körper ins Grab nachfolgt. Die Pflege der Leiche ist eine Pflicht, die man dem zu Beerdigenden schuldet. Er wird weiterhin dasein und fühlen. Deshalb gibt es für einen Hebräer nichts Schrecklicheres als den Gedanken, einmal kein Grab zu bekommen[184].

Die Angaben, welche wir über die letzten Pflichten einem Toten gegenüber besitzen, sind nicht sehr ausführlich: Man schließt ihm die Augen[185], gräbt ihn ohne Sarg, in ein Laken oder einen Mantel gehüllt, direkt in die Erde ein, zusammen mit einigen kleinen persönlichen Dingen, Schwert und Schild, wenn es sich um einen Soldaten handelt, oder mit einem Spiegel, wenn es eine Frau ist[186]. Einbalsamierung und Einäscherung gibt es bei den Hebräern überhaupt nicht. Im Falle Jakobs und Josephs folgt man einfach der ägyptischen Sitte[187].

Die Trauerzeremonien beschränken sich aufs Einfachste: Die Angehörigen zerreißen ihre Kleider, verhüllen Gesicht und Bart, streuen sich Asche aufs Haupt und wehklagen, auf dem Fußboden hockend. Während des Trauerzuges werden Klagelieder, die *kinot*, vorgetragen, deren schönstes zweifellos dasjenige ist, welches David seinem Freund Jonathan darbrachte[188]. Totenkläger und -klägerinnen versammeln sich mit den Angehörigen des Verstorbenen, welcher auf einer Bahre zur Beerdigung getragen wird und dann seinen Weg zu den Geheimnissen der *schᵉol* antreten wird.

Friedhöfe und Nekropolen

Fast an jeder archäologischen Ausgrabungsstelle entdeckt man Gräber, Friedhöfe und Totenstädte. Haus- oder vasenförmige Graburnen der Bronzezeit nahmen die Gebeine des Leichnams nach dessen Verwesung auf. Zahlreiche solche Urnen finden Sukenik (1943) und Jean Perrot (1958) in den Grabhöhlen von Kudeirah, in der Saron- und Hazor-Ebene, 6 km von Jaffa entfernt, und in Bene Berak und Hadera.

Am Anfang der israelitischen Zeit kannte man verschiedene Arten, die Toten zu begraben. Es gab aus der Erde gestochene oder in Felsen gehauene Gruften, in denen der Kopf in Richtung Osten, der Körper Richtung Süden gelegt wurde (12.–11. Jh.), mit Beigaben von Geschirr, seltener von Bronzespiegeln. Oft bestattete man auch in großen Tonurnen (11. und 10. Jahrhundert), in ziegelgedeckten Backsteinsärgen und in Gemeinschaftsgräbern, die 3 m lang, 2 m breit und 1 m hoch sein konnten und in denen man die Toten aufschichtete. Wahrscheinlich handelte es sich hierbei um die Gräber armer Familien. Man besitzt aus dieser Frühzeit sogar Spuren der Einäscherung, allerdings eher spärliche. Die zu Asche gewordenen Gebeine wurden in Tonkrügen aufbewahrt (Tell Kassila, Hazor, in der zweiten Hälfte des 11. Jahrhunderts). Gemeinsame Friedhöfe für Mensch und Tier (Pferd) waren selten. In den alten Totenstädten von Bethsean fand man Graburnen von Menschenaffen aus der Philistergegend.

Die Grabstätten von Akziv aus dem 9. bis 6. Jahrhundert zeugen von der Sitte, die Toten in unterirdischen Behausungen zu beerdigen, von der Art, wie sie sich in nachbiblischer Zeit in Beth Schearim am weitesten entwickelt haben. Zahlreiche Gegenstände werden den Toten mitgegeben. Den Wänden entlang sind Bänke angebracht.

Die Archäologen bemühten sich, die Gräber der judäischen Könige in Jerusalem aufzufinden. Mehrere Grabstätten wurden als solche ausgegeben. Eine von ihnen, das Grab der Helena von Adiabene, besteht aus einem 16 m langen, 2,5 m breiten und 1,8 bis 4 m hohen Gang.

In Siloah, am Ufer des Kidron, entdeckte man eine Begräbnisstätte aus der Königszeit, »Grab der Pharaonentochter« genannt. Es ist als Kubus vollständig aus dem Fels gehauen (5 × 5,8 × 4 m in den Maßen) und mit einer mehr als 4,5 m hohen Pyramide versehen. Die Gruft gleicht einer Kapelle in ägyptischem Stil und führt durch einen Gang zu einem Gemach mit Deckengewölbe. An den Gestaden des Kidron hat man mehrere in den Fels gehauene Totenkammern vom gleichen Stil gefunden. Im Innern des Dorfes steht das Grabmal des »Königspalast-Aufsehers«. Dieser muß ein gewitzter Geschäftsmann gewesen sein: Eine Inschrift schmückt den Grabeingang, welche den Dieben bekanntgibt, es gebe hier nichts Kostbares neben seiner sterblichen Hülle; er verwünscht zum voraus jeden Schänder seines Grabes, das aus dem 7. Jahrhundert zu stammen scheint. Außerhalb der Davidsstadt fand man nur zwei Grabstätten aus der Königszeit, welche heute an der Mamila-Straße liegen. Sie bargen Keramik aus der Zeit der Könige von Juda. Die vermeintlichen Ruhestätten Absaloms, des Hauses Hasir und Zacharias datieren aus der Zeit des zweiten Tempels. Die Zahl der Funde vergrößert sich jedoch täglich, und die Suchenden hoffen immer noch, die königlichen Gräber, falls diese noch existieren, in den Tiefen Jerusalems zu finden. Im 9. Jahrhundert erbaute, monumental-pompöse Totenkammern phönizischen Stils sind im Käsertal vor nicht allzulanger Zeit entdeckt worden. Sie dienten als Grabstätten der Prominenz Israels, vielleicht auch der Königsfamilie.

Die Unterwelt (sch^{e}ol)

Das hebräische Denken zielt darauf ab, die Wahrsagerei und andere okkulte Praktiken abzubauen, wie wir gesehen haben. Daraus geht auch hervor, daß die Jenseitserwartungen und -deutungen auf die einfachste Form reduziert sind. Die Verstorbenen leben immerhin in der Scheol weiter. Diese liegt unter der Erde, in den untersten Tiefen des kosmischen Ozeans, unter dem Fuß der Berge oder sogar in jener Ferne, wo jeden Abend die Sonne untertaucht und Dämmerung nach sich zieht. Es ist der Ort des letzten Treffens der Lebenden, ein düsteres und wirres Reich der Stille. Bei den Hebräern ist nirgends die Rede von einer Hölle, wo über dieses Leben abgerechnet würde. Dieser Gedanke erscheint erst viel später, in hellenistischer Zeit, wahrscheinlich unter persischem Einfluß.

IV. Alltag und Ewigkeit

Die Vergangenheit ist eine rein geistige Angelegenheit

»Die Vergangenheit ist eine rein geistige Angelegenheit«, behauptete einst Paul Valéry, wobei er auf das große Mißverständnis in bezug auf die Geschichte hinwies. »Damit ein Ereignis Bedeutung erlangt, ist ein Glaube erforderlich«, schreibt er[1]. Ein Hebräer wäre voll und ganz einverstanden mit dieser Aussage, würde sie jedoch noch schärfer formulieren. Für ihn ist jegliche Geschichte Gegenwartsgeschichte, und ein Ereignis besteht nur im Zusammenhang mit der Sprache und den Sprachvermittlern: Gedanke und Wort. So läßt der erste Vers der Schöpfungsgeschichte vor uns Himmel, Erde, Wasser, Licht, Finsternis und die Zeit durch Gottes Wort entstehen: »Und es ward Abend und ward Morgen: ein erster Tag« – *Jom ächad* – der wirklich allererste Tag in Licht und Finsternis, von dem an das Universum auf unendliche Zeiten hin sein wird.
Die Zeit ist eine Abstraktion, welche vom Lauf der Sonne und des Mondes abhängt. Sie hat keine eigene Realität. Jesaja verkündet ausdrücklich eine Ära, in der weder die Sonne den Tag, noch der Mond die Nacht erhelle, wenn JHWH einst das einzige Licht der Welt sei. Das Tempus des hebräischen Verbs drückt deutlich die Vorstellung aus, welche der Hebräer von der Zeitdauer hat. Es gibt hier nicht wie in den westlichen Sprachen eine Vergangenheit, eine Gegenwart und eine Zukunft. Der hebräische Satz schildert Situationen, und jedes seiner Wörter vermittelt ein Bild. Er läuft wie ein Film ab, wobei jeder Buchstabe, jeder Akzent, jede Atempause und jedes Schweigen unerläßliche Teilelemente darstellen. Da kümmert man sich keineswegs um formale Logik. Der Analogieschluß verdunkelt induktives oder deduktives Denken. Das Denken wird hier ganz und gar beherrscht von der unmittelbaren Anschauung und gelangt von ihr aus, intensiv synthetisch, in alle Bewußtseinsschichten.
Die *Zeit*, in der die Handlung stattfindet und die für den west-

lichen Menschen wesentlich ist, ist für den Hebräer Nebensache und wird übrigens nie genau ausgedrückt.

Im Hebräischen gibt es kein Präsens, ebensowenig wie in den anderen semitischen Sprachen. Hat eine Handlung stattgefunden, gehört sie zum Präteritum; hat sie nicht stattgefunden oder blieb sie unvollendet, gehört sie zum Aorist. Zwischen dem, was geschehen ist, und dem, was geschehen wird, gibt es *nichts*. Der Zeitpunkt eines Ereignisses läßt sich nur an seiner Art ablesen. Das Zeitempfinden der Hebräer ist konkret und global. Ihr Realismus läßt sie eine Tatsache in ihren Zusammenhängen und ihren Folgen erleben. Nirgends so wie bei ihnen muß alles in Gott gesehen werden, *sub specie aeternitatis*. Vergangenheit und Zukunft treffen sich in der vollen Realität, in der sie auch entstehen, sich vermischen und in gewisser Weise auslöschen durch ihre inhärente Transzendenz. Solchermaßen ist sicher der *Realismus* des Predigers, den man zu Unrecht skeptisch oder pessimistisch nannte: »Wie ist alles so nichtig! spricht der Prediger. Wie ist alles so nichtig! es ist alles umsonst!«[2] Das Wort *habäl*, das traditionellerweise mit »nichtig« wiedergegeben wird, bedeutet eigentlich etymologisch *Dampf*, *Hauch*. Der Prediger stellt in der Tat die Beschaffenheit der Zeit fest, die Rauch und Hauch gleicht; er bemerkt, daß das alltägliche Heute aus einem Reich jenseits der Sinne kommt, aus einem Ganzen, das eigens dazu bestimmt ist, das Universum mit Gottes Ewigkeit zu verbinden. *Machaschaba*, das Denken in der Folge der Zeitabläufe, ist eine *Rechnung*, ein Nachdenken über Konkretes oder, wenn wir die Bezeichnung aufgrund ihrer etymologischen Bedeutung übersetzen, eine *Schätzung*. »Ein Wort, das nachdenklich stimmt«, sagte Valéry. Gewiß, die Hebräer bestätigten dies selbst: »Viel sind der Pläne im Herzen des Mannes, aber der Ratschluß des Herrn kommt zustande.«[3] Diese *Pläne* im Herzen des Menschen sind seine Gedanken, d. h. die Art, mit der er den *Ratschluß JHWHs* in die Zeit seines Alltags einbezieht. Die anderen Wörter mit der Bedeutung ›denken‹ beziehen sich auf ein Erfassen der Wirklichkeit: *samam* ist Entwurf einer Handlung, die vor ihrer Ausführung *ersonnen (damam)* wird, um so von der Möglichkeit zur Wirklichkeit überzugehen.

Das Verb, welches das tiefe, meditierende Denken bezeichnet, *hagah*, bedeutet entwicklungsgeschichtlich ›murmeln, brummen, verbreiten, sprechen‹, und weiter ›sinnen, träumen‹. So soll der Mensch Tag und Nacht über das Gesetz Gottes nachsinnen[4]. Genauer gesagt, muß er sich in kontemplative Aufnahmebereitschaft versetzen angesichts des ganzen, allumfassenden Universums, das die Zeitdauer hinter sich läßt, und es dann in sich aufnehmen, um davon verändert zu werden. Der Mensch, der Gottes Plan folgt, wird zum Wort, das er in sich aufnimmt. Er stellt sich dem Leben in Ewigkeit gleich, welches ihn für immer befruchtet. Auch hier ist das Denken nicht diskursiv. Der Mensch hat nur still zu werden und JHWH, seinen Elohim, *anzuhören*, um sich mit seinem großen Lichte zu vereinigen und durch seine Liebe verwandelt zu werden, welche das universelle Wissen ist. Die Meditation erlaubt es, aus dem alltäglichen Raum herauszukommen; das Gebet führt den Menschen in die heiligen Gefilde JHWHs. Dieser Übergang ermöglicht die Wiedergeburt des Menschen in Gott und die Verwandlung seiner zeitlichen Alltäglichkeit durch die Ewigkeit des allumfassenden Lebens. Der normale zeitliche Lebenslauf eines Hebräers wird vom wirksamen Bund gesteuert, durch den er mit JHWH, Himmel, Erde, Wasser und der Tierwelt sowie mit den anderen, ihn umgebenden Nationen verbunden ist. Die Realität besteht aus einem ausgedehnten, lebenden Organismus, welcher nur in seiner Totalität erfaßt werden kann. Diese ist die lebendige Seele, welche von ihren einzelnen Teilen Vollkommenheit in ihren Funktionen fordert. Fällt einer unter diesen aus, ist das Leben der ganzen Welt in Gefahr.

So hängt das tägliche Leben des Menschen von seinen Handlungen ab, und diese entstehen in seinen Gedanken. Sind sie rechtens – das heißt JHWHs Ordnung gemäß –, so wird er Segen ernten; verleugnen sie jedoch Gottes Willen, wird er samt allen, die von seinen Missetaten angesteckt wurden, mit Unsegen bestraft.

Die Zeit ist für den Menschen also, Pedersen hat das wohl erfaßt, gleichzusetzen mit seinen Handlungen oder, um es noch besser auszudrücken, mit der Art und Weise seines produktiven Denkens[5]. Seine Tage werden sein, was er aus ihnen macht, und seine Vergangenheit wird von allem Anfang an das Gesicht der Zukunft prägen. In diesem Sinne, und nur in diesem Sinne, besitzt die Zeit eine Realität: durch die Handlungen der Menschen. Deshalb muß JHWH über die Tage der Gerechten wachen[6]; Segen oder Verderben hängen ja von ihnen ab. So ist auch die abstrakte Zeiteinteilung in Stunden, Minuten und Sekunden den Hebräern ganz und gar fremd. Sie erleben den Tag mit dem sichtbaren Lauf der Sonne als Morgendämmerung, Morgen, Stunden des hellsten Lichts und Einnachten. Der Mond bestimmt die Abfolge der Tage innerhalb des Monats, Sonne und Jahreszeiten bestimmen die Folge der Monate innerhalb des Jahres[7]. Wir haben also eine konkrete Zeitrechnung vor uns, die sich stark unterscheidet vom Erlebnis der »toten Zeit«, wie man sie schon genannt hat. Das Leben in der Zeit wird aufgelockert durch die Folge der »Treffen« *(Mo'adim)*, durch die Tage, den Sabbat und die Feste, an denen ein Abglanz des Heiligen auf das Profane fällt, wo die Ewigkeit den Alltag beeinflußt, erleuchtet und umgestaltet in der Intensität und Fülle der Transzendenz.

Ewigkeit bedeutet so Erfüllung der Zeit, der Tage und der Generationen, die durch JHWH ihre allmächtige Wirklichkeit wiedergewinnen, von welcher das menschliche Leben, die Geschichte der Völker, Werden und Blühen des Universums bestimmt wird.

Einheit und Spaltung der Wirklichkeit

Wie Gott, ist auch das von ihm geschaffene Universum eine Einheit. Gott entreißt es durch die Macht seines Wortes dem vielgestaltigen Chaos und gibt ihm seine Bestimmung zur Einheitlichkeit, wie er Adam aus der schlafenden Erde formt und ihm eine lebende Seele, *näphäsch*, einhaucht. Der Hebräer sieht Mensch und Universum nicht als Materie, sondern als lebende Seele. So ist der geläufigste Ausdruck für Mensch *näphäsch*. Er ist vor allem Seele, und von ihr hängt das Schicksal des Menschen und das seiner Welt ab. Die aristotelische Definition »die Seele ist die Form des Körpers« entspräche eigentlich der Vorstellung, welche sich der Hebräer von der

Seele macht, denn sie zeigt sich in allen Gedanken, Bewegungen und Blicken des Menschen. Sie ist ein lebendes Wesen, das den Charakter und den Willen des Menschen ausmacht. Die Seele des Menschen unterscheidet sich nämlich weder von seinem Herzen noch seinem Geist. Der Körper hängt von der Kraft und der Gesundheit der Seele ab. Kränkelt diese, siecht auch der Körper dahin. Stirbt sie, hört auch das Leben des Körpers auf. Was für den Menschen gilt, bewahrheitet sich für die ganze Schöpfung, deren Seele die menschliche einschließt und in gewissem Maße von ihr abhängt. So erfaßt der Semite die Wirklichkeit als Ganzes. Seine Überlegungen entspringen eher der Kraft der direkten Intuition als dem abstrakten Denken.

Dieses jedoch wird auf strengste Weise angewendet, wenn es sich darum handelt, die Gegensätze herauszufinden, welche den innern Dynamismus des Universums beleben. In dieser Beziehung verwirft der Hebräer seinen Eindruck von Einheit, um ganz plötzlich eine tiefgründige Spaltung in der Schöpfungsordnung zu entdecken. Es ist erstaunlich zu sehen, wie das Volk, welches den Monotheismus begründet, in der universellen Wirklichkeit auf eine scheinbare Dualität zu stoßen meint. Noah läßt die Tiere paarweise in seine Arche eintreten. So scheint es auch JHWH mit dem Universum gehandhabt zu haben: Alles kommt darin paarweise vor; sobald sich der Gott der Einheit an die Arbeit macht, schafft er komplementäre Gegensätze.

Schon am ersten Tag schuf er den Himmel als göttliche Wohnung und die Erde, welche wüst und öde genannt wurde, das Meer und das Land, das Licht und die Finsternis, den Tag und die Nacht. Die Welt ist von ihrem Ursprung an zweigeteilt, wobei sich diese Spaltung noch verschärft, nachdem Adam und Eva, die aus Hochmut Sündigenden, aus dem Paradies vertrieben werden, weil sie von der Frucht der Erkenntnis des Guten und des Bösen gegessen haben.

Gut und Böse führen eine Fülle anderer gegensätzlicher Wortpaare in die hebräische Symbolik ein: Leben und Tod, Liebe und Haß, Gerechtigkeit und Ungerechtigkeit, Reinheit und Unreinheit, sakral und profan, Angst und Freude, Glück und Unglück. Die Unterscheidung zwischen Himmel und Erde verstärkt sich noch: Einerseits gibt es das anfängliche Chaos und die Finsternis über der Urflut, andrerseits aber das Licht und Gottes Geist, welche über den Wassern schweben. Diese Unterscheidung bildet die Harmonie in Schwarz und Weiß des ersten Tages der Welt. Sie läßt später Krieg, Angst und Tod zu. Die Welt des Menschen schließt Teilnahmslosigkeit aus. Jede Seele hat nämlich zu wählen zwischen den beiden einzigen Wegen, die sich in die gesamte Wirklichkeit teilen: dem Weg des Guten oder des Bösen. Eine Entscheidung ist unumgänglich; sie ist die zwingende Folge der Teilung der ursprünglichen Einheit. Das kosmogonische, metaphysische, politische und sittliche Denken der Hebräer findet seinen Ursprung in diesem Grundsatz: Die Wege der Finsternis und des Lichts bilden zusammen die universelle Wirklichkeit. An ihren Grenzen begegnen sich Gerechte und Verworfene, Gute und Böse schonungslos; unaufhörliche Kämpfe auf Leben und Tod haben sie auszufechten, vom Anfang bis ans Ende der Welt. Auf dem Schlachtfeld ihrer erbarmungslosen Kämpfe erstickt das Grausen die Freude. Dies ist das Wesen der Welt, dazu verdammt, so bestehen zu bleiben bis zu ihrer vollständigen Umwandlung in der Endzeit, wenn das Licht über die Finsternis, das Gute über das Böse, der Frieden über den Krieg, das Leben über den Tod triumphieren wird. Der Hebräer weist hierbei den Schluß des manichäischen Dualismus zurück. Gott ist eins, wie die gesamte Wirklichkeit.

Der Zwiespalt zwischen Natur und Geist

Trotz der Gegensätzlichkeiten in der Natur sind Mensch, Familie, Volk, Menschheit und Schöpfung als Einheit gedacht. Diese verleiht dem Denken und der Religion der Hebräer den *historischen* Charakter, der im Gegensatz zu den Naturreligionen der Antike steht.

Das Universum hat einen Anfang; der höchste Wille, jener JHWHs, beseelt seine Entwicklung und lenkt sie auf sehr bestimmte Ziele hin: Der Hafen des Heils wird erreicht sein in der Stunde, da der Messias siegt. Bis es soweit ist, versucht der Hebräer, sein Leben so zielgerichtet wie möglich zu führen und den Menschen, seine Familie und das Volk absolut heilig zu halten im Blicke auf den Sieg des Guten über das Böse, wenn das Reich Gottes auf Erden errichtet werden soll.

Die ganze Vergangenheit Israels, seine Gesetze, Gewohnheiten und Traditionen bekommen einen neuen Sinn durch dieses ideelle Ziel der messianischen Zukunft. Es wird die Geschichte der Menschheit und die Mission, mit der JHWH Israel betreut hat, krönen. Zur Zeit des Messias wird der Geist die Natur umgewandelt haben. Da werden Zeitlichkeit und Ewigkeit zusammenleben wie der Wolf neben dem Schaf. Die Menschheit wird als große, friedliche Familie auf einer neuen Erde unter einem neuen Himmel wohnen. Sogar der Tod wird überwunden sein, denn ein Wunder wird die größte Verwandlung der Schöpfung eingeleitet haben und ihre freudige Unterwerfung unter die von JHWH angeordnete Gerechtigkeit, die Liebe und den Frieden erwirkt haben. Es ist die Pflicht des Hebräers, die Ankunft des Gottesreiches vorzubereiten, indem er sein ganzes Leben der Erfüllung der Thora weiht, welche den Willen Gottes auf Erden darstellt.

Die Waffen des Sieges

In diesem großen Kampf des Lichtes gegen die Finsternis, des Guten gegen das Böse, ist der Mensch dazu aufgerufen, sich zu engagieren, um den Sieg JHWHs zu sichern. Die Hebräer legen das ganze Gewicht auf das diesseitige Leben. In ihrem Denken streichen sie den mesopotamischen und den ägyptischen Mythos vom Jenseits. So weit geht ihre Liebe zum Leben, daß sie den Tod für *unrein* erklären, bis er ganz abgeschafft ist. Der Mensch wird nicht nur ein ewiges Leben bekommen, nein, die Gerechten sollen auch noch auferstehen. Dieser scheinbar unsinnige Glaube steckt tief im Wesen des logisch denkenden Hebräers, welcher von einer übermächtigen Liebe zum Leben geprägt ist. Ist denn JHWHs Name nicht »Leben in Ewigkeit«?

Zwischen den beiden gegensätzlichen Strömungen, die in der Religionsgeschichte der Menschheit aufeinanderstoßen, der Haltung der Naturreligionen, welche die Befreiung der Instinkte bejahen, und der Haltung jener Religionen, die eine die Realitäten dieser niedrigen Welt mißachtende Askese befürworten, wählt der Hebräer eine dritte Möglichkeit: Er versucht, der alltäglichen Wirklichkeit des Lebens Heiligkeit zu verleihen und sie auf den Sieg des Lebens über den Tod oder der Menschheitsgeschichte über die Natur vorzubereiten.

Der Bund, der die Vereinigung JHWHs mit der Schöpfung, der Menschheit, seinem Volk, den Priestern und Königen seines Volkes bedeutet, ist die Kriegsmaschine, welche in die Natur eingeführt worden ist, um deren Lauf zu bremsen und ihre Umwandlung und Wiedergeburt vorzubereiten sowie ihre neue Übereinstimmung mit der Transzendenz des göttlichen Willens.

Das aus dem Bund hervorgegangene Gesetz, die Thora, umschreibt nicht nur eine theoretisch gute Moral, sondern die Askese, der sich das auserlesene Volk unterziehen soll, wenn es die Ziele erreichen will, welche JHWH als sein Schicksal bestimmt hat. Dies ist die tiefere Bedeutung der hebräischen Vorstellung von der Auserwählung. Da die Menschheit aus dem Paradies verjagt worden ist, da sie für die messianische Wandlung ausersehen und dieser Weg lang, schwierig und ungewiß ist, muß ein Volk gefunden werden, das das von Gott anvertraute Gut hütet, das den Kampf führt, um den Sieg der Ewigkeit über das Zeitliche zu gewährleisten, welches dann unter dem Lichte JHWHs verwandelt wird. Die Vorstellungen von Familie und Volk, Stammessolidarität, patriarchalischer Vorherrschaft, gesetzlicher Reinheit, willentlicher Absonderung mit dem Zweck, dem vollkommenen göttlichen Willen nachzuleben, sie alle müssen im Zusammenhang des historischen Dynamismus Israels verstanden werden. Seine Religion war keine Philosophie, sondern ein in die Geschichte eingeführter Sauerteig, der nicht nur revolutionäre Veränderungen, sondern vielmehr eine totale Umformung gewährleisten sollte. Daher die Notwendigkeit für die Hebräer, die Integrität der heiligen Botschaft zu erhalten, indem sie sich ganz auf ihre Ursprünge zurückbesinnen. Diese verlangen, daß sie sich

gegen die gesamten Glaubenslehren und -bekenntnisse der Menschheit stellen. Paulus wird später von den Hebräern sagen, daß sie »gegen alle Menschen feindselig sind«[8]. Doch wie konnten sie anders werden, wenn das Hauptziel ihrer Botschaft war, den Glauben und die Religionen der ganzen Menschheit, die Verirrungen ihres eigenen Volkes mit einbezogen, als illusorisch, sinnlos oder kriminell darzustellen?
Die Waffen des prophetischen Kampfes sind deshalb vorwiegend geistiger Natur. Der Hebräer hat nicht den Auftrag, Kreuzzüge gegen die andern Nationen zu führen. Wie könnte er dies auch in seiner offensichtlichen Schwäche? Seine Aufgabe ist es, eine Gemeinschaft zusammenzuführen, welche die Gerechtigkeit des einen Gottes verwirklicht und bei den Menschen auf Erden sein Gesetz einbürgert, um die Nationen dazu zu bringen, daß sie in Beziehung treten zu dieser Quelle des heiligen Leuchtens, zu JHWH.

Gesetz, Moral und Leben

Die absolute Bejahung des Lebens führt die Hebräer schließlich zu einer sehr strengen Moral, die sie von der Unreinheit der verderbten Welt befreien und sie im Lichte des lebendigen Gottes neu hervorbringen soll. Das biblische Gesetz ist, wie wir gesehen haben, ein weitverzweigtes städtisches Reglement, das auf ein ganzes Volk ausgeweitet und angewendet wird, bis es schließlich einmal für die ganze Welt gelten wird – jedenfalls in seinen Hauptzügen. Gesetz und Moral gehen ineinander über: Ihr Anwendungsgebiet umfaßt den ganzen Menschen, nicht nur seine mitmenschlichen Beziehungen, sondern sein persönliches Leben, seine Gedanken, Gefühle und Geschlechtsbeziehungen, und mehr noch: seine Reinheit und Heiligkeit vor den Augen JHWHs. Der religiöse Charakter des Gesetzes, der sich durch die ganze Zeit des Altertums hielt, zeigt sich hier stark ausgeprägt. Gott ist die einzige Quelle des Rechtes. Er ist Herr über das Leben, das er zu seiner Ehre ausrichtet. Die juristischen Tätigkeiten des Menschen sind nichts anderes als seine religiösen Handlungen oder seine Moral: In der Einheit mit Gott sieht der Hebräer alle Schranken fallen. Von den Täuschungen des Götzendienstes befreit, findet er seine Wurzeln, den Familienzusammenhang, den Sinn des Lebens und seine Freiheit. Denn die menschliche Abhängigkeit, welche jedes Gesetz ausdrückt, entpuppt sich hier als Befreiung dadurch, daß sie eine Wiedergeburt in der übernatürlichen Gottesordnung hervorruft. Durch die Moral, die das Gesetz dem Menschen auferlegt, verwandelt es seine Tage. Es wird zum Erzieher, zur Wahrheit, zum Leben, zu einem Teil der wirklichen Freiheit. Es entfaltet seine Transzendenz mit der höchsten Würde, welche Ursprung und Ziel in Gott selbst hat.

Überdies stellt das hebräische Gesetz, welches im Pentateuch einen zentralen Platz einnimmt, ein Dokument von äußerster Wichtigkeit dar für die Untersuchung jener Gesellschaft, aus der es hervorging. Das Gesetz der Hebräer aus der Patriarchenzeit ist uns nur indirekt und andeutungsweise überliefert. Die Tradition überdeckt seine ursprüngliche Form aus der Zeit Mose; später paßt es sich den Anforderungen des kanaanäischen Bodens an; es hört nicht auf sich auszuweiten, dank der Lehre der Propheten und der königlichen Aufsicht. Der König ist nämlich in Israel, wie im ganzen alten Orient, Hüter des Gesetzes und oberster Richter. Er ist der Beschützer von Witwen, Waisen, Armen und Fremden. Er ist verpflichtet, gerecht zu richten. Die Hebräer, wie die Orientalen allgemein, kennen den juristischen Formalismus nicht, der für das römische Recht bezeichnend ist. Das Gesetz ist vor allem gesprochenes Wort; wird es in Gesetzbüchern gesammelt – *als geschriebenes Recht* –, wird es doch immer von einer mündlichen Tradition begleitet – *vom gesprochenen Recht* – und von diesem gedeutet und interpretiert. Diese mündliche Tradition, die von den Hebräern seit den Anfängen ihrer Geschichte aus dem Gedächtnis weitergegeben wurde, kennen wir nur aus späten Aufzeichnungen der Mischna, des Talmuds und den wichtigeren Zeugnissen der rabbinischen Literatur, wobei es sehr schwierig ist, diese verschiedenen Beiträge genau zu datieren; doch weist das gesamte hebräische *corpus iuris* eine große innere Einheitlichkeit auf. Obwohl es heutzutage unmöglich ist, seine verschiedenen Daten mit wissenschaftlicher Genauigkeit anzugeben, stellt es immerhin die wichtigste historische Quelle für die Kenntnis der hebräischen Gesellschaft dar.

Nun unterscheidet sich die juristische Tradition der Hebräer von derjenigen ihrer Nachbarn nicht nur in der Definition von Delikten und Strafen, sondern vor allem durch den Geist, der darin zum Ausdruck kommt. Im Gesetz wird immer wieder erwähnt, daß es das Gesetz JHWHs ist, welches Mose kundgetan wurde. Letzterer ist nur Überbringer und Stimme des göttlichen Willens. Nachdem das Gesetz am Fuße des Sinai einmal bekanntgegeben worden ist, hängt es nicht mehr vom Willen der Menschen ab, welche für immer seinen Anordnungen unterstellt sind.

Überdies wird das Gesetz göttlichen Ursprungs den Menschen auferlegt als Auswirkung des Bundes *(b^e^rit)*, den sie mit ihrem Gott geschlossen haben. Hier handelt es sich also um einen Gesellschaftsvertrag göttlichen Inhalts und ontologischer Natur, dessen Gültigkeit sich in den verschiedenen Epochen immer wieder bestätigt, so nach der Sintflut, am Fuße des Sinai, zur Zeit Josuas und während der Herrschaft Josias, indem das ganze Volk den Verpflichtungen, welche ihm aus diesem Pakt erwachsen, feierlich zustimmt und sie annimmt. Der historische Charakter der hebräischen Religion verleiht dem Gesetz einen seiner überraschendsten Aspekte, denn es erscheint nicht in Form eines Kodex, wie sonst überall. Es ist im Buch der Geschichte Israels eingeflochten, wo man nicht nur Israels Beziehung zur Vergangenheit von der Schöpfung der Welt an findet, sondern auch das Zivil-, Straf-, Staats- und Prozeßrecht, vermischt mit theologischen Betrachtungen, moralischen und kultischen Weisungen und Anordnungen in bezug auf die Opfergaben – welche ihrerseits unterbrochen werden von Reglementen der öffentlichen Verwaltung oder Grundsätzen des internationalen Rechts; dies alles in unaufhörlicher Bemühung um Reinheit, Heiligkeit und Gerechtigkeit, mit dem Ziel, das Reich Gottes auf Erden aufbauen zu können. Die speziellsten Gesetze werden bei den Hebräern von bewegenden Reden, inständigen Bitten, manchmal pathetischen Beschwörungen begleitet, um zu überzeugen, daß den Geboten Folge geleistet werden muß. Die Thora wird nicht vom täglichen Leben getrennt, im Gegenteil, sie beeinflußt dieses innerlich und äußerlich und bedingt dessen Segen oder Verderben.

Die alten Völker unterscheiden genau zwischen dem zivilen Recht, *jus*, und dem Strafrecht, *fas*, oder zwischen Moral und Glaubensgesetz. In Israel ist es sozusagen unmöglich, das Zivilrecht allein aufzustellen und die diesbezüglichen Artikel aus den gesamten religiösen, moralischen und mystischen Geboten herauszuschälen, mit welchen sie vermengt sind. Da wir kein Dokument aus jener Zeit über die Arbeit der hebräischen Gerichtshöfe, weder Urteilsbegründungen noch gerichtliche Verträge haben, ist eine klare Abgrenzung der gerichtlichen Tätigkeiten zu jener Zeit fast undurchführbar. Sie gehörten eng zur Einheit des Lebens, das ganz darauf ausgerichtet war, dem Willen des lebendigen Gottes zu folgen. David, der den Ehebruch mit Bathseba begangen und sich des störenden Ehemannes entledigt hat, indem er ihn an die Front in den Tod schickte, ist sich demgemäß *nur einer Sünde gegen JHWH* bewußt.

Der Grund zu einem solchen Durcheinander und dieser offensichtlichen Vermengung liegt natürlich im Denken der Hebräer, welche bereit sind, *alle Dinge in Gott zu sehen*. Ihr Gesetz jedoch ist hart. Seite für Seite bewahrt es noch das Echo der alten Wiedervergeltung: *Auge um Auge, Zahn um Zahn*. Die biblische Gesetzgebung gehört zu einer armen Gesellschaft von Bauern und Hirten. Gehobenere Tätigkeiten, etwa die von Ärzten oder Architekten in einer wohlhabenderen Gesellschaft, sind nicht durch Verordnungen geregelt, wie sie es zum Beispiel in Mesopotamien waren. Es ist das Gesetz der Eroberungszeit, das in der Königszeit wiederaufgegriffen, weiterentwickelt und an die neue Situation der hebräischen Gesellschaft angepaßt wurde. Die Macht des Vaters, des absoluten Herrschers in der patriarchalischen Familie, wird beschränkt. Ein Vater kann nun seine Kinder nicht mehr nach Lust und Laune züchtigen[9], er kann keinen Ausländer adoptieren und nach Belieben die natürliche Nachfolge verändern, die immer und ausschließlich durch die Blutbande väterlicherseits bestimmt wird und die vor allem beim Bodenerbe die Stabilität von Familien und Stämmen sicherstellt.

Das Gesetz bestimmt Strafen für die Verbrecher, welche den Richtern ausgeliefert werden. Doch es überläßt die höchste Strafe immer JHWH, der Urheber und Hüter des Gesetzes ist. In zahlreichen Fällen, vor allem bei Zivilpflichten, wird die Bestrafung einzig und allein dem Willen Gottes überlassen. Das Verbot von verzinslichen Darlehen, von Wucherzins, die Weisung: »Willig sollst du deine Hand auftun für deinen dürftigen und armen Bruder in deinem Lande«[10], oder der Aufruf, Witwen, Waisen und Fremde zu schützen, das Verbot der Korruption, die Regel, die Ecken der Felder und die Ernte des siebten Jahres stehenzulassen[11], oder den zweiten Zehnten alle drei Jahre den Armen zu überlassen[12], sind gesetzliche Pflichten ohne juristische Strafverfolgung. Wer gegen sie verstößt, wird von Gott selbst heimgesucht. Auch hier werden also die Grenzen zwischen dem Alltag und der Ewigkeit verwischt.

Noch einmal kommt der Gesetzgeber in seinem Eifer auf die Priester und Fremdlinge zu sprechen, da er ausdrücklich bemüht ist, die Ewigkeit stärker ins Alltägliche einzubeziehen. Die Leviten sollen eigene Städte, Weideplätze und festgesetzte Einkünfte bekommen[13]. Die Metöken müssen besonders geschützt werden von der Gesellschaft, die sie aufnimmt: Sie dürfen nicht verfolgt werden, und es soll ihnen keine Ungerechtigkeit widerfahren; man soll sie unterstützen, wie wenn sie zu den Armen JHWHs gehörten. Sogar lieben muß man sie und ihnen die gleichen Rechte einräumen wie den Bürgern – wenigstens im Bereich der Religion[14]. Es wäre jedoch eine Schmach, träfe folgendes ein: »... er wird zum Haupte, du aber wirst zum Schwanze werden«[15]. Der Liberalismus scheitert an der Erfordernis, im Lande die Vorherrschaft des Volkes JHWHs aufrechtzuerhalten.

Übrigens muß man den Metöken, *ger*, und den Ausländer, *nochri*, auseinanderhalten. Von letzterem darf man Zinsen heischen[16] und die Rückerstattung seiner Schulden auch nach dem Erlaßjahr fordern[17]; da er nicht zur hebräischen Bürgerschaft gehört, hat er nicht ihre Pflichten und hat sich demzufolge auch nicht ihre Vorteile zunutze zu machen.

Das Zivilrecht legt Gewicht noch auf zwei andere Gruppen der Gemeinschaft, indem es sie besonders schützt: die der Tagelöhner und die der Sklaven[18]. Diese Sorge um die Schwachen und Niedrigen entsteht aus einem wichtigen Grundsatz, welcher die sich bildenden antiken Gemeinschaften leitete. Sie waren hierarchisch aufgebaut, hatten jedoch ein Gegengewicht zum hierarchischen Prinzip: Den Willen, eine faktische Gleichheit der Bürger zu erhalten. Man hat diese Regierungsart schon *egalitäre Hierarchie* genannt.

Die gleichen theologischen und moralischen Absichten finden wir in anderen Regeln, die der hebräischen Gesellschaft einen eigenen Charakter verleihen. Gesetze erleichtern den Vieh- und Ackerbauern das Leben, indem sie die zivilrechtliche Verantwortung im Falle eines Schadens festlegen. Derjenige, welcher seinen Brunnen nicht zudeckt, wird für den Schaden, den seine Unvorsichtigkeit jemand anderem verursachen kann, bestraft[19]. Der Bauer ist haftbar, wenn seine Tiere auf dem Felde eines anderen weiden[20] oder sie Personen oder andere Tiere verletzen[21]. Er muß ein verirrtes Tier, auch wenn es seinem Feind gehörte, dem Besitzer zurückbringen[22] oder ihm helfen, sein unter der Last zusammenbrechendes Tier wieder auf die Beine zu bringen[23].

Wie überall, ist es auch hier der gute Wille, der den verschiedenen Parteien Recht verschafft, denn nicht der geringste Formalismus begleitet die Abmachungen. Doch wie ein Leitmotiv wiederholen sich die Ermahnungen, keine falschen Aussagen zu machen[24], beim Abmessen und Abwägen nicht zu betrügen[25], nicht zu lügen, und ehrlich zu sein bei Hinterlegungen und Darlehen[26].

Der religiöse Charakter des hebräischen Gesetzes ist noch besser ersichtlich auf dem Gebiet der Verbrechen. Hier wird nicht nur der Mensch, sondern auch das Tier zur Verantwortlichkeit herangezogen. Im Gegensatz zu den weltlichen Gesetzen der anderen Völker des Orients haftet hier das Tier direkt, das einen Menschen verletzt oder tötet. Gott, der oberste Herr des Bundes, Urgrund der universellen Harmonie, bestraft es, weil es die Verpflichtungen des Bundes, die es wie alle anderen Kreaturen betrafen, nicht eingehalten hat[27]. Ein Stier, der jemanden getötet hat, soll gesteinigt werden; sein Fleisch ist unrein und nicht zum Verzehr zugelassen[28]. Auch ein Tier, das der sexuellen Befriedigung von Mann oder Frau gedient hat, muß getötet werden[29]. Das Gesetz wirkt also nicht nur gemäß dem Prinzip der moralischen Verantwortung, sondern ist bestrebt, jede Sünde, jedes Hindernis für die Wirksamkeit des Bundes auszuschalten.

Das Strafgesetz stellt das Prinzip der persönlichen Verantwortung auf; kollektive oder familiengebundene Verantwortung wird von der Gesetzgebung verworfen. »Die Väter sollen nicht samt den Kindern, noch die Kinder samt den Vätern getötet werden; ein jeder soll [nur] für seine Sünde getötet werden«[30]. Erst nach langen Bemühungen setzt sich die individuelle Schuldzusprechung mit all ihren Folgen im juristischen Gedankengut der Hebräer fest. Die Texte tragen noch die Spuren jener Zeit, da es von Gott hieß: »Der Herr [...] sucht die Schuld der Väter heim an Kindern und Kindeskindern bis ins dritte und vierte Geschlecht«[31]. Zu einer späteren Zeit wurde das Prinzip der kollektiven Verantwortung nur noch bei ganz besonders schlimmen Verbrechen angewandt, wenn zum Beispiel jemand seine Kinder dem Moloch geopfert hatte. Gott wird den Urheber dieser Schandtat mitsamt seiner Familie bestrafen[32]. In speziellen Fällen erteilt das Volk die kollektive Strafe, welche das Gesetz eigentlich in die Hände Gottes legt[33]. Nirgends jedoch wenden die Gerichte die kollektive oder familiengebundene Verantwortung an. Sie halten sich ganz strikt an die persönliche Straffälligkeit des Verbrechers. Hierin liegt einer ihrer wichtigsten Beiträge.

In einem andern Bereich noch liegt die Grenze zwischen Alltag und Ewigkeit so, daß sie unsere moderne Logik überrascht: Das Gesetz unterscheidet zwischen der von Menschen erlassenen und der von Gott direkt verhängten Strafe. »Und wenn sich jemand an die Totengeister und Wahrsagegeister wendet und sich ihnen hingibt«, wird er von Gott aus dem Volke ausgerottet werden[34]. Wenn das Verbrechen, seine Kinder dem Moloch zu opfern, nicht vom Gericht bestraft wird, so wird es durch JHWH gestraft, *der den Sündigen ausrottet*[35]. Zu den verschiedenen Todesstrafen wie Steinigung, Erhängen, Köpfen und Verbrennen fügt sich also eine weitere, göttliche: die Ausrottung der Seele des Schuldigen. Diese Strafe weist in allgemeiner Weise auf die kultischen Pflichten des Menschen und seinen Auftrag hin, Heiligkeit und Reinheit zu wahren[36]. Gotteslästerung wird ebenfalls durch »Ausrottung« des Schuldigen bestraft[37]. Das Gottesurteil, welches angerufen wird bei Ehebruch auf seiten der Frau, beweist die außerordentliche Macht, welche die Hebräer dem ständigen Eingreifen des Ewigen ins Alltägliche zugestanden[38]. Der Urteilsspruch Gottes wird ohne Zögern beansprucht, wenn es sich darum handelt, den Beweis für einen Fehltritt zu erbringen.

Delikte, deren Bestrafung JHWH unterliegt, können in gewissen Fällen auch durch Opfergaben gesühnt werden[39]. Der Zeuge, der sich vor der Zeugenaussage gedrückt hat, kann seine Unterlassungssünde sühnen, indem er dem Priester beichtet und ein Opfer darbringt. Er darf dann sicher sein, daß sein Fehltritt verziehen ist[40]. Oft wird bei einer Straftat eine religiöse Buße auferlegt[41]. Umgekehrt ahndet das Strafrecht – häufig sehr hart – religiöse Vergehen, wie zum Beispiel Entheiligung des Sabbats, unnützer Gebrauch des Gottesnamens, falsche Prophetie, Zurückgreifen auf Hexenkünste, Totenbeschwörung oder Götzenanbetung[42]. Diese verwerflichen Taten sind »ein Greuel in den Augen JHWHs«, wie übrigens auch die sexuellen Vergehen, Ehebruch, Inzest, Homosexualität, Sodomie und Bestialität. Nicht nur Gott und die Menschen sollen diese »Greueltaten« verfolgen, nein, auch die Erde selbst wird ihre kriminellen Bewohner »ausspeien«[43]. Die Erde spielt eine aktive Rolle in der Verfolgung der Verbrechen. Sie ist unversöhnlich, wenn Blut auf sie fließt, bevor sie nicht das Blut des Verbrechers getrunken hat[44]. Findet man den Mörder nicht, müssen die Bewohner der nächsten Stadt der Erde als Sühneopfer eine junge Kuh weihen. »So sollst du das unschuldig vergossene Blut aus deiner Mitte wegschaffen, daß es dir wohl ergehe, wenn du tust, was dem Herrn wohlgefällt«[45]. Auch hier ist die juristische Seite unauflöslich verknüpft mit rein religiösen Aspekten. So ist es auch, wenn jemand seine Eltern schlägt oder ihnen flucht: auf beiden Fällen steht die Todesstrafe[46] als Folge des göttlichen Gebotes, welches am Sinai im Dekalog Mose verkündet worden ist: »Ehre deinen Vater und deine Mutter«[47].

Daher ist es sehr wichtig, die Schwere eines Falles je nach der Absicht des Täters festzulegen. Mord wird immer mit dem Tode bestraft; nicht vorsätzlicher – unwillentlicher – Totschlag nie. Dasselbe gilt für Verletzungen, die einem Sklaven beigebracht werden. Stirbt er, ist sein Herr des Todes; überlebt er noch einige Tage, wird die Todesstrafe durch eine Buße ersetzt[48]. Die Gesetzgebung ist sehr ausführlich, was Raufereien, Schläge und Verletzungen anbelangt. Schlägt ein Mann eine schwangere Frau, so daß eine Fehlgeburt eintritt, wird ihm eine Geldbuße auferlegt. Stirbt die Frau aber, erwartet ihn die Todesstrafe[49].

Diese Betrachtungen über die Absicht als erschwerender Faktor in der Straferteilung deuten auf eine Entwicklung des alten Vergeltungsrechtes hin. Dieses wird immer häufiger symbolisch interpretiert. Die Forderung »Auge um Auge«[50] wird umgedeutet zum Anspruch auf Schadenersatz in Form von Geld, welcher der Größe des erlittenen Schadens angepaßt wird. Häufig legt das hebräische Gesetz Strafen fest, die uns, gemessen an der Tat, unverhältnismäßig erscheinen: »Wenn zwei Männer miteinander raufen, und das Weib des einen läuft herzu, um ihren Mann aus der Hand dessen zu befreien, der ihn schlägt, und sie streckt ihre Hand aus und ergreift diesen bei der Scham, so sollst du ihr die Hand abhauen; du sollst kein Erbarmen kennen.«[51] Offensichtlich hat der Gesetzgeber in diesem Fall ein sexuelles Vergehen gesehen, für das die Bestrafung unabhängig vom verursachten Schaden ist. Auch hier wieder haben wir direkten Zugang zum Bereich der hebräischen Seele.

Für das Gesetz gibt es im Hebräischen elf Synonyme. Dies unterstreicht die zentrale Bedeutung der Satzungen im Alltagsleben der Hebräer, für die es, wie wir gesehen haben, keine klare Grenze gibt zwischen persönlicher Moral, Leben in der Gemeinschaft und Gerichtsbarkeit. Das Gesetz, dessen Ursprung in JHWH und in der Ordnung des Bundes zu sehen ist, soll die Erfüllung und das Wohlergehen im Leben des Menschen, der Familie, des Volkes und der ganzen Menschheit durch Gott sichern. Es ist die Bedingung und das Mittel, die äußersten Ziele der Menschheit zu erreichen, die alle in der Heilsordnung liegen.

Die Lehre der Thora

Das »Volk der Bibel« hat in der Zeit, welche uns beschäftigt, nicht jenen Stand erreicht, den man bei seinen großen Nachbarn auf dem Gebiet der Erziehung findet. Nirgends spricht die Bibel von der Schule, und das Wort selbst kommt in der biblischen Sprache nicht vor. Ein Kind bekommt seine Erziehung zuerst von der Mutter, dann vom Vater. Ihr ganzes Wissen beziehen die Mädchen von ihrer Mutter. Kinder der gehobeneren Schichten bekommen einen Hauslehrer. Das grundlegendste Wissen wird nicht durch Bücher, sondern mündlich vermittelt. Das Gedächtnis ist zu Leistungen fähig, die wir moderne Menschen uns gar nicht mehr vorstellen können. Vor allem den kindlichen Köpfen vertraut man das traditionelle Wissen an. Die Bücher, in Rollen- oder Tafelform, sind selten. Die Ältesten, Priester, Leviten oder Schriftgelehrten helfen den Eltern bei der in religiöser wie sozialer Hinsicht sehr wichtigen Aufgabe der Kindererziehung.

Die Kunst des Schreibens ist eine spezielle Technik, die nicht unbedingt zur Bildung gehört. Diese Ansicht hat sich im Orient noch lange gehalten. Man gilt da schon als hochgebildet, ohne schreiben zu können, wie man heute das größte Wissen besitzen kann, ohne der Stenographie mächtig zu sein. Könige, Propheten und Höhergestellte hielten sich ihre Schriftgelehrten, deren Bildung wohl ebenso umfassend und gut sein mußte wie in den Nachbarstaaten, welche uns auf diesem Gebiet eine reichere Dokumentation hinterlassen haben[52]. Anstelle einer Unterschrift setzt der Hebräer ein Kreuz oder besser sein Siegel unter seine Schriftstücke[53]. Bei den archäologischen Ausgrabungen kamen Hunderte von Siegeln ans Tageslicht; einige davon sind in seltene Steine graviert. So hat man in Lachis ein Siegel gefunden von »Gedaliahu, Aufseher des Hauses«, welcher wahrscheinlich der nach der Zerstörung von 568 von den Babyloniern ernannte Gouverneur war[54]. Zu jener Zeit setzte man die Siegel auf Dokumente aus Papyrus. Doch hat bei diesem Klima kein Dokument dieser Art überlebt. Daher die Dürftigkeit unserer Quellen, sobald es sich um das tägliche Leben handelt. Der Papyrus wurde dazumal aus Ägypten eingeführt oder vielleicht sogar im

Norden des Landes hergestellt. Jeremia diktierte seine Prophezeiungen seinem Sekretär, welcher sie mit Tinte auf Papyrusblätter schrieb; diese könnten die Größe von 15 auf 25 cm gehabt haben. Verbunden miteinander können sie bis 9 m lange Rollen bilden. Ein Buch dieser Art muß Jojakim verbrannt haben, um Jeremias Spuren der Vorhersage auszuwischen[55]. Ein edleres Material für die Schriftübermittlung waren Pergament, Holztäfelchen[56] und die zu Hunderten ausgegrabenen Ostraka der Königszeit. Es ist möglich, daß die Prophetentexte zuerst von Schülern auf Ton geschrieben wurden, wie später der Koran auf Lederflicken, Feigenblätter oder Knochen. Der Schreiber benützte eine aus Schilf geschnittene Feder und eine schwarze, so gut gemixte Tinte, daß diese in einigen Fällen Jahrtausende überdauert hat, ohne sich zu verändern.
Wie schon gesagt worden ist, besitzen wir wenige Anhaltspunkte über die Schriftkundigen, ihre Bildung und ihre Techniken. Sicher ist jedoch, daß die Übermittlung des geistigen, kulturellen und historischen Erbes der Hebräer weitgehend von ihnen abhing. Weitere Entdeckungen werden sicher eines Tages das in den Schatten der Vergangenheit gehüllte Gesicht des Schriftgelehrten Israels zur Königszeit beleuchten.

Musik und Ekstase

Die zeitgenössische Forschung hat die tiefen Beziehungen herausgeschält, welche bestehen zwischen dem geistigen Leben, den Volksmythen, der Magie, dem Zahlensymbolismus und den Musikinstrumenten. In Israel nimmt die Musik im Leben der Nation vom Anfang bis ans Ende einen zentralen Platz ein. Nach der Entstehung der Welt soll es für die Menschheit, laut 1. Buch Mose, drei Berufe gegeben haben: das Hirtentum, das Bronze- und Eisenschmiedehandwerk und die von Jubal begründete Musik[57]. Lied, Hymne und Instrumentenspiel werden im Hebräischen durch eine unendliche Reihe von Synonymen ausgedrückt, die in andere Sprachen zu übersetzen fast unmöglich ist, angesichts eines solchen Reichtums und so subtiler Nuancen. Überdies wird fast jedes größere Ereignis, wie Geburt, Heirat, Tod, Krönung der Könige und vor allem die heiligen Liturgien und die Prozessionen von Instrumental-, Orchester- oder Chormusik begleitet. Denn die Musik ist ebenso wie das Wort und der Gedanke ein erfolgreiches Verständigungsmittel für den Kontakt mit dem Himmel, den Menschen und der ganzen Schöpfung. Sie beeinflußt die Wirklichkeit und hat, wenn sie gut gespielt wird, eine außerordentlich faszinierende Wirkung. Sie verändert den Geist der Menschen, ihre seelische Struktur wie auch ihre über- und außernatürlichen Kräfte.

Die ältesten, noch mit dem Andenken an Jubal verknüpften Instrumente werden von den Priestern zu den heiligen Liturgien geblasen: Horn *(jobel)*, Waldhorn *(schophar)* und Trompete *(chazo-z^e^ra)*.

Die Saiteninstrumente überläßt man den Leviten. Dazu gehören die Lyra, *kinnor*, die Zither und die Harfe, *nebel*, und verschiedene ähnlich gebaute Instrumente, wie *asor, minnim, sambucca, santerin* ...

Es gab auch eine ganze Reihe Blasinstrumente von der Art der *'ugab*, einer Schilfflöte, mit Abwandlungen aus Rohr, Holz, Knochen und später vermutlich aus Metall: die *chalil, abud, maschrokita* ...

Zum Orchester gesellt sich das Schlagzeug aus Erz oder Metall, bestehend aus Trommeln, Pauken, *zälz^e^lim, pa'amonim, m^e^ziltajim*, verschiedene Zimbeln, Gongs oder Glöckchen. Letztere verzieren, geschickt gemacht, die Robe des Hohenpriesters. 36 Glöcklein bimmeln ein kunstvoll zusammengestelltes Konzert, wenn er einherschreitet.

Es gibt eine ganze Symbolik um die priesterlichen Instrumente, deren klassischste das *jobel* und das *schophar*, zwei Tierhörner, sind. Der Ton, den der Mensch damit hervorbringt, hat heilige Bedeutung und ist von großer Wirkung bei Feiern im Tempel, bei Gotteserscheinungen und auch auf den Schlachtfeldern. Auf einem solchen Horn blies Gideon, als er den Midianitern jenen Streich spielte[58]. Dabei handelte es sich nicht nur um das Überraschungsmoment, denn schon der Klang des *schophar* an und für sich ist eine Waffe, deren magische Wirkung die Feinde zerstreuen soll.

Wenn auch die Musikologen die Vokalmusik der Hebräer zur Zeit des ersten Tempels glaubwürdig rekonstruieren konnten, ist uns die Orchestermusik der Königszeit doch noch ganz unbekannt. Das Tempelorchester war aufsehenerregend mit seinen 120 Priestertrompeten, welche von Harfen- und Lyraklängen begleitet wurden[59]. Im Moment, da man opferte, verstummten die Hörner, und nur die Silbertrompeten erklangen noch, deren mystische Kräfte stärker waren.

Trompeten spielen in den Schlachten eine sehr wichtige Rolle. Sie kommandieren die Truppenbewegungen, ermutigen, unterstreichen und verkünden den Gang der Kämpfe.

Die Harfen, Leiern und Zithern, deren Formen und Herstellungstechniken sich in der langen Zeit, von der wir sprechen, beträchtlich entwickelt haben, sind die eigentlichen Instrumente der hebräischen Musik: Sie begleiten alle Feste, Tänze und Prozessionen, und die Propheten benützen sie, um den Geist JHWHs auf sich zu lenken.

Die Chroniken machen Angaben über den oft erblichen Beruf der Tempelmusiker, deren phantastische (und sicher symbolische) Zahl sich auf 4000 beläuft. In den Tempeln waren, wie in zahlreichen heiligen Stätten der antiken Welt, Musikschulen eingerichtet.

Die Hebräer lieben den Gesang, und ihre Hügel, Städte und Dörfer widerhallen von den Symphonien des Tempels. Die Kunst des Lied- und Hymnengesanges gehört zur Unterweisung der Kinder. Auch die Beerdigungen werden von Musik begleitet. Die professionellen Klageweiber singen ihre Elegien, welche von Musikern, meistens Flötisten, untermalt werden[60]. Auch hier wieder hat die Musik eine mystische Bedeutung und erfüllt einen wirklich kultischen Zweck. Die menschliche Stimme erhebt sich, vereinigt sich mit derjenigen Gottes und gewährt so die vollkommenste geistige Verbindung. Asaph, Jeduthun und Heman, die »Musikexperten«, werden Ratgeber des Königs[61], da sie, auf ihre Weise, ebenfalls Propheten sind.

Die Musik kann die mystischen Kräfte der Seele freilegen. Sie kann befreien und heilen. Die Prophetentreffen zeugen vom Wissen darum; jedenfalls werden sie immer von Gesang und Tanz umrahmt und mit Flöten-, Handpauken- und Harfenklängen begleitet[62].

Saul ruft David zu sich, um durch die Macht der Musik von seiner Schwermut erlöst zu werden. Die Musik bietet einen der Wege an, auf welchem der Mensch den zweiten Zustand erreichen kann, in dem er in Ekstase das Wesen jenseits der äußeren Erscheinung erkennen, die Geheimnisse der Zukunft lesen und das Mysterium JHWHs in seiner ganzen Tiefe erleben kann.

Die Traumdeutung

Der Traum spielt eine wichtige Rolle im hebräischen Leben. Er ist ein göttlicher Fingerzeig, den zu übersehen unvorsichtig und den nicht zu verstehen manchmal verhängnisvoll sein kann.
Der Schlaf bringt den Menschen auf diese Weise mit dem Geist JHWHs in Berührung, und nichts ist wichtiger, als seine Sendungen gut zu deuten. Was im Traum vorgezeichnet ist, wird geschehen – denn Elohim hat es so beschlossen: den Menschen vorzuwarnen[63]. Gott spricht mit ihm im Traum: mit Abimelech, mit Jakob, mit Salomo[64]. Wenn die göttliche Botschaft nicht verständlich ist, soll man sich an einen weisen Traumdeuter wenden, wie es der Pharao und Nebukadnezar taten[65]. Jeder Traum ist eine Art Erscheinung, welche Gottes Willen kundtut; so greift Gideon, einem Traum folgend, die Midianiter an und besiegt sie[66]. Doch auch im Bereich der Träume, wie in jenem der Prophezeiung, muß der Weizen von der Spreu getrennt werden. »Der Träumer von Träumen« wird von den Hebräern mit ebensolcher Strenge verurteilt wie die falschen Propheten. Und wie man die Zeit ersehnt, in der Gottes Weisheit die Erde bedecken wird wie das Wasser den Meeresgrund, so wünscht man auch die Stunde herbei, da jeder die Fähigkeit zu träumen haben wird:
»Und nach diesem wird es geschehen, daß ich meinen Geist ausgieße über alles Fleisch; und eure Söhne und Töchter werden weissagen, eure Greise werden Träume träumen, eure Jünglinge werden Gesichte sehen[67]«.
Der Traum nämlich gehört zu denselben Erscheinungen wie Prophezeiung und Vision. Er gewährt im besten Fall einen bevorzug-

ten Ort der Begegnung zwischen JHWH und seinem Volk. Traumdeuten heißt, ans Licht bringen, was JHWH in die Seele des Träumenden gelegt hat, denn dies wird sich für ihn erfüllen.

Das literarische Schaffen

Das Leben des Volkes, seine tausendjährige Geschichte, sowie die Verheißung, welche sich auf dieses zu beziehen scheint, führen zu einer reichen mündlichen Tradition, deren wichtigste Teile schriftlich niedergelegt und gesammelt wurden. Die Priester und Schriftgelehrten spielen eine entscheidende Rolle bei diesem Werk, welches wahrscheinlich in der Königszeit erforderlich zu werden schien, vor allem mit Beginn der Herrschaftszeit Salomos.

Die Weisheitsliteratur erreichte in den Ländern, welche die Hebräer gut kannten, in Ägypten und Mesopotamien, einen hohen Stand der Entwicklung. In Israel entwickelt sie sich aus dem Geiste des ethischen Monotheismus: Weisheitsbücher werden in Anlehnung an die alten Volkstraditionen geschrieben. Das Buch der Sprüche, das Buch Hiob und der Prediger sind berühmte Beispiele dieser literarischen Strömung, deren hohes Alter man heute bestätigt sieht.

Besonderes Gewicht legen die Priester und Könige auf die Gesetze des Landes, die gemäß der Tradition auf die von Mose am Sinai erhaltene göttliche Offenbarung zurückgehen als Folge des Bundes und der Auserwählung durch JHWH. Die *Zehn Gebote*[68] und die *Satzungen des Bundes*[69] bilden zweifellos den ältesten und ursprünglichsten Kern der juristischen Tradition der Hebräer. Diese wurde bereichert durch überlieferte Texte aus der Nomaden- und Halbnomadenzeit des Volkes und noch stärker durch die Erfahrung, welche es dank seiner Seßhaftwerdung in Kanaan zur Zeit der Monarchie erlangte. Der Beginn der Monarchie beschleunigte die Entwicklung des hebräischen Rechts, über dessen Orthodoxie Priester und Propheten wachten. Das 5. Buch Mose bildet das beredteste Beispiel des Zusammenschmelzens von juristischen Tendenzen mit der Lehre der Priester und Propheten: das Endergebnis wird im Namen JHWHs, des Gottes von Israel, gelehrt.

In der Königszeit entwickelt sich die Geschichtsschreibung auf Anstoß des Königs, welcher Schriftgelehrte in seinen Dienst nimmt und sie beauftragt, die Chronik seiner Herrschaftszeit zu schreiben. Die Bücher Samuel, die Bücher der Könige und die Chroniken sind bezeichnende Dokumente, zu denen es keine Parallelen in der alten Literatur gibt. Die »Saga« der Hebräer wird durch ihren Glauben neu beleuchtet. Die Geschichtsschreibung zielt auf eine exakte Wiedergabe der Tatsachen, der Reden und der Beweggründe der Helden ab. Die bescheidensten Einzelheiten werden da ausführlich niedergelegt. Man sieht, daß die Chronisten die Archive des Königreiches benützten und aus den mündlichen Traditionen schöpften, welche sie genau kannten und die sie in pragmatischer Art im Lichte ihrer Religion betrachteten. Daher die Genauigkeit in dieser umfänglichen Literatur, die uns in 160 Kapiteln die Geschichte der hebräischen Monarchie, von Saul bis zum Exil, darlegt, und deren Hauptzüge von der zeitgenössischen Kritik immer wieder bestätigt werden[70]. Die Bücher Daniel, Esther, Judith, Esra, Nehemia und später die Bücher der Makkabäer bereichern noch das Erbe der geschichtlichen Literatur der Hebräer.

Neben dem Pentateuch und den historischen Büchern besitzt die hebräische Literatur die unerschöpfliche Fundgrube der prophetischen Werke, wie sie sich in der prämonarchischen Zeit abzeichnen und zur Zeit der Könige Judas und Israels in ihrer Durchschlagskraft, Vielzahl und Verschiedenartigkeit durchsetzen[71].

Von der Gesamtheit dieses beeindruckenden literarischen Denkmals, dessen Einfluß immerfort wuchs, verehrten die Hebräer besonders tief die poetischen Bücher, welche nicht nur studiert werden, weil es heilige Bücher sind, sondern ebenso ihres künstlerischen Wertes wegen. Es ist möglich, daß die Schulen der Schriftgelehrten die Regeln einer hebräischen Poetik verbreiten, von deren Vorhandensein man sich bei der Lektüre ihrer Meisterwerke überzeugen muß, welche zu den verschiedensten Gattungen gehören, wie die der Psalmen, Siegeslieder, Klagelieder, Weihegedichte, Rätsel, Gleichnisse, Sprüche, Weissagungen, Elegien, Segnungen, Verwünschungen, der epischen, liturgischen, lyrischen oder dramatischen Gedichte

und schließlich der Liebesgesänge, welche im Hohenlied ein unsterbliches Beispiel hinterlassen.
Die hebräische Poetik kann als Träger des Ewigen im Alltag des Volkes betrachtet werden, das nicht müde wird, die Werke seiner Erleuchteten bei Gottesdiensten im Tempel und an kirchlichen Festen zu singen. Die Poesie und Prosa trennende Grenze ist kaum festzulegen, so stark wird der Leser vom hebräischen Satz, gleich welcher Gattung, fasziniert. In ihrer Kraft und Reinheit mutet die Alltagssprache oft wie Kunstprosa oder Poesie an. Der Parallelismus – die Seele der hebräischen Poesie – stellt ein Ausdrucksmittel dar, das man in den meisten Volkstraditionen findet. Er wird von der ganzen Macht des klangvollen, rhythmischen und bildhaften Sprachmaterials erfüllt. Die Ausdrucksmöglichkeiten sind unglaublich reich, gemessen am relativ kleinen Wortschatz. Die Sprache ist an und für sich konkret, deshalb drückt sie sich auch in der Gedankenwelt des Hebräers so aus. Dieser spricht immer, oder fast immer von Gott, ohne zu der abstrakten Sprache der Philosophen oder zu einer intellektuellen Annäherung, wie sie die englischen Metaphysiker des 17. Jahrhunderts z. B. praktizierten, Zuflucht zu nehmen. Die literarische Welt der Hebräer unterscheidet sich nicht von der, in welcher sie wirklich lebten. Da geht es um Humus, Felsen, Wüste, Wasser, Feuer; Sonne, Mond und Sterne, Haus- oder wilde Tiere, Krieg und Frieden, Wohnung, Hunger und Sättigung, Leben und Tod. Aber diese alltäglichen Gegebenheiten werden in Gott betrachtet – daher die transzendierende Kraft und das Geheimnisvolle in der Sprache der Bibel. Ihr Sinn ist so unerschöpflich reich an Harmonie, daß der Hörer oder Leser in seiner Neugier nie genug davon bekommen kann. Sie scheint das Geheimnis des ganzen Lebens einzuschließen: Gott, das Göttliche, den Himmel und die Engel; Satan und die teuflische Welt; den Menschen mit all seinen Möglichkeiten eines wechselhaften Lebens; Gut und Böse, die Sünde in ihrer schrecklichsten oder hinterhältigsten Schwärze, Frieden und Krieg, die ganze Natur; alle Nationen und Israel, das auserwählte Volk, das sich um die Stätte JHWHs schart, um diesen zur Hochzeitsfeier am Tage der Befreiung geöffneten, kostbaren Schrein.

Das Wunder

Der Alltag wird in Abhängigkeit vom Ewigen erlebt, in einem Weltall, wo die Schöpfung nur durch JHWH entsteht und existiert. Jedes Wesen, alles Leben, jede Handlung sind natürliche Ereignisse, hervorgerufen und getragen von JHWHs Willen[72], der sich am anschaulichsten in seinen Wundern ausdrückt. Das Wunder ist das unmögliche, unerwartete und errettende Ereignis, welches dank JHWHs übernatürlicher Einschaltung zustande kommt. Die Hebräer leben in der Erinnerung, der Gegenwart und der Hoffnung des Zeichens *(ot)*, des Wunders *(mophet)*, des Außergewöhnlichen *(pälä)* und der Erscheinungen *(nes)*, welche in aller Augen das Reich JHWHs und seinen Sieg offenbaren. Sturmwind[73], Erdbeben[74], Finsternisse[75], alles, was vom Alltäglichen abweicht, wird JHWH zugeschrieben, zumal ja alles von ihm abhängt. Das alltägliche Leben wird von den Hebräern von der Geburt bis zum Tod mit unbeeinträchtigter Fähigkeit des Sich-Wunderns über die Wirklichkeit und alles, was mit dem Leben des Körpers und der Ehe zusammenhängt, erlebt. Erzählungen über die wunderbare Geburt Jesu findet man verschiedentlich in der Bibel, wo auch die Geburt Isaaks[76], der Zwillinge Rebekkas[77]; Josephs, des Sohns der Rachel[78]; Obeds, des Sohns der Ruth[79], und Samuels[80] dem göttlichen Eingreifen zugeschrieben wird ...

Die bemerkenswertesten Wunder sind diejenigen, welche die Geschichte des JHWH-Volkes erhellen: Die Erscheinung, die sich Abraham kundtat, der Auszug aus Ägypten, die Durchquerung des Roten Meeres, die Eroberung Kanaans, das Anhalten des Sonnen- und Mondlaufs durch Josua, die Siege Davids und der anderen Könige, das alles ruft bei den Menschen von Geschlecht zu Geschlecht Bewunderung hervor.

JHWH greift auch ein, um Kranke zu heilen, Tote aufzuerwecken, und um aus Gefahr, Hungersnot oder Lebensbedrohung zu retten. Die Geschichte Samsons und Jonas, die Apokalypse Daniels und die Chroniken sind voll von Wundern. Doch in den Augen der Hebräer haben diese nichts Erstaunliches an sich, da alles ja von JHWH kommt.

Die Opfer

Das tägliche Leben spielt sich um eine bestimmte Opferordnung herum ab und wird von ihr in seinem Lauf bestimmt. Das Zentrum der Welt ist nicht das Individuum, sondern Gott, von dem alles kommt, dem alles zukommt, in dem sich alles auflöst. Von der Geburt bis zum Tod lebt der Hebräer für die Erfüllung des Gesetzes, indem er JHWH unaufhörlich seine Gedanken, seine Zeit und seine Güter darbringt. Diese Tatsache führt zum öffentlichen oder privaten Ritus des Opferns.

Das Opfer ist in erster Linie eine Huldigung an Gott, die sich durch eine Opfergabe ausdrückt[81]. So halten es ja die Untergebenen mit ihrem Herrn, um seine Gunst zu erlangen. Das Opfer, *korban*, soll die große Distanz, welche den allmächtigen König von seinem demütigen Untertanen trennt, aufheben. Es hat also versöhnenden Charakter.

Es stellt überdies den Tribut dar, welcher die Dankbarkeit des Untergebenen gegenüber dem Herrn ausdrücken soll, dessen Wohltaten unermeßlich sind. Die Erde gehört JHWH. Deshalb ist es nur billig, daß der Hebräer, dessen eingedenk, seinem Gott die Erstlinge seiner Bäume, seiner Felder, seiner Herden und selbst seiner Nachkommenschaft bringt. Der Erstgeborene eines jeden Hebräers gehört grundsätzlich JHWH und muß durch seinen Vater »zurückgekauft« werden, indem dieser dem Vertreter Gottes auf Erden, also dem Priester oder Leviten, eine Opfergabe entrichtet[82]. Die Erstlinge gehören zum Wunder der Schöpfung und als solche dem Schöpfer. Später wurde dieses allgemeine Prinzip so umgestaltet, daß JHWH oder seinen irdischen Vertretern der Zehnte aller Einnahmen zukam[83].

Dies erfordert das Gesetz. Doch der Hebräer bringt auch Gelübdeopfer, *nädär*, wenn er von seinem Gott eine besondere Gunst erfahren durfte oder eine solche erwartet. Das Votiv-Opfer bestätigt den Ausdruck der Dankbarkeit *(todah)* des Gläubigen gegenüber JHWH. Hier darf der Glückliche, dem Gnade widerfahren ist, am Tische mit Gott und seinen Priestern das Opfermahl teilen[84].

Schließlich kann der eifrige Gläubige JHWH auch ein freiwilliges

Opfer, *n^edabah*, bereiten[85]. In allen diesen Fällen drückt sich das Bedürfnis nach einer Verbindung mit Gott aus und das Bemühen, ihm die Nahrung der Menschen als Zeichen der Unterwerfung und der Anbetung zu geben. Im biblischen Opfergesetz scheint noch die antike Fürsorge des Menschengeschlechtes durch, das seine Götter mit Nahrung versah.

Das immer wiederkehrende Opfer, das zweimal am Tag, beim Morgengrauen und am Nachmittag, dargebracht wird, ist Sinnbild für die unzerreißbaren Bande, welche JHWH mit seinem Volk verbinden. Das Tier wird auf dem Opferaltar geschlachtet und ganz und gar verbrannt als Brandopfer, *ola*, das vor JHWH und für ihn in Flammen aufgeht. Werden Fleisch und Blut eines Lammes dargebracht, gibt man Getreide und ein Trankopfer bei, um das heilige Mahl zu vervollständigen »als lieblich duftendes Feuermahl für den Herrn« von Israel[86]. Am Sabbat umfaßt das Opfer statt des täglichen einen Lammes deren zwei, und an Neumondfesten zwei Stiere, einen Widder, sieben Lämmer und die dazugehörenden Getreidemengen und Trankopfer.

Am Neumondfest des siebten Monats, dem Neujahrstag, und zehn Tage später, am Tag des großen Vergebens, besteht das zusätzliche Opfer aus einem Stier, einem Widder, zwei Ziegenböcken und sieben Lämmern. Zu den großen Wallfahrten werden 14 junge Stiere, 2 Widder und 14 Lämmer als Brandopfer auf den Altar gelegt. Am achten Tag der Sukkoth-Wallfahrt bringen die Priester im Tempel einen Stier, einen Widder und sieben Lämmer dar[87]. An Ostern schließlich erfordert das Opfer täglich einen Stier und einen Widder, dazu das Osterlamm und die rituellen Trankopfer. Hesekiel schafft neue Bräuche bei der Rückkehr aus dem Exil für die Zeit des Tempel-Wiederaufbaus[88].

Zum heiligen Mahl von Fleisch, Getreide und gegorenen Getränken kommen noch die Brote der Allgegenwart, *lächäm happanim*, welche auf dem Altar in zwei Reihen zu je sechs Broten angeordnet werden und jeden Sabbat der Priesterkommunion dienen[89]. Den Opferkult begleiten Räucherriten, so daß im Schein der ewigen Flamme, beim Klang der heiligen Musik, auch Weihrauch duftend aufsteigt.

Gründung oder Erneuerung eines Bundes, Riten der Sühne, die Reinigung von körperlicher oder moralischer Unreinheit, außergewöhnliche Umstände im öffentlichen Leben (Krieg, Seuchen, Trauer, Krönung des Königs, Tempel- oder Priesterweihe) oder im Leben des Einzelnen (Geburt, Weihe, Reinigung, Beschneidung usw.) werden von Opfern begleitet, welche durch Gesetz und Tradition streng geregelt sind.

Den Toten zu opfern[90] oder Menschenopfer darzubringen[91], was im Altertum sehr verbreitet war und zu Zeiten der Dekadenz auch die hebräische Gesellschaft verunreinigte, wird von den Propheten nachdrücklich verboten und verdammt. Man nimmt keine Kinder noch Erwachsene mehr als Erstlingsopfer: doch werden sie ohne Unterbrechung beibehalten in Form von Tieropfern, deren auf die Erde gespritztes Blut versöhnende Wirkung hat.

Die Sühnopfer, wie auch die gewöhnlichen Opfer, garantieren auf ihre Weise, daß die Ewigkeit den Alltag durchdringen kann. Ihre strenge Beachtung und minutiöse Reglementierung sind notwendig, da die Existenz und die Zukunft dieser Nation davon abhängig sind.

Engel und Teufel

Die Ewigkeit dringt auch in den Alltag ein dank den Boten JHWHs, den geistigen Wesen und den Engeln, welche in Erscheinung treten, um Gottes Botschaften zu verkünden, die Guten zu belohnen und die Schlechten zu bestrafen. Drei dieser »Boten« kündigen Abraham die wunderbare Geburt Isaaks an[92]. Engel wiederum hindern Abraham beim Opfern, erklären Mose, warum der Busch brennt, beschützen die Hebräer während ihrer Durchschreitung des Roten Meeres und des Zuges durch die Wüste, speisen Elia in der Wüste, züchtigen die Feinde Israels und streiten mit JHWHs Soldaten[93]. Die Engel erscheinen den Menschen in menschlicher Gestalt von göttlicher Schönheit. Sie besitzen Gottes Allwissenheit und übernatürliche Kräfte, welche ihnen bei ihren Missionen zugute kommen[94].

Die Engel werden auch Söhne Gottes, Heilige, himmlische Heerscharen und Kinder des Allerhöchsten genannt. Diese übernatürlichen Wesen konnten einst Töchter der Erde heiraten und das Geschlecht der Helden und Riesen zeugen. Dieser alte Mythos entwickelt sich in späterer Zeit weiter, so daß Cherubim und Seraphim eine immer größere Rolle im religiösen und kultischen Leben der Hebräer spielen. Die Cherubim, mit einem zweischneidigen Schwert bewaffnet, wachen am Zugang zum Paradies, aus dem der Mensch verjagt wurde; sie umgeben den Thron Gottes, wie ihre vergoldete Holzstatue auf Erden die Bundeslade schmückt, und sie tragen JHWH durch die Lüfte, wenn er sich in die Himmel erhebt[95]. Hesekiel beschreibt die Cherubim in allen Einzelheiten: Sie haben vier Flügel, menschliche Gestalt, Beine mit Ochsenhufen und vier Gesichter: das eines Menschen, eines Löwen, eines Stiers und eines Adlers. Wie der Blitz bewegen sie sich, auf Rädern, die wie Chrysolith blinken[96].

Bei Jesaja, Kapitel 6, wird uns von der Berufung des Propheten berichtet: Er erblickt den Thron JHWHs, über dem sechsflüglige Seraphim schweben. Diese Engel singen: »Heilig, heilig, heilig ist der Herr der Heerscharen! Die ganze Erde ist seiner Herrlichkeit voll!« Einer der Seraphim nimmt eine glühende Kohle, die er mit einer Zange vom Altar aufgehoben hat, und versengt ihm damit die Lippen, um ihn von seinen Sünden zu reinigen.

Dämonen erscheinen auch in der Bibel, jedoch nur zögernd. Sie nennen sich *schedim, s^{e}'irim* oder Geister des Bösen[97]. Sie verkörpern die Kräfte des Bösen und der Dunkelheit, die vom Feind, Satan, ausstrahlen. Lilith ist das weibliche Gegenstück des Dämonen; sie ist die Anti-Eva, die Zerstörerin, die Gemahlin der Schatten[98]. Asasel, dem man den Sündenbock zukommen läßt, ist ebenfalls ein Dämon, der die vor Einsamkeit schreiende Wüste bewohnt, die Wahlheimat Liliths und der Kräfte des Bösen[99]. Gottesdienst, Reinhaltung und Heiligung haben den Zweck, die bösen Geister zu entwaffnen und ihr Unheil abzuwenden.

Es ist jedoch von Bedeutung, daß die Propheten keine der magischen Handlungen zulassen, wie sie bei den Nachbarvölkern verbreitet waren, um die Dämonen zu bannen.

In den einander entgegengesetzten Reichen der Engel und der Dämonen nehmen die Kritiker die untrüglichen Glaubenseinflüsse der Völker des alten Orients wahr, welche die Hebräer übernahmen, sofern sie nicht absolut unvereinbar mit ihrem Glauben an JHWH, den Himmelsbewohner, waren.
Nach dem babylonischen Exil übertragen die Hebräer die schädlichen Kräfte in der Natur auf Dämonen, beeinflußt von ursprünglich iranischen Vorstellungen; Satan, Mastemah, Belial und Asasel, begleitet von einer Unzahl von Teufeln, steigen nun aus der Hölle herauf, um das Gewissen der Juden und später das der Christen und Mohammedaner zu bedrängen. Sie werden eine nicht zu unterschätzende Rolle spielen in der Entwicklung der westlichen Zivilisation.

V. Der Himmel

Der Himmelsbewohner

Wenn der Hebräer den Himmel seines Landes betrachtet, das tiefe Azur der Mittelmeerländer, verbunden mit der Heftigkeit des subtropischen Klimas und der kristallklaren Wüstenluft, wenn er die Farbtönungen bewundert, die vom kräftigen Rot ins satte Violett gehen, über ein blasses, fast weißes Blau und alle Abstufungen des Regenbogens, erkennt er darin den Ruhm seines Gottes und das Werk seiner Hände[1]. Diesem endlosen Dialog mit JHWH Elohim weiht das Volk alle seine Gedanken – und nicht etwa der Philosophie, der Kunst oder dem Beruf: nichts anderem als der Zwiesprache mit dem Gott, von dem es ganz und gar eingenommen ist.

Dem Volke ist bewußt, daß es seine Existenz JHWHs Willen verdankt. Es ist kein Volk, das seine Götter selbst schafft, sondern das Volk, das von Gott geschaffen wurde und auserwählt, indem sich dieser Gott den Vätern, Abraham, Isaak, Jakob, Mose und David offenbarte, die er mit eigenen Händen auf ein bestimmtes, zwingendes Ziel hin geformt hat.

Die Berichte über Abrahams Berufung, die Bildung der zwölf Stämme, ihr Nomadenleben, ihre Knechtschaft in Ägypten und die wunderbare Errettung durch Mose beschäftigen die Gedanken aller und bilden den Stoff des täglichen Unterrichtes von Vätern an ihre Kinder, von Lehrern an ihre Schüler. Dies ist die grundlegende Sicht, aus welcher das Volk vom Anfang bis zum Ende die Kraft seiner Berufung schöpft, die es als auserwähltes Volk erhalten hat, das mit Gott wie mit dem Geschick der Menschheit eng verbunden ist. Dieser Anspruch war den meisten Völkern der Antike eigen, daß sie ebenfalls glaubten, von ihren Göttern zu einem außerordentlichen, ruhmreichen Schicksal bestimmt zu sein; was die Hebräer jedoch von ihnen unterschieden zu haben scheint, ist, daß sie aus ihrem transzendenten Gott den ausschließlichen Mittelpunkt ihres staatlichen und religiösen Lebens machten und ihr Geschick

seinem Gesetz unterordneten in einem Durchhaltewillen, der an Besessenheit grenzte. Sie waren sich bewußt, die Auserwählten und Verbündeten des Schöpfers des Universums zu sein.
JHWH, das ist der Name des Gottes der Hebräer. Dieses Volk der Erinnerung, das jeden Konsonanten, jeden Vokal und jeden Akzent seiner Schriften, ohne einen zu übergehen, im Laufe seiner viertausendjährigen Geschichte gezählt hat, fügt dieser erstaunlichen Leistung noch ein Paradoxon bei: Es hat vergessen, wie man den Namen seines Gottes – das Wichtigste in seinen Augen – ausspricht.
Dieser unauslöschliche Name nämlich war nicht auf der Gasse zu hören. Er durfte nur einmal im Jahr, im Allerheiligsten des Tempels, vom Hohenpriester öffentlich ausgesprochen werden, und zwar während der Feier der Großen Vergebung. Seit der Zerstörung des Tempels hat sich die richtige Aussprache dieses Namens verloren, ohne daß man hoffen könnte, ihn je mit Sicherheit wiederzufinden. Die von der Kritik heute normalerweise empfohlene Lesung »Jahwe« bleibt leider eine nicht nachprüfbare Hypothese. Dieser Name, der ebensogut »Jaho« oder »Jahu« ausgesprochen werden konnte, wird von einer Wurzel abgeleitet, die ›Sein‹ bedeutet. Neuerdings sagen die Theologen: Er ist das ewige und absolute Sein, er war, er ist, er wird sein, und aus ihm kommt alles Sein. Abraham offenbart er sich als *El-'Äljon*, der sehr große Gott, und Mose stellt er sich vor als: »Ich werde sein, der ich sein werde« oder »Ich bin, der ich bin *ähjäh aschär ähjäh*. Gott ist so die Quelle, das Wesen und die Zukunft des Seins. Er ist gleichfalls eine persönliche Gegenwart, für welche die Hebräer, wenn sie darüber sprechen, verschiedene Anthropomorphismen gebrauchen: Gott spricht, er kommt und geht, steigt hinauf und herunter, freut sich und ist traurig, macht Pläne und verwirft sie, wird zornig, bestraft oder belohnt, hüllt sich in Schweigen, zieht sich zurück, gibt und vergibt. Er macht den Menschen nach seinem Bilde, und der Mensch zögert nicht, ihm die Gebärden, Beweggründe, Gedanken und Gefühle der Menschheit zuzuschreiben. Diese geheimnisvolle Ähnlichkeit ist schließlich der wesentliche Grund zum Protest Hiobs, der am Anfang eines uneingeschränkten Humanismus steht. Gott *ist* vor allem

anderen, er ist der Schöpfer jeder Gegebenheit. Er ist der Allerhöchste, der Gott der himmlischen Heerscharen, *Adonaj Z^ebaot*, das verschlingende Feuer inmitten der Hierarchien der Engel. Er ist der Einzige, der Unvergleichliche, der Heilige und Quelle aller Heiligkeit. Erhaben über jeden Plan, jeden Gedanken, jedes Lob, ist er der Herr der Ewigkeit. Sein Name ist auch *Elohim*, ewiges Zentrum der zahllosen Kräfte, durch die er sich dem Universum kundtut, dessen Erfinder, Architekt und Baumeister er ist.

Als Herr der Welt besitzt er das Allwissen, die Voraussicht und die Allgegenwart. Er leitet den Lauf der Geschichte, bestimmt über Krieg und Frieden und herrscht über alle Völker der Erde. Er ist es, der sich Abraham eröffnet, der Jakob sein Wort gibt und Mose anruft; er ist es, der sich mit Israel verbündet, es zu einem Volk macht, es aus der unwürdigen Götzenanbetung herauszieht, es aus Ägypten wegführt, es aus seiner Gefangenschaft erlöst, es im Heiligen Land ansiedelt, es vor seinen Feinden beschützt und es schließlich, wenn er es für seine Untreue bestrafen muß, auch noch vom Tode befreit. Er ist es, der Könige krönt, Demütige errettet, und Arme, Witwen, Waisen und Fremde beschützt. Er ist wirklich gegenwärtig im Allerheiligsten des Tempels von Jerusalem. Da kann sein Volk ihn ansprechen, anbeten und verehren.

Er ist die Quelle allen Lebens und aller Gesetze. Er ist der einzige Gesetzgeber Israels. Mose empfängt auf dem Berge Sinai aus den Händen Gottes das mit göttlicher Schrift in den Stein gehauene Gesetz. Die Zehn Gebote bilden das Grundgesetz des Volkes, aus dem dann die monumentale hebräische Rechtsprechung hervorgeht. Das Gesetz ist unverrückbar; aus der göttlichen Unveränderlichkeit entstanden, regiert es in göttlichem Auftrag den Lauf der Dinge bis ans Ende der Welt.

Es gibt keinen Bereich, für den Gott nicht Gesetze vorgesehen hätte. Er ist der Schöpfer des ganzen Universums und der Richter allen Fleisches. Er stellt die Gesetze nicht nur auf, sondern wacht auch über ihre Einhaltung, indem er diejenigen, welche es befolgen, belohnt und Übertretungen bestraft. So ist Gott Richter in Ewigkeit, Ernährer, Heilbringer und Befreier. Er überträgt auf den Menschen den göttlichen Funken, der dessen Leben einen Sinn gibt und ihn erhöht bis zur Berührung mit dem Mysterium, zum Sich-Versenken in diese Quelle allen Geistes, aller Wahrheit und allen Lebens. Nachdem er Israel aus der ägyptischen Knechtschaft gezogen hat, führt er es auch aus der Zerstreuung wieder zusammen, denn er verspricht auf immer den Sieg des grundlegenden Bundes, welcher alle Konflikte löst und den Triumph Gottes vorbereitet, der König der ganzen Schöpfung ist und alle Kreaturen durch seine Gerechtigkeit und Liebe erlöst.

Der Gott Israels ist also seinem Wesen nach transzendent und allmächtig. Reitet er auf den Wolken daher, besichtigt er den Turm zu Babel und zerstreut er mit eigenen Händen diejenigen, die ihn erbaut haben, schließt er die Tür der Arche hinter Noah, steigt er aus seiner Himmelswohnung herab, um Adam und Eva im Paradies aufzusuchen, zerstampft er die Trauben in der Presse wie ein Winzer, erscheint er wie ein Held, ein Kämpfer, ein unbeugsamer Richter, der alle Gefühle der Lebenden empfindet und prüft, Freude, Trauer, Abneigung, Reue oder Eifersucht – so sind das nur Redewendungen. Der Hebräer weiß genau, daß sein Gott sich jenseits des Geschaffenen, im Unendlichen, in der Ewigkeit, im Transzendenten befindet, am Ursprung des Universums, das vor ihm nur ein Nichts ist.

»Ich werde sein, der ich sein werde«: Dieses Schlüsselwort unterstreicht in der mosaischen Theophanie die immer wiederkehrende und tiefste Dialektik der Bibel, die des Dialogs: Der Gott der Hebräer ist der Gott des Wortes. Er erbaut die Welt durch sein Wort, welches erschafft und formt. Er spricht zum Menschen, um ihn zu beraten, zu leiten, zu tadeln und zu retten. Er führt mit ihm Zwiegespräche. Mose sprach mit Gott wie ein Mensch mit seinesgleichen. Dieser ständige Dialog belebt den inneren Dynamismus der Geschichte und der Schriften der Hebräer. Der Schöpfer ist ja auch der Meister, der Herr, der König, der Vater, der Freund. Diese Namen in Bildform bringen dem Hebräer das Wesen seines Gottes näher. Elohim ist überdies der Hort Israels. Diese Metapher wird auch fast zu einem Eigennamen für ihn.

Gott ist unsichtbar und trotzdem überall gegenwärtig in seiner lebensnotwendigen Wirkung auf jede Kreatur und die ganze Schöpfung. Gott ist einmalig, denn *es gibt nur einen einzigen Gott, und niemand ist ihm gleich*. Diese Hauptgrundlage des hebräischen Denkens erklärt den Glauben aller Völker und Epochen des Altertums für falsch.

Die Hebräer bestätigen mit Nachdruck die Einzigartigkeit und das Wunder der Heimsuchung, mit der sie Gott bedacht hat. Seine Gegenwart erleben sie als absolute Offenbarung, vor der weder Zweifel noch Ausflucht statthaft sind.

Diese unbestreitbare Offenbarung, in ihren Augen evident wie das Licht der Sonne, ist gleichermaßen unausweichlich: Gott ist allgegenwärtig, allwissend, allmächtig. Auch wird jede Gotteserscheinung dem, der sie erlebt, zu einem Schock, der sich im Volke von Generation zu Generation weiterverbreitet. Gott erhält sein Volk, indem er in dessen Herzen als unerhörte, wunderbare und heilige Gegenwart lebt. Das Bewußtsein des Volkes wird immer wieder erschüttert durch das Eingreifen des Gottes Abrahams, der erkannt und anerkannt wird als absolute Einheit, frei von jeglicher Bindung an die Materie des Universums oder Abhängigkeit von ihr, und frei von den Gesetzen des Schicksals: Er ist die reine Freiheit.

In seiner Freiheit erscheint dieser transzendente Gott mitten in der Schöpfung unter den Menschen, indem er zu ihnen spricht, wie er zu Abraham sprach – als er ihm, um ihn zu prüfen, seinen Sohn zu opfern befahl – oder zu Mose, den er auf dem Sinai, inmitten von Blitzen und Donnergrollen, anredete, um ihm für sein Volk das Gesetz zu verkünden. Er handelt auch durch Vermittlung seiner Engel, die seine Stellvertreter oder Boten sind. Mose hat das ungeheure Vorrecht, ihn von Antlitz zu Antlitz zu sehen und mit ihm wie mit einem Freund unter vier Augen sprechen zu dürfen im Heiligen Zelt. Auf diese verschiedenen Arten entdeckt sich denen, die ihn lieben und suchen, das Geheimnis Gottes.

Er erscheint denen, die ihn anbeten, in seinem Glanz: er führt das Volk als eine die Nacht erhellende Flammensäule durch die Wüste, als ein verzehrendes Feuer auf der Spitze der gewitterbedrohten Berge, als ein mysteriöser Brand im Geäst des Strauches oder als die »leise Stimme der Stille«, die zum Herzen Elias sprach.

Die ursprüngliche Kenntnis des einzigen und transzendenten Gottes ist in Israel nicht das Resultat des logischen Forschens nach dem Sinn der Welt und dem Zusammenhang aller Dinge. Pascals Ausruf: »Der Gott Abrahams ist nicht der der Philosophen« gilt wahrhaftig immerdar in bezug auf die Hebräer. Es handelt sich nämlich hier um eine Sicht, die sich aufdrängt und die Israel nolens volens zeichnet und unterscheidet von andern Völkern. Eine neue religiöse Eingebung, die wie eine objektive Enthüllung empfunden wird, stellt die gesamte Schöpfung, alles Seiende, unter den absoluten Willen eines allerhöchsten Gottes.

Der israelitische Monotheismus gründet weder auf einer Reflexion über die Natur noch auf einer abstrakten Meditation über das Wesen Gottes, sondern er drängt sich auf mit der Direktheit und der Unwiderlegbarkeit gesehener und empfundener Dinge. So verstehen und predigen es die Propheten und das Volk pausenlos, die glauben, das Ziel dieser überirdischen Heimsuchung zu sein.

Daraus ergibt sich die Aggressivität des neuen Glaubens an einen Gott, dessen Wille keine Grenzen kennt und dessen allmächtige Herrschaft sich auf das Universum erstreckt, das als geschaffene Einheit, als ein Ganzes, betrachtet wird. Man kann einer durch Nachdenken gewonnenen Schlußfolgerung leicht ausweichen. Man kann jedoch nicht fliehen vor der blendenden Erscheinung eines Gottes, der sich dem Menschen zeigt und ihm sein Gesetz vorschreibt. Das israelitische Denken, das aus der Vision entstanden ist, wird sich also nicht in philosophischen Begriffen ausdrücken, sondern in Bildern, Zeichen, Allegorien, Symbolen und konkreten Situationen. Der Verlauf der biblischen Offenbarung läßt auf diese Weise die streng regelmäßige Struktur eines theologischen, metaphysischen und politischen Gebäudes erkennen, aus dem, wie die Propheten es wünschen, der geheimste Plan der Schöpfung ersichtlich wird.

»Gott schuf Himmel und Erde ...«

Mythen von der Schöpfung gibt es in Mesopotamien, bei den Kanaanitern und in den meisten großen Kulturen des Altertums. Die Texte der Bibel unterscheiden sich von andern vergleichbaren Erzählungen dieser Zeit darin, daß bei ihnen das Vorhandensein des Universums auf den Willen eines transzendenten Gottes zurückgeht und daß sie den gottähnlichen Menschen an die Spitze der ganzen Schöpfung stellen. Die Kosmogonie ordnet sich der Anthropogonie unter, und beide zusammen sollen das Geheimnis der Lebensumstände des Menschen erhellen. Die Sicht einer Schöpfung, die eng verbunden ist mit der Offenbarung des Gottes von Israel, ist ein Ergebnis des hebräischen Denkens. Sie ist eine absolute Neuheit in der Geschichte des menschlichen Geistes, der die engen Grenzen der Götzenanbeterei sprengt.

Alles, was bis dahin in der Welt göttlich, unantastbar, kostbar und bewundernswert war, ist von nun an für das hebräische Denken nur noch »Holz und Stein«, eine Welt irrigen Zaubers, von dem das menschliche Hirn geheilt werden soll.

Die hebräische Revolution des Denkens gibt den Menschen ein neues Bild von der Welt: Von nun an ist eine Quelle eine Quelle, ein Baum ein Baum, und nicht mehr eine zu fürchtende Gottheit, deren Gnade es zu erlangen gilt. Tabus und Totemvorschriften – Verbote aus unvordenklichen Zeiten – und astrale Gottheiten haben ihren unbestrittenen Platz verloren; der Mensch wird vom Thron gestoßen, von dem herab sich die ägyptischen Könige göttergleich verehren ließen. Der Gott Israels ist die alleinige, einzige Gottheit, der Ehrerweisung gebührt – und nicht die Materie, nicht der Mensch noch irgendeine andere Kreatur; dies betonen die Propheten.

Und dieser Gott ist ohne Zweifel die erstaunlichste, unerwartetste und unglaublichste aller in der Antike verehrten Gottheiten. Wenn sich die Hebräer vorgenommen hätten, einen Gott zu erfinden, der am wenigsten Aussicht haben sollte, von den Menschen angenommen zu werden, so hätten sie vermutlich etwas erfunden, was diesem körperlosen, unberührbaren, unbekannten, unsichtbaren, schrecklichen und eifersüchtigen Elohim geglichen hätte, der allgegenwärtig ist, in einer Art, die man mit seinem Verstand nicht erfassen kann, der weder geboren wird noch wächst, noch stirbt, sondern einsam regiert im Glanze seines Ruhms und seiner Heiligkeit. Letztere ist untrennbar verknüpft mit seiner Einheit und

Transzendenz. Gott ist heilig, da er nicht den Zufälligkeiten der Sinnenwelt ausgeliefert ist und da er für immer in seinem Reich der Ewigkeit herrscht, dort, wo sich Leben und Tod jeder Kreatur entscheiden. Die Heiligkeit bei den Hebräern stellt also ein Gegenstück zur philosophischen Abstraktion der Griechen dar, denn dieser geheimnisvolle und immaterielle Gott fordert Heiligkeit von allen seinen Gläubigen. Eine neue Wertskala wird von den Propheten und den Gesetzgebern Israels geschaffen.

Diese stellt sich gegen alle Instinkte und Neigungen des Menschen, indem sie von ihm erwartet, daß er heilig werde, jetzt, wo er schweren Herzens teilen muß; daß er gerecht sei, wo er doch so vielen Ungerechtigkeiten ausgesetzt ist; daß er weder töte noch stehle, wo er doch vom Blutvergießen und von Raubbeute lebt; daß er nicht begehren soll, wo er doch ganz Gier ist und nicht von seiner Lebensweise Abstand nehmen kann, es sei denn durch Auserwählung und Gnade. Ja, dieser eifersüchtige Gott verlangt vom Menschen, daß er ganz zum Gegenteil dessen werde, was die Natur aus ihm gemacht hat; er verlangt nicht Fortschritt, sondern Wandlung der Herzen, die mittels der neuen Alchimie der Auserwählung und der Gnade gerettet werden sollen.

Der Gott der Hebräer ist nämlich auch ein Gott der Gnade, der Liebe und des Friedens. Im Leben der Gottheit, die unabhängige Allmacht, reiner Wille und volle Einheit ist, spielen sich keine Dramen ab. Das israelitische Gedankengut kennt keine Mythologien vom Krieg der Götter. Das sich um den Menschen abspielende Drama zieht nicht in den Olymp ein, sondern steigt auf die Erde hinab und wird ausschließlich Erbe der Menschen, nicht mehr dasjenige der Götter. Der Kampf wird nicht mehr zwischen feindlichen Göttern ausgetragen, er gehört nur noch zum Schicksal des Menschen und in den großangelegten Plan des Werdens der ganzen Menschheit.

Die hebräische Meditation nimmt sich also als Hauptgegenstand den Menschen vor in seiner Beziehung zur Absolutheit Gottes und in seinem historischen Werdegang.

Die hohe Kultur in dieser Gesellschaft

Die Hebräer brauchen einige Jahrhunderte, um die Bibel zu schreiben. Trotzdem ist man erstaunt über die beeindruckende Einheit in Inhalt und Form dieser Büchersammlung, welche das Gedankengut Israels von Jahrhundert zu Jahrhundert in der ganzen Welt verbreitete. Offensichtlich befinden wir uns vor einer neuen Aussage in der Geschichte der Menschheit, vor einem Denken, das seine Originalität nie verlieren wird und neue, unbegangene und einzigartige Wege der menschlichen Verständigung einschlägt.

Die Gedanken der israelitischen Elite sind ganz und gar damit beschäftigt, die Gottesbotschaft festzulegen, zu bewahren und weiterzugeben.

Die Ältesten, Leviten und Schriftgelehrten sichern den Fortbestand der mündlichen und schriftlichen Tradition des Volkes. Das semitische Gedächtnis ist in außerordentlichem Maße geübt. Es gelingt ihm das Meisterstück, Texte und Lehren der Alten fast unverändert weiterzugeben. Das Gedächtnis in seiner wunderbaren Treue, das unter diesen besonderen Umständen beweglich gemacht und verstärkt wird durch fortwährende Übung, ist der sicherste Vermittler der Weisheit Israels. Es ist der Konservator und vor der ganzen Welt verantwortlich für das Überleben der Nation und ihres geistigen Erbes. Gegenstand dieser Gedächtnisübung ist die Thora, die Vermittlerin des göttlichen Willens. Die hebräische Sprache wird dabei zu einem wunderbaren Instrument des Ausdrucks und der Formung des Gedankens. Mehr als zwei Jahrtausende nach der Abfassung der Texte der Bibel haben diese nichts an Tiefe und Glanz eingebüßt und faszinieren uns immer noch. Ihre Sprache ist ebenso reich wie wirkungsvoll; sie übermittelt ein Gedankengut, dessen Spannkraft und rhythmische Ausarbeitung immer noch Zustimmung und Bewunderung hervorrufen. Es handelt sich dabei, wie wir schon gesagt haben, nicht um eine Philosophie, sondern um die unmittelbare Weitergabe eines Mysteriums, das man an seiner Wurzel kennengelernt hat. Die schriftliche Tradition ist offensichtliche Stütze für das weite Feld des mündlichen Unterrichts, aber

beide erfordern die Mitarbeit der Menschen, die fähig sind, sie anzuhören, zu verstehen, zu behalten und weiterzugeben.
Die Propheten weisen Israel unaufhörlich zurecht und prangern fortgesetzt seine Missetaten, seine Untreue, seine Sünden und Vertrauensbrüche an. Immerzu verwünschen sie seine Schwächen und beschreiben mit leidenschaftlicher Genauigkeit die Folgen seines Ungehorsams. Dies ist die Rolle, die ihnen zukommt, und wir kennen alle die ausdauernde Vehemenz, mit der sie sie ausfüllen. Doch müssen wir wohl sehen, daß dieses von ihnen so verunglimpfte Volk dasselbe ist, welches die Worte seiner anklägerischen Seher demütig aufnimmt und die Bewahrung und Überlieferung ihrer religiösen Unterweisung über alles stellt.
Bossuet oder Shakespeare wären undenkbar gewesen in einer ungebildeten Gesellschaft, die ihre Werke nicht verstanden hätte. Diese setzen ein Publikum voraus, das ihren tieferen Sinn aufnehmen und verstehen kann. So ist es auch mit der Bibel: Die vielschichtigen Bedeutungen, ihren versteckten Sinn, ihre hohen Vorstellungen, die äußerst feine Ausarbeitung ihrer Sprache, das reiche Vokabular, ihre Sprachgewalt – in ihrer Direktheit heute noch aktuell –, könnte man sich kaum vorstellen ohne das Vorhandensein eines großen Publikums, das zu den Lehren der Heiligen Schriften von Generation zu Generation Zugang hat. Im letzten Jahrhundert neigte man dazu, die Hebräer als schwächliche und ständig bekriegte Primitive darzustellen, die ihr dürftiges Nomaden- oder Halbnomadenleben oder ihr ärmliches Siedlerleben in Kanaan fristeten. Das stimmt. Doch diese Armut und Not waren kein Hindernis – und darin liegt wohl einer der erstaunlichsten Aspekte dieses Mysteriums – für das Werden und Wirken einer bedeutenden Reihe von religiösen Genies, die die Finsternis jener Zeit aufhellen.

Priester und Leviten

Die Schaffung und Beibehaltung einer Volksschicht von hohem intellektuellem Niveau ist in jeder Generation das Werk von Tausenden, die sich der Lehre und Predigt zuwenden: Es sind dies die

Propheten, Priester und Leviten. Prophetenpredigt und Gesetz bieten die Grundlagen zu einer Einrichtung, die sich entfaltet und eine unvergleichliche Rolle spielt in der ganzen Zeit der Könige und vor allem nach den Salomonischen Reformen. Die Priester und Leviten sind in einer streng geordneten Körperschaft zusammengefaßt, besitzen Städte und sichere Geldmittel, sind, mehrere tausend an der Zahl, die Lehrmeister des religiösen Denkens und gewährleisten nicht nur im Tempel, sondern in jedem Stamm, jeder Stadt und jedem Dorf die Vermittlung zwischen Gott, seiner Botschaft und dem Volk, das den Auftrag bekommen hat, seine Ordnung anzunehmen. Für sie ist der Wille Gottes die Quelle des Wissens und der Wissenschaft. Sie haben vor allem die Aufgabe, die nationalen Traditionen zu lehren und weiterzugeben. Sie unterstützen die Familien in ihrer erzieherischen Aufgabe. Es scheint, daß während der ganzen Zeit der Monarchie das Volk weitumher ziemlich gut geschult war. Der Bauernkalender von Gezer beweist, daß junge Landwirte im 9. Jahrhundert lesen und schreiben lernten. Hirten und Bauern erheben sich plötzlich zu höchster menschlicher Ausdruckskraft, meist ohne Erstaunen oder Unverständnis in ihrer Umgebung hervorzurufen. Auch dies gehört zum Alltag der Hebräer.

Die Priester und Leviten vermitteln dem Volk die Kenntnisse ihrer Zeit über Astronomie, Medizin, Geographie, Geschichte und vor allem das Recht. Ihre Lehrtätigkeit sondert sie nicht ab, wie es der Fall war für die Priesterkaste Ägyptens oder, noch typischer, für diejenige Indiens. Priester und Leviten bilden keine isolierte Klasse. Sie dürfen die einfachste der Jungfrauen Israels heiraten. Überdies wird der Unterricht all jenen übertragen, die ihn geben wollen oder können. Die Ausübung des Priester- oder Levitenamtes ist in diesem Zusammenhang kein ausschließliches Privileg, kein Monopol, sondern eine Berufung.

Im Tempel spielen die Leviten die Rolle der Diener und Hüter. Sie sind die Gehilfen der Priester. Sie wurden zur Zeit Mose ein für allemal geweiht durch Reinigungs- und Weihopfer und vor allem durch Auflegen der Hände, wodurch die Übermittlung der geistigen Fähigkeiten gewährleistet wird, deren Quelle in Gott, in Mose und in Aaron liegt.

Das Levitenamt ist erblich; es wird im Alter zwischen dreißig und sechzig Jahren aktiv ausgeübt[2]. Die Ausbildung dazu dauert mindestens fünf Jahre. Der Levitenstamm hat das Recht, 48 auf das ganze Land verstreute Städte zu bewohnen. Die Leviten leben vom Zehnten, den die Hebräer Gott von ihren Ackerbauprodukten, ihren Obstbäumen und Reben sowie von ihren Herden darbringen. Die Tiere werden gezählt, wobei jedes zehnte Tier, sei es gut oder schlecht, den Leviten zufällt. Versucht der Besitzer, ein gutes Tier durch ein schlechtes zu ersetzen, wird ihm sowohl das gute als auch das schlechte genommen[3] ... Die Leviten schulden den Priestern den Zehnten ihrer Einkünfte. Überdies zahlen die Hebräer nach ihrem Gesetz einen zweiten Zehnten in Form von Opfergaben an den Tempel während der jährlichen Wallfahrten. Auch die Leviten bekommen ihren Teil von diesen Opfern. Ihre Einkünfte sind beträchtlich, und ihr Wirken hat für die Volkserziehung große Bedeutung.

Die Priester

Die Leviten der Familie Aarons sind dem eigentlichen Priestertum geweiht. Nur sie besitzen das Recht, ins Tempelinnerste vorzudringen. Um ihre Aufgaben erfüllen zu können, müssen sie rein und frei von jeglichen Gebresten, von körperlichen Mängeln und jedem Laster sein. Ihre Eheschließung wird streng überwacht. Vor Kontakt mit Kadavern oder einer anderen Quelle der Unreinheit sollen sie sich hüten. Bei der Ausübung ihres Amtes müssen sich die Priester des Weins oder anderer alkoholischer Getränke enthalten[4]. Neben den Opferarbeiten und den liturgischen Handlungen im Tempel obliegt ihnen die Tempelverwaltung, die Gesundheitskontrolle, die Überwachung der Leprakranken und die Schätzung des Gutes, das von Gelübden eingenommen wird; außerdem besitzen sie die Richtergewalt bei schwierigen Fällen. Daneben lehren sie die Leviten und das Volk alle Gesetze, die sich auf den Tempelbereich beziehen. In der Spätzeit werden die Priester in 24 Klassen eingeteilt. Der Hohepriester steht an der Spitze dieser priesterlichen Hierarchie; er ist der Nachkomme und Nachfolger Aarons.

Der sakrale Stand der Priester und Leviten schafft und erhält im Alltagsleben des israelitischen Volkes das kulturelle und religiöse Niveau, welches die Voraussetzung für den Erfolg der zündenden Reden des hebräischen Prophetentums bildet. Es ist ihnen zu verdanken, daß die prophetische Botschaft gepredigt, angehört, behalten und weitergegeben wurde von Generation zu Generation.

Der Prophet als Apostel

Wie wir schon gesagt haben, entdecken die Propheten Gott nicht am Ende eines langen, mit Syllogismen abgesteckten Weges; sie halten nichts von philosophischen Gedankengängen oder metaphysischen Theorien, wie man sie zum Beispiel im religiösen Leben der Hindus oder der Griechen kennt. Sie wissen nichts von theologischen Konstruktionen, denn sie befinden sich auf der Stufe der Meditation über eine reine Vision, welche ihren Geist auf die allerhöchsten Dinge hinlenkt und ihn berückt und inspiriert. Wenn sie den Mund öffnen, geschieht es, weil Gott gesprochen hat, wenn sie die Stimme erheben, geschieht es, weil der Herr etwas angeordnet hat, wenn sie richten, geschieht es, weil Elohim ihnen Gesetze gegeben hat. In den Predigten der Propheten gibt es ein Phänomen, das keine genaue Entsprechung hat in der Geschichte der Menschheit und zu dem wir hier einige Erläuterungen geben müssen.

Das Abenteuer des Monotheismus beginnt folgendermaßen: Ein Mann, Abraham, hört Stimmen, nimmt sie ernst und gehorcht ihnen, so daß er der verrückten Eingebung Folge leistet und seinen eigenen Sohn Gott opfern will. Die leidenschaftliche Zwiesprache mit Gott und der absolute Gehorsam machen Abraham zum Wegbereiter des neuen Glaubens, der im Herzen der Menschheit den Beginn eines historischen Zyklus legt, zu dem unsere Zeit heute noch gehört.

Der Ursprung des hebräischen Prophetentums geht nach der Bibel eigentlich auf Mose zurück und, noch genauer, auf die Gotteserscheinung auf dem Sinai, als der Gott Israels auf den Berg hinunterstieg, auf dem sich Mose seit vierzig Tagen befand. Gott erscheint dem Volke umgeben von Blitz, Donner und Feuer; er läßt seine Stimme erschallen, um die Zehn Gebote zu verkünden. Die prophetische Mission umgibt Mose mit göttlichem Ruhm und setzt der Geschichte Israels einen neuen Anfang. Seine Autorität gründet sich also nicht auf den Wert oder Inhalt seiner Botschaft, sondern auf deren göttliche Quelle. Die Gotteserscheinung begründet die Prophetie; der Ablauf der Geschichte – und manchmal die Wunder – beweisen ihre Glaubwürdigkeit in den Augen der Hebräer, für welche der Messias allein größer sein wird als Mose, der größte aller Menschen.

Prophet und Zauberer

Der Prophet Israels handelt, im Unterschied zu Zoroaster, Buddha oder Apollonius von Tyana, nicht als heilige Macht, die er verkörpert. Er ist hauptsächlich Zuschauer Gottes, Empfänger und Überbringer seiner Botschaft. Durchaus kein Magier oder Zauberer – eine in den zwei Jahrtausenden vorchristlicher Zeitrechnung sehr verbreitete Gattung bei den Völkern des Orients. Für diese sind Magier und Hexenmeister der einzige Schutz, den sie zu haben glauben vor der Grausamkeit ihrer Götter, ihrer Götzenbilder und der feindlichen Kräfte der Natur. Der Zauberer ist die wichtigste Stütze der antiken Völker. Seine Amulette tauchen schon ganz am Anfang der Menschheit auf. Als in Israel das Prophetentum beginnt, befinden sich alle Nationen der Welt noch in den Klauen der mysteriösen Naturkräfte, welche Zauberer, Magier, Weise, Seher, Orakeldeuter und Wahrsagerinnen zu beschwören versuchen. Der Mensch wird vom Fatalismus beherrscht, dessen Wirkung nur durch Zauberei aufgehoben werden kann. Magische Riten sind die Werkzeuge der Zauberer und Priester im Dienste ihrer Idole. Die Magier weihen ihr Leben den okkulten Künsten, von denen das Wohl der Städte abhängt. Sie kennen Geheimrezepte und okkulte Liturgien, um so wirkungsvoller, je geheimer. Ein Magier lebt jahrelang unter strengster Askese, um die magischen Kräfte beeinflussen, das Schicksal lenken und die Zukunft lesen zu können anhand der verschiedensten Hilfsmittel: Spiegel, Vögel am Himmel, in Teiche geworfene Steine, Weihrauchbewegungen, Eingeweide oder Leber der Tiere, Handlinien, Lose, Rauch, Schalen mit Öl, Träume, Verzauberung, Opfer, Anrufung der Götter, Geister und Toten, und allerlei Zeichen und Vorzeichen.

Die Magie ist in Israel nicht unbekannt. Die Texte sprechen vom Hellseher *(chosäh)*, vom Seher *(roäh)*, vom Gottesmann *(isch haälohim)* und schließlich vom Propheten *(nabi)*. Diese vier Bezeichnungen werden zuerst ohne Unterschied gebraucht, so daß es schwierig zu wissen ist, ob die ersten Seher Israels dieselben Verfahren wie die Magier anwendeten.

Die von Kaufmann vertretene Schule der Fundamentalisten vertritt die Ansicht, daß diese Methoden von den hebräischen Sehern nie übernommen worden seien. Doch konkurriert Mose mit den ägyptischen Magiern, und Elia erstaunt die ketzerischen Propheten, weil er sie auf ihrem eigenen Gebiet schlägt, indem er ähnliche, jedoch höhere Kräfte einsetzt als sie.

Dem Seher Israels ist bewußt, daß er in direktem Kontakt zu Gott steht – kraft seiner Intuition oder dank der Orakel, die er mit Hilfe mysteriöser Gegenstände zur Gottesbefragung, der *urim* und *tummim*, erhält. Er verurteilt jeglichen Einsatz übernatürlicher Kräfte außer der Anrufung Gottes. Die Thora bestraft grundsätzlich Magie, Hexerei, Wahrsagerei und alle Formen des Spiritismus mit Todesstrafe. König Saul erneuert dieses alte mosaische Urteil, indem er die Schwarze Kunst in seinem ganzen weiten Reich verbietet. Doch vom Unglück verfolgt, befragt er schließlich selbst die Hexe von Endor. Verkleidet sucht er sie auf und bittet sie um die Befragung eines Verstorbenen. Ein Geist steigt aus der Erde herauf: Es ist Samuel, aufgestört aus der ewigen Ruhe. Saul neigt sein Angesicht zur Erde. Die Hexe befragt die Erscheinung, und dies ist die Antwort: Saul, seine Dynastie und die israelitische Armee sind verloren; sie werden Samuel im Reiche der Verstorbenen am darauffolgenden Tage treffen, der die definitive Niederlage und den Selbstmord Sauls bringen wird.

Daraus geht hervor, daß die Nekromantie durchaus bekannt und unumstritten, jedoch ihre Ausübung verboten war, da sie ins Gebiet des Unerlaubten zurückgedrängt worden war. Wie Saul die Hexe von Endor aufsucht, wenden sich die Hebräer zu allen Zeiten an Magier und Hexenmeister, wobei sie sich allerdings dem Fluch der Propheten und manchmal – selten genug zwar – der Verfolgung durch das Gesetz aussetzen.

Auf diese Weise sind magische Riten, Hexerei und Totenbeschwörung, losgelöst vom polytheistischen System, in den Alltag der hebräischen Volksreligion übergegangen.

Der Seher

Seher und Priester genießen im alten Israel wie in Babylonien ein gleich hohes Ansehen. In der Richterzeit führt der Seher Micha ein eigenes, dem Gotte Israels geweihtes Heiligtum, in dem er eine Skulptur und eine aus Silber gegossene Statue errichtet hat, und besitzt einen *ephod*[4a] und *t^{e}raphim* (Götterbilder). Ein Levit steht im Dienste Michas. Die beiden deuten die Zukunft so gut, daß die Daniter sich ihrer und ihrer Gott geweihten Bilder bemächtigen, um sie im Tempel von Silo unterzubringen[5].

Samuel ist Seher, Gottesmann und Prophet. Doch ist er auch Richter und Priester in Israel, wie Elia, sein Meister. Wie er, geht er in Leinen gekleidet, trägt den *ephod*, bringt Opfer dar, leitet das Volk, trifft Entscheidungen für das Volk und deutet – wie wir eben gesehen haben – sogar nach seinem Tod noch die Zukunft und tut Wunder.

Grenzen sind schwer zu ziehen zwischen dem Seher, Leviten, Priester und Propheten.

Der Seher bekommt in der Ekstase von Gott die Eingebung. Wie der Derwisch führt er seine Ekstase durch verschiedene sichere Mittel herbei, indem er singt, tanzt, frenetische Bewegungen ausführt und sich in einen solchen Zustand versetzt, daß der Geist Gottes ihn ergreift und ihn an die Schwelle des Wahnsinns führt. Saul begegnet in der Nähe des Heiligtums von Gibea einer Gruppe solcher Seher. Sie tanzen zum Klange von Harfe, Tamburin, Flöte und Gitarre bis ins Delirium, und Saul mit ihnen, so daß er schließlich von einem Gotteswahn erfaßt wird, der ihn von da an nicht mehr losläßt, ihn beherrscht und seine Schritte lenkt[6]. Asaph, Heman und Jeduthun, die Leviten Davids, wie der König selbst, begleiten ihr Gebet der Ekstase auf der Leier, der Laute oder auf Zimbeln[7]. Auch die Propheten Baals tanzen bis ins Delirium, darüber hinaus verwunden sie sich mit Schwertern und Lanzen, bis das Blut fließt[8]. Dies tun sie gemäß Bräuchen, die sich noch nicht ganz verloren haben. Elisa wendet feinere Mittel an. Er läßt einen Leierspieler kommen, dessen Musik bewirkt, daß der Geist über ihn kommt[9]. Sein Lehrer Elia flieht in die Einsamkeit, wo er, den Kopf auf die Knie gestützt, kauert oder am Eingang seiner Höhlen steht, um Gottes Wort zu lauschen, seine leise, eindringliche Stimme zu hören, die ihm Eingebungen bringt und ihn Herr über die Materie werden läßt, so daß er Tote auferwecken, Mehl oder Öl vermehren oder Feuer vom Himmel auf den Opfertisch herabholen kann[10].

Seher und Priester gibt es in allen Völkern des Altertums. Nur der Prophet stellt einen eigenen Beitrag Israels dar. Doch tragen die hebräischen Propheten und Seher einträchtig das Joch des einen Gottes Abrahams, Isaaks und Jakobs, um den Glauben an ihn zu verbreiten. Sie alle erhalten ihre Eingebung von diesem Himmel, dessen einziger Bewohner der Schöpfer des Universums, ihr Gott ist. Seher und Prophet sprechen beide im Namen derselben Gottheit; sie besitzen denselben Glauben. Mit verschiedenen Mitteln und auf verschiedenen Ebenen bemühen sie sich, ihre revolutionäre Religion im Volk zu verbreiten.

Innere Zwiste können zwischen Sehern und Propheten auftauchen, und oft gehen die Konflikte zwischen den zwei Parteien blutig aus. Jede beschuldigt ihre Gegenpartei, »Prophetin der Lüge« zu sein, was soviel heißt wie Redner ohne Gnade und ohne Eingebung von Gott, ohne alle Glaubwürdigkeit, wie Götzendiener oder Schänder des Bundes. Hinter diesen Beschuldigungen findet der Historiker die politischen, sozialen oder ökonomischen Gründe, welche diese Auseinandersetzungen schüren.

Schon zur Richterzeit hatten Priester und Seher noch eine andere Funktion, die grundlegend werden sollte für das Prophetentum, nämlich die der Chronikschreibung für die Monarchie. Samuel,

Nathan, Iddo, Gad, Ahia und Schemaja schreiben die Chroniken der Regierungszeiten Sauls, Davids, Salomos, Rehabeams, Abjas und Jerobeams I. Später gehört der offizielle Chronikschreiber zum Königshof. Der Seher übt seinen Beruf weiterhin in zahlreichen heiligen Stätten des Landes aus. Er gehört meistens einer religiösen Gemeinschaft an, bei der er seine Ausbildung erhalten hat; er ist ein »Sohn der Propheten«. In seinem Orden lernt er die für seine Berufung wichtige Disziplin und Technik kennen. Er lernt, wie man Opfer darbringt, Träume deutet, die Zukunft voraussagt, Wunder wirkt; er lernt die Beherrschung des Denkens, der Meditation, der Ekstase, der Möglichkeiten, diese heraufzubeschwören, der Glossolalie und der Wahrsagungen in der Verzückung, die das Orakel Gottes eröffnen dürfen. An der Spitze jedes Seherordens oder jeder Gemeinschaft steht ein Leiter, der die allgemeine Ordnung bestimmt und von Gehilfen unterstützt wird, die die Möglichkeit haben, von seinen Fähigkeiten zu profitieren und ihm später nachzufolgen. Im Unterschied zu den Propheten lassen sich Priester und Seher für ihre Dienste bezahlen.

Die Rolle des Seher-Priesters war sehr wichtig im Alltagsleben der hebräischen Gesellschaft. Man kennt ihn als Mann Gottes, der in engem Kontakt mit der Gottheit steht und der ohne irgendwelche anderen Vermittler dessen Willen beeinflussen und ihn gnädig stimmen kann. Er ist der geistige und politische Führer weiter Kreise des Volkes von Israel. Elia spielt auf politischer Ebene eine zentrale Rolle. Steht ein priesterlicher Seher einem Gotteshaus oder einer religiösen Gemeinschaft vor, kann sein Einfluß beträchtlich sein: er leitet das Denken des Volkes, zu dem er berufen ist, und weckt sein Gewissen. In Silo z. B. haben die Seher-Priester eine so hohe Stellung, daß sie die einzige zentrale Institution sind, welche alle Stämme Israels verbindet. Sie sind die Gottesmänner, welche das Schicksal der Monarchie vorausbestimmen, vorbereiten und entscheiden. Ihre Macht, die sich auf geistiger Ebene ausdrückt, ist so groß, daß sie Könige nicht nur einsetzen, sondern auch absetzen können. Es ist begreiflich, daß die christlichen Kanonisten ihre Theorie von der geistlichen und der weltlichen Macht in der theokratischen Gesellschaft nach ihrem Beispiel aufstellten.

In dem Maße jedoch, wie sich die Monarchie festigt und in Jerusalem und Samaria ihre zentralen Organe einrichtet, nimmt der politische Einfluß der Seher ab. Ihre Stimme ist nicht mehr mächtig genug, als daß sie bis zum König dränge, der nun die Macht und das Ansehen des Seher-Priesters einnimmt. David und vor allem Salomo sind zugleich politische und geistige Führer. Ihre Macht bekommen sie von Gott, der ihre Gedanken leitet und ihre Autorität sicherstellt. Von nun an ist der Seher-Priester auf den zweiten Rang zurückversetzt. Nur die Propheten, auf die wir gleich zu sprechen kommen, sind so mächtig geblieben, daß sie die Könige kritisieren und das Volk leiten dürfen.

Die Gottesnarren

Abraham und Mose sind die beiden vollkommenen Vorbilder, die den hebräischen Prophetismus immer wieder inspirieren. Beide sind zumal Auserwählte und Botschafter Gottes. Mit ihnen beginnt die große und unvergleichliche Tradition des hebräischen Prophetentums: Ein Mann stellt sich vor sein Volk, um die Botschaft des Gottes von Israel zu verkünden, von dem seine Erleuchtung kommt, womit er als historische Gestalt zum Werkzeug des göttlichen Willens wird.

Abraham und Mose verkörpern zwei Extreme in der hebräischen Geschichte der Propheten. Der erste kündigt diese an; er ist der Wegbereiter, der blind an die ihn leitende Stimme glaubt und der ihre Befehle nicht anzweifelt, auch wenn sie von ihm den mühseligen Auszug ohne Rückkehr verlangt oder die Opferung seines einzigen Sohnes Isaak. Er versucht nicht, sich gegen den Willen JHWHs zu stellen, außer um für Sodom einzutreten. Er ist das Vertrauen, die Treue, Hingabe und Liebe selbst, sogar, wenn ihn sein Weg isoliert und er dem Untergang geweiht scheint als armer Gottesnarr.

Mose ist der Prophet der geschichtlichen Erfüllung. Er steht in seiner wunderbaren Größe vermittelnd zwischen Gott und seinem Volk. Er ist der Mensch des zweifachen Dialogs und der Vermittler der heiligsten Weisungen, allein vor dem Antlitz Gottes und allein vor seinen Stämmen oder seinen Feinden. Er ist ein Prophet von unvergleichlicher *Leidenschaft*, die ihn packte, obwohl er vor ihr zu fliehen versuchte. Er muß den göttlichen Willen auf sich nehmen und sein legendäres Schicksal im Zweifel, in der Versagung, unter Furcht und Zittern erleben. Er ist auch der Mann des Leidens und des Aufruhrs, der den problematischen Auftrag zur Verhandlung bekommt, die dann zum Auszug aus Ägypten, zur Durchquerung der Wüste und zur Gesetzesverkündigung am Sinai führt. Seine Mission endet an der Schwelle zur letzten Erfüllung, der Landnahme seines Volkes im Gelobten Land. Beide, Abraham und Mose, sind *Hebräer*, Männer unterwegs mit ihrem Volk, auf dem Weg ins versprochene ferne Land, geführt von einer jenseitigen Stimme, die sie zu Opfern anhält und zum Durchhalten in ihrem mystischen Kampf.

Die schreibenden Propheten

Abraham, Mose und alle Seher Israels sind charismatische Führer: Sie schöpfen ihre Kraft aus dem Geiste JHWHs, der das menschliche Schicksal lenkt.

Der Geist weht, wie er will. Gottes Wahl fällt auf ein unfruchtbares Ehepaar, Abraham und Sara, um aus ihm ein ganzes Volk sprossen zu lassen; auf einen Stotterer, Mose, den er zum Anwalt seiner Sache macht; auf eine Frau, Debora, die zum Heeresführer wird; auf einen Gesetzesbrecher, Jephtha, der zum Richter seines Volkes aufsteigen soll; auf Hirten, aus denen er Könige macht.

Die Wahl des Gottesmannes geht ohne dessen Einwilligung vonstatten. Meistens ist es ein nur auf einer Seite beschlossenes Vorhaben: Simson wird von seiner Mutter zum Gottgeweihten bestimmt; Samuels Geburt ist ein Wunder, wie diejenige der Patriarchen Isaak und Jakob; Mose wird vor dem Ertrinken gerettet; Jeremia weiß, daß er vom Mutterschoß an auserwählt war: »Noch ehe ich dich bildete im Mutterleibe, habe ich dich erwählt; ehe du aus dem Schoße hervorgingst, habe ich dich geweiht: zum Propheten für die Völker habe ich dich bestimmt.«[11]

Ein Prophet wird mit der höchsten Aufgabe betraut, die es gibt: Er soll den Lauf der Geschichte in der von Gott gewollten Richtung lenken; er ist mächtig, niederzumachen, zu zerstören, umzuwerfen, zu bauen und zu pflanzen. Elia und Elisa richten das Prophetentum auf eine ausgesprochen politische Bahn, und ihre Taten füllen einen außergewöhnlichen Legendenzyklus. Die hebräische Monarchie, die einen starken theokratischen Charakter besaß, hatte die geistige Kontrollfunktion von Priestern und Sehern abgeschafft, indem sie den Gottesdienst zentralisierte und das Priestertum in den Beamtenstand versetzte. Nach Elia und Elisa erfüllt der schreibende Prophet allein – und oft gegen alle – die Aufgabe der geistigen Überwachung von Volk und Regierung. Dieser Wandel im Grundcharakter des Prophetentums beginnt in der Mitte des achten Jahrhunderts v. Chr., jenem blühendsten aller Jahrhunderte in der Geschichte der hebräischen Monarchie, und gilt bis ans Ende des sechsten, nach der das Volk in der zweimaligen Katastrophe von 721 und 586 untergeht. In Zeiten des Unheils, das von Assyrien und Babel droht, entsteht die reinste Form der prophetischen Aussage.

Der Prophet denkt, predigt und handelt im Alltagsleben seines Volkes. Eines Tages hört er eine Stimme, sieht er einen von Gottes Ruhm erfüllten Busch brennen, begegnet er einem Engel, und er wird erleuchtet. Eine plötzliche Wandlung seines Wesens tritt ein und macht aus ihm einen Vollzieher und Anwalt des Schöpferwillens. »Der Löwe brüllt – wer fürchtet sich nicht? Gott der Herr redet – wer weissagt nicht?«[12]

Der Prophet versucht meistens, sich seiner Berufung zu entziehen. Von Mose bis Jona ist die normale Reaktion fast jedes Propheten, dem Ort der Gotteserscheinung zu entfliehen, der ihn erfassenden Leidenschaft den Rücken zu kehren, obwohl er keine andere Wahl hat, als sich ihr zu stellen. Nur Abraham und Jesaja nehmen ihr Schicksal an, ohne aufzubegehren und ohne sich dagegen zu sperren. Die anderen ahnen, daß schreckliche Tage sie erwarten und sie große Leiden auf sich zu nehmen haben, wenn sie Vorkämpfer JHWHs werden sollen.

Der Prophet erfüllt seine Mission in einer bestimmten politischen Lage. Er ist der Torhüter, der die Stadttore bewacht, um die Leute vor dem drohenden Unglück zu warnen und es, wenn möglich, auch abzuwenden. Der Prophet spricht, verspricht, droht und handelt immer vor einer Zuhörerschaft. In gewissem Sinne ist er ein Politiker, der jedoch nichts zu tun hat mit der Bedeutung, die diese Bezeichnung heute hat. Seine Partei ist Gott allein, sein Ziel nur Gerechtigkeit und Frieden, die Voraussetzungen für das Reich Gottes und seine neue Ordnung auf Erden. Der Prophet ist ein Erleuchteter, doch seine Zeitgenossen sehen in ihm oft einen Psychopathen, da er sich weder um Gepflogenheiten, noch um Vorteile, Logik oder um Ansehen bei den Leuten kümmert[13]. Er ist von einer Gegenwart erfüllt und besessen, die ihn begeistert und ihm Verhaltensweisen, Worte und Gebärden eingibt; er ist Gegenstand einer Heimsuchung, und die furchtbare Kraft, die ihm innewohnt, ist die einer absoluten Entschlossenheit, hervorgerufen durch die göttliche Offenbarung. Er selbst ist ein Nichts, sein eigener Geist nimmt erst durch Gottes Gnade Gestalt an, der ihm seine Geheimnisse in Form eines Zwiegesprächs aufdeckt. Der Prophet ist der Mann des Dialogs mit dem Schöpfer des Himmels und der Erde, mit dem Lenker der Geschichte, der das Volk in den Tod oder ins Heil führt, es zerstreut oder versammelt, es niederschlägt oder rettet, je nach seinem alleinigen Willen.

Es ist unmöglich, das Leben der Propheten ohne den sie umgebenden historischen Rahmen zu sehen oder zu verstehen. Kennt man diesen jedoch, ändert das nichts am Paradoxen und Wunderbaren der Prophetenworte.

Der Prophet ist als solcher weder Priester noch Staatschef. Er ist ein Mann JHWHs und beweist seine Befähigung anhand der Wahrheit und Wirksamkeit seines Wortes, wie auch durch seine Taten. Diese besitzen oft symbolischen Charakter; sie sollen das Volk aufrütteln. Hosea heiratet eine Prostituierte, um die Treulosigkeit Israels darzustellen. Jesaja spaziert drei Jahre lang barfuß und unbekleidet durch die Gegend, um das seinem Volke bevorstehende Unheil zu verkünden[14]; seinen Kindern gibt er symbolische Namen. Jeremia legt sich ein Joch um den Hals. Hesekiel bäckt sein Brot auf einem Kuhfladen und auf Menschenkot; er verschlingt Pergament; er hält Zeiten des totalen Schweigens ein, in sein Zimmer eingeschlossen und unbeweglich auf seinem Bett festgebunden[15]; als seine geliebte Frau stirbt, trauert er ausdrücklich nicht um sie[16]; er schneidet sich Bart- und Kopfhaare ab; ein Drittel seiner Haare verbrennt er öffentlich, schneidet ein weiteres Drittel mit seinem Schwert entzwei, während der Rest die Feuerquelle darstellen soll, welche Jerusalem versengen wird[17]. In seiner Ekstase spricht der Prophet oft wie im Delirium. Die Glossolalie ist ein Zeichen und Ausdruck – neben anderen – der tragischen Besessenheit, die seine Macht begründet[18].

Die Macht des Propheten

Die Propheten gebieten über übernatürliche Kräfte. Ihre politische Theologie gründet schon auf der Überzeugung, daß das göttliche Eingreifen das Schicksal regieren und Unmögliches verwirklichen kann. Ein Wunder ist, wie gesagt, das Undenkbare, das geschieht dank der Intervention einer höheren Macht, um die der Gottesmann bittet[19]. So werden ganze Armeen in die Flucht geschlagen, Belagerungen aufgehoben, Hungersnöte abgewendet, Tote auferweckt, Kranke geheilt, Brote vervielfacht, Wasser geteilt und Strafen verhängt oder Belohnungen ausgeteilt dank dem persönlichen Einsatz der Propheten, die dem Geheiß Gottes folgen. Der Prophet befiehlt den Elementen, läßt regnen oder den Regen aufhören. Himmlische Legionen erscheinen dank ihm, um die Feinde Israels auf geheimnisvolle Weise zu besiegen. Das Wunder ist das gewöhnliche Hilfsmittel des Gottesgerichtes und ruft die gewünschten historischen Änderungen hervor. Das von seinen Leviten, Priestern, Sehern und Propheten eingeweihte Volk lebt in der Erinnerung an und in der Hoffnung auf das Wunder, das es vom Übel erlösen wird. Wenn wir die schriftlichen Zeugnisse von etwa zwanzig Propheten besitzen aus der Zeit zwischen David und Josia, müssen Hunderte von anderen, bekannten und unbekannten, ihr würdevolles Amt im ganzen Land ausgeübt haben. Der Prophet ist ein Redner, manchmal auch ein Schriftsteller, doch seine Kraft schöpft er aus dem Gesicht, das ihn heimsucht, und aus der göttlichen Stimme, die ihn inspiriert und ihn in seiner Mission bestätigt. Im Zustand der Ekstase sieht er hinter die äußere Erscheinung und jenseits der Gegenwart. Die Wirklichkeit enthüllt vor seinem Blick ihre Hintergründe. Er betrachtet verborgene Dinge und was sich fern von ihm abspielt und Beziehung zur Zukunft hat... Ohne sich von der Stelle zu rühren, entdeckt er in der Ferne verirrte Eselinnen und weiß, wer in einer Schlacht, die noch nicht begonnen hat, siegen wird. Er kann sich sogar, wie Hesekiel, im freien Raum fortbewegen, dank besonderen Gaben. Wie Mose am Sinai oder im heiligen Zelt, kann er JHWHs Antlitz schauen und mit ihm wie mit einem Freund sprechen. In umfassender Weise versteht er die Menschen und das Wesen ihrer Seele, so daß er sie führen, anweisen und bewegen kann, seinen Willen zu tun, der nie von dem seines himmlischen Herrn abweicht. Er bedeckt seinen Körper mit Tierhäuten oder Leinen, achtet auf die Erleuchtungen seines Geistes durch Gott und ist bereit, sich in der Ekstase dem Mysterium der Vereinigung hinzugeben. Seine Macht ist so groß, daß sie ihn nicht einmal bei seinem Tode verläßt. Eine Leiche wird wieder zum Leben erweckt, nachdem sie mit den sterblichen Überresten Elisas in Berührung gekommen ist[20].

Der Prophet teilt nicht immer das Schicksal der normalen Sterblichen. Wie Elia am Ende seines Lebens, kann er in einem Wirbelwind, auf einem Feuerwagen, in den Himmel geführt werden[21].

So kommen Volk und Könige zu ihm wie zu einem Beichtvater, einem Richter, Arzt, Berater oder manchmal einem Feldherrn. Er ist das schlagende Herz und das Gewissen der Nation, ihr Anteil am Himmel – und ihr Trost[22]. Die Tatsache allein, einem Gottesmann zu begegnen, stärkt den Sterblichen, bringt ihn in Verbindung mit den göttlichen Kräften in ihm[23]. Der Prophet heiligt das Volk, bei dem er lebt, und berät seine Könige, die immer einige Erleuchtete um sich haben. So findet man Gad und Nathan bei David, Semaja bei Rehabeam, Ahia bei Jerobeam I. und Amos bei Jerobeam II. ... Sie sind zugleich ihre Ratgeber und Kritiker. Die Kühnheit Nathans, der David seine Missetaten vorhielt, zeigt uns das Maß an Mut, das sie besaßen[24].

Universeller Protest

Mit dem Auftreten des neuen Menschentyps, des schreibenden Propheten, ändert sich die Natur des Prophetentums. Die äußeren Züge dieses Standes werden weniger wichtig neben dem Inhalt der Botschaft, die sich vom 8. Jahrhundert an durch Kraft und unnachahmliche Klarheit auszeichnet. Tierhäute, Ekstase, Opfer und Glossolalie rücken in den Hintergrund. Predigt und politischer Einsatz sind von nun an die wichtigste Beschäftigung der Gottesmänner Israels, um die grundlegenden Ideen des Mosaismus zu verbreiten und ihnen zum Siege zu verhelfen.

Amos ist der erste dieser neuen Propheten, ein Hirte aus Tekoa, der in der Herrschaftszeit Jerobeams II. (782–753) lebte. Von Gott erfaßt und seinen Herden entrissen, erhebt er sich unversehens zu politischem Engagement und dichterischem Ausdruck. 28 Jahrhunderte trennen uns von ihm, doch seine Botschaft bleibt und bewegt uns immer noch. Er denunziert die Verbrechen seines Königs, seines Volkes und der Nachbarvölker. Er prangert die Scheinheiligkeit, die Verschwendungssucht, die Ungerechtigkeit und den Krieg, die Korruption und die Laster an. Er bringt die Vereinigung der Priester- und der Regierungsmacht gegen sich auf und wird aus Bethel ausgewiesen. Seine Botschaft ist diejenige eines Denkers und eines Dichters von hohem Rang. Das von JHWH auserwählte Volk, das dazu bestimmt ist, den heiligen Willen seines Herrn zu erfüllen, nimmt in seinen Augen einen einmaligen Platz in bezug auf den universellen Heilsplan ein. Doch Gott verlangt zuvor ein gerechtes, heiliges Leben. Die Opfer und die Liturgien der Heiligtümer sind zu verurteilen und zu verachten, wenn sie Ungerechtigkeit und Sünde zudecken sollen[25].

Der Sieg der Gerechtigkeit und der großen geistigen, moralischen und sozialen Ideale ist für den Propheten die Bedingung für das Überleben der Nation. In Tat und Wahrheit führt er eine Wandlung der geistigen Werte ein, da er nicht die Kulthandlungen des Menschen für Gott als Wichtigstes betrachtet, sondern die Gerechtigkeit, die Achtung der menschlichen Werte durch den Schutz von Armen und Schwachen. Die Israeliten werden gerichtet und verurteilt werden, »weil sie den Unschuldigen um Geld verkaufen und den Armen wegen eines Paars Schuhe«[26]. Die Reichen, Mächtigen, Angesehenen, Könige und Priester werden mit unglaublicher Heftigkeit an den Pranger gestellt und gemaßregelt, da sie sich an den Kleinen, an der Gerechtigkeit und am Frieden vergangen haben. Der Gottesdienst hat keinen magischen oder mythischen Eigenwert, denn das Heil hängt von der Gnade Gottes und der Gerechtigkeit des Menschen ab. Wird Israel für seine Untaten bestraft, soll es dafür in der Freude der letzten Befreiung rehabilitiert werden. Die Eschatologie stellt schreckliche Perspektiven in Aussicht. Ein Schwarm von Eindringlingen wird das Ende der Welt herbeiführen, der beschrieben wird wie die Invasion eines Heuschreckenschwarmes. Der Prophet zeigt die Grausamkeit der dem Tode geweihten Welt auf. Die späteren Propheten entwickeln dieses Thema der Weltzerstörung in apokalyptischer Weise, wobei sich die Tonhöhe von Hosea zu Joel und von Jesaja über Micha bis Habakuk noch hebt, um die höchste Steigerung in den unvergleichlichen Propheten der Katastrophe zu erleben, in Jeremia, Hesekiel und später Daniel.

Mit ihnen erreicht der prophetische Protest seine heftigste Stärke und artet in Raserei aus. Jeremia treibt die Absage an die Welt so weit, daß er nicht heiratet, um keine Kinder zu bekommen; seine Nachbarn in Anathoth finden ihn so unausstehlich, daß sie ihn umzubringen versuchen. Später wird er wegen Störung der öffentlichen Ordnung von der Polizei verhaftet, eingesperrt, geschlagen, befreit, dann wieder verhaftet und diesmal zum Tode verurteilt. Kaum gerettet durch Offiziere, beginnt er von neuem, seine Umgebung anzuklagen: Sein Sekretär Baruch liest seine Werke öffentlich im Tempelvorhof. König Jojakim befiehlt die Verbrennung der aufwieglerischen Schrift und veranlaßt eine erneute Gefangennahme des Propheten, der sich versteckt hält. Unter Zedekias Herrschaft genießt Jeremia anfänglich die Gunst des Königs, dessen Ratgeber er ist. Später bricht er mit ihm und verkündet, die königliche Politik sei katastrophal. Beim Vordringen Nebukadnezars predigt er bedingungslose Kapitulation, Übergabe und Desertion; so wird er wiederum vom König zum Tode verurteilt, der jedoch im geheimen seine Flucht einleitet. Als Babylon siegt, befreit es den Propheten, der sich nach Ägypten absetzt, wo er die Götzenanbetung der Juden kritisiert, bevor er dann in der Dunkelheit untertaucht. Dies ist das von Leidenschaft erfüllte Leben eines der großen Erleuchteten Israels: er vermaledeit seine Zeit und seine Welt, verurteilt die Könige, kritisiert die Priester und Mächtigen, ruft zum Aufruhr auf und ermuntert zum Verrat und entgeht der Nachstellung trotzdem, so groß ist der mystische Respekt, der dem Gottesmanne entgegengebracht wird.

So ist der Prophet also der Zeuge einer dringenden Forderung, die er im Namen des Schöpfers von Himmel und Erde vorbringt. Er verteidigt keine Idee, Doktrin oder Theorie, noch die Interessen einer Gruppe, einer Klasse oder einer Nation. Sein Anspruch ist göttlicher, metaphysischer und universeller Art. Daher das Extreme, die Heftigkeit und die Tragweite seines Protestes.

Ausgangspunkt der prophetischen Sendung, die durch die Vision und die Stimme Gottes ihren Anfang nimmt, ist eine offene Revolte gegen die gängige Ordnung, gegen die Natur des Menschen und diejenige der Dinge. Das Endziel der prophetischen Forderung ist es, die totale Umwandlung der Wirklichkeit zu erlangen und ihre Wiedergeburt in der übernatürlichen Ordnung der Gerechtigkeit, Einheit und Liebe.

Aus ihrer ursprünglichen Umgebung herausgerissen, greifen die Propheten rückhaltlos die Gesellschaft an, ihre soziale Struktur, ihre Götter, ihren Glauben, ihre ehrgeizigen Ziele, ihren Luxus, Unaufrichtigkeit, Lüge und Ungerechtigkeit.

Hosea, Amos, Jesaja und alle anderen Propheten stellen in jedem ihrer Urteile das Leben der Hebräer in der Königszeit an den Pranger, wobei sie ihnen vorwerfen, die Reinheit der früheren Zeiten verloren zu haben, heidnischen Götzen zu dienen, die Armen auszubeuten, in übertriebenem Wohlstand, in allzu prächtigen Städten und zu prunkvollen Häusern zu leben, zuviel und zu gut zu essen, zuviel zu trinken, sich zu reich zu kleiden, sich zu stark zu parfümieren, sich zu vielen Vergnügungen hinzugeben, Unzucht zu treiben und sich auf Kosten der Ärmeren zu bereichern, entgegen dem Gesetz ihres Gottes, das mit Hilfe der Propheten aufgestellt werden konnte.

Der Protest in der Prophetenbewegung geht noch weiter. Er erhebt sich gegen die Unterwerfung des Menschen unter das Werk seiner Hände und fordert, daß auch Fremde, Tiere und die ganze Natur den Sabbat einhalten. Folgerichtig in ihrem Denken, erwarten die Propheten sogar den Tag, der »ganz und gar Sabbat« sein wird, das heißt eine Freizeitkultur, in der der Mensch befreit wäre vom Fluch der Arbeit.

Gegen die menschliche Gesellschaft gerichtet, wie wir gesagt haben, verschonen die Propheten weder Könige, noch Mächtige oder Priester. Man darf sogar behaupten, daß diese ihre beliebteste Zielscheibe darstellen. Wir erwähnten schon die Abneigung Samuels vor der Einrichtung der Monarchie, welche wirklich eine radikale Wendung in der Geschichte Israels bedeutete. Die Propheten richten ihre Kritik auf die Folgen der Königsherrschaft, auf die Vernachlässigung der alten hebräischen Gesetze und Bräuche, auf Allmacht und Willkür der Einflußreichen, gegen die Ausbeutung der Armen durch die Reichen, »die den Leuten die Haut vom Leibe reißen und das Fleisch von den Knochen«[27]. Sie ziehen ins Feld gegen die verwerfliche Gewalt der Fürsten Israels, »die das Gute hassen und das Böse lieben«[28]. Dabei urteilen sie nicht nur aus göttlicher, geistiger, religiöser und moralischer Sicht, sondern auch aus politischer und sozialer. Sie greifen die königliche Politik oder die Vergehen der Mächtigen so unerbittlich an, daß ihnen dies Inhaftierung oder Todesstrafe einbringt. Nicht ein einziger unter ihnen kommt unter irgendeinem Aspekt auf den Gedanken, die Liebe zu Gott könnte zu einer Gleichgültigkeit der zeitlichen Ordnung gegenüber führen; ganz im Gegenteil, weil ja alles, der König mit einbegriffen, Gott gehört.

Der Prophetenprotest hält sich nicht an die Landesgrenzen, er bezieht sich auf alle Länder, wenn er Götzendienst und Verbrechen ohne besonderen geographischen Hinweis verurteilt. Die Schmähreden der Propheten gegen die Götzenverehrung scheinen uns heute selbstverständlich. Zur Zeit, da sie abgefaßt und ausgesprochen werden, zeugen sie jedoch von einem äußerst waghalsigen Revoluzzergeist. Zu behaupten, die Götter aller Nationen der Welt seien nichts als »Stein und Holz«, heißt, an den Säulen der Weltordnung rütteln und sich in den Augen aller nicht nur der Rebellion, sondern auch der Gotteslästerung schuldig machen. Diese Kühnheit begehen die Hebräer jedoch, wenn sie, trotz ihrer ärmlichen Lebensumstände und ihrer Schwäche, die Vergehen Ägyptens, Assyriens und Babylons anschwärzen.

Aber die revolutionäre Forderung der Propheten geht noch tiefer. Sie greift sogar die Natur des Menschen und der Welt an. Der fleischliche Mensch, der von seinen Instinkten, seinen Lüsten, seinem Ehrgeiz, dem Haß und der Aggressivität regiert wird, soll in ein neues Wesen verwandelt werden, das seine Natur aufgibt, um sich dem idealen Bild des Gerechten anzunähern, der nach dem Ebenbilde Gottes gemacht ist. Der neue Mensch soll das Gesetz der Liebe in seinem Herzen tragen und aufhören, Schlechtes zu tun. Doch nicht nur die verschiedenen Menschenvölker sollen einer solchen Wandlung unterzogen werden, nein, auch das Tierreich soll sich verändern, denn Wolf und Schaf werden ja in Frieden leben. Der befreite Mensch wird auf einer neuen Erde und in neuen Himmeln leben, in einer absoluten und definitiven Umwälzung der natürlichen Ordnung. Wird die prophetische Vision zur Wirklichkeit, ist sie auch schon historisch geworden. Dann wird sich die Gerechtigkeit Gottes nicht mehr von derjenigen der Menschen unterscheiden, sie wird wahrhaftig auf Erden wie im Himmel regieren und dem Streit ein Ende setzen, den die Hebräer unaufhörlich gegen die Gerechtigkeit des Schöpfers führen.

Die Prophetenbewegung durfte bis ans Ende ihrer Träume gehen und auch die letzte Grenze, diejenige, welche das Leben vom Tode trennt, beseitigen. Am Ende der Königszeit taucht unter den Hebräern die große Hoffnung auf, die unsinnigste in dieser fieberhaften Epoche; sie besagt, daß sogar der Tod überwunden werde und daß die Toten auferstehen werden am Tage des Sieges ihres lebendigen Gottes. So werden Ungerechtigkeit und Leid zeitlich begrenzt sein auf dem langen Weg der Befreiung des Menschen.

Die Liebe begründet den ethischen Monotheismus

Im Laufe der fünf Jahrhunderte dauernden Monarchie bauen die Erleuchteten Israels aus den Traditionen und Grundlagen der Patriarchen- und der Richterzeit ein Gedankengebäude auf, dessen Reichtum trotz jahrhundertelanger Meditation darüber noch nicht erschöpft wurde. Auch hier handelt es sich nicht um eine rationale Dialektik, sondern um greifbare Bestätigungen, welche die Kräfte der Visionen zu erklären versuchen und den Menschen seiner wirklichen, göttlichen Bestimmung zuführen wollen.

Die Liebe begründet ihre Ethik. Das alte Gebot: »Du sollst Deinen Nächsten lieben wie dich selbst«, das von seinem Inhalt her identisch ist mit diesem anderen: »Du sollst Gott, deinen Herrn, lieben von ganzem Herzen, mit ganzer Seele und all deinen Kräften«, drückt einen der ontologischen Grundsätze des hebräischen Weltbildes aus und bestimmt die Grundordnung, die die normalen persönlichen Beziehungen gewährleisten soll. Das Individuum gehört ja zum sozialen Gefüge; es baut mit an der Harmonie des Universums und muß sich infolgedessen seinem Gesetz unterziehen. Die Liebe ist kein mehr oder weniger tiefes Gefühl, das bestehen oder nicht bestehen kann: sie ist die Wahrheit und die Quelle allen Lebens und Friedens. Wenn zwischen zwei Personen »friedliche Gesinnung« herrscht, entspringt zwischen ihnen Liebe, da ihr Wille gleich wird[29]. Die Übereinstimmung im Wollen ist also das Wunder, das die Liebe vollbringt, an der Quelle des Lebens.

Friede und Segen, wie Liebe und Leben, gehören so eng zusammen, daß man sie unmöglich voneinander trennen kann. Es sind die beiden Auswirkungen ein und derselben Ganzheit von Kraft und Leben. Der Friede ist nämlich im Vergleich zum Bösen, was das Licht gegenüber der Dunkelheit[30]. Wer den Frieden hat, besitzt alles Gute, alles Leben und allen Segen, Heil und Befreiung, Freiheit und Licht, Freude und Fruchtbarkeit und natürlich die Liebe.

Wer gesegnet ist, wird überall von Frieden begleitet: Er lebt in Eintracht mit seinem Haus, seinen Nachkommen, seinen Freunden und seinem Besitz. All dies kommt aus derselben Quelle, aus der Vollkommenheit seiner Seele und seinem Leben in Gott. Der Frie-

den ist eine übernatürliche und allmächtige Größe, welche allen Gefahren und Ungewißheiten trotzt. Wer gesegnet ist, wird von Gott vor jeder Bedrohung bewahrt; Tod, Hungersnot, Verwundung, Angst, Krieg, Verleumdung, Schmähung, Trockenheit, Kälte, wilde Tiere, Krankheiten können ihm nichts anhaben, denn Gott ist sein Heil[31]. Der Friede zeichnet den Sieg des Gottesreiches und seine Gesetze aus. So kann die Hoffnung auf Abschaffung der Kriege und auf eine Zeit, wo man Kriegskunst vergessen darf, Fuß fassen[32].
Dieser hebräische Wunschtraum nährt sich von der Erwartung einer Wiederkehr des paradieshaften Zustandes auf Erden, zur Stunde, da Gott und sein Messias triumphieren werden. Die Propheten liefern die Haupt-Voraussetzungen zur messianischen Theorie, welche sich erst voll entwickeln wird nach der Rückkehr aus dem Exil. Später wird sie den bekannten Nachhall finden im Judentum und erst recht im Christentum.

Gott lebt unter seinem Volk

Das Eingreifen Gottes in die Geschichte, deren Herr er ist, sichert den Sieg des Unschuldigen über den Verworfenen, des Guten über das Böse und bereitet die Freude der messianischen Morgenröte am Ende der Nacht vor.
Die Sünde trägt ihre Strafe in sich. Gottes Gericht ist allgegenwärtig und betrifft alle Lebenden. Eine zentrale Idee steht über der Metaphysik des Gottesgerichtes: Der Mensch ist eins mit dem, was er sein will. Er ist identisch mit dem, was er liebt, und die Antwort auf seine einzige Frage – sein oder nicht sein, in Gott leben oder im Nichts untergehen – hängt von ihm ab und wie er seine Freiheit nutzt, die mögliche Ewigkeit ist. So nimmt der Begriff des Gottesgerichtes, der *»Tag des Herrn«*, Bedeutung an, wenn er für Israel und für alle Nationen heranrückt. Die Natur und die ganze Schöpfung werden am Tag der messianischen Geburt von neuen Himmeln und einer neuen Erde gerichtet werden. Die gegen Gott oder seinen Messias opponierenden Nationen sollen zerschlagen und zerstückt werden. Zion angreifende Könige sollen von Schrecken ge-

packt, irregeleitet und auf immer in der Apokalypse vernichtet werden, wo Gog aus Magog vom Rachen der Hölle verschlungen wird. Der Sieg des Gottes Israels wird zur Bekehrung aller Nationen führen. Alle Geschlechter der Erde werden sich vor ihm niederwerfen, ihn rühmen und sich endlich unter sein Gesetz der Liebe und der Gerechtigkeit stellen. Der Stolz der Mächtigen wird gebrochen werden. Der gequälte Gerechte, der Mann der Schmerzen und sein Volk, einst erniedrigt, werden nun zum Eckstein der geretteten und versöhnten Menschheit. Der Gottestriumph erlaubt die Rückkehr der Verbannten, das Wiederaufleben Zions und den Wiederaufbau Jerusalems. Der Tempel wird wieder Ort der wirklichen Gegenwart des Gottes von Abraham, der Quelle des allumfassenden, ewigen Heils. Aber die Vision wird noch genauer und weitet sich aus: Von allen Enden der Welt bringen die Völker und Nationen dem Gott Israels ihre Gaben. Sein Messias regiert fürderhin; sein Diadem glänzt im aufgehenden Ruhm. Die Überlebenden Israels werden gerettet, die Exilierten aus ihrem Ungemach erlöst, beschwichtigt und bekehrt; von nun an ist das Gesetz Gottes in ihren Herzen und leitet sie, damit sie nicht mehr vom Weg abkommen. Sie sind rein, gerecht, glücklich und stark. Friede herrscht für immer zwischen den Nationen; Krieg, Elend, Ungerechtigkeit, Hunger, Krankheit, Unwissenheit, Haß und Sünde sind auf ewig von der Erde verbannt. Diese wunderbare Verwandlung wird möglich, weil das Wissen um Gott die Welt bedeckt wie das Wasser den Meeresboden. Es bringt Verzeihen, Liebe, Frieden, das Gute und die Gerechtigkeit; der Mensch bekommt ein neues Herz, ein Herz aus Fleisch und nicht aus Stein. Der Sieg des Messias wird gekennzeichnet sein durch das Erscheinen einer vollkommenen Menschheit. Sogar der Tod wird überwunden: »Und viele von denen, die schlafen im Erdenstaube, werden erwachen, die einen zu ewigem Leben, die andern zu Schmach, zu ewigem Abscheu. Die Weisen aber werden leuchten wie der Glanz der Himmelsfeste und, die viele zur Gerechtigkeit geführt, wie die Sterne immer und ewig.«[33] So wird die sichtbar gewordene göttliche Gerechtigkeit in allem siegen, und dieser Sieg wirkt in die Vergangenheit zurück als letzte Erfüllung der Verheißung.

Israels Freiheit, Freude und Hoffnung

Der Mythos, auf dem das Leben der Nation aufbaut und der um so mächtiger ist, als er eine sichere historische Realität darstellt, ist derjenige des Auszugs aus Ägypten, derjenige der Befreiung. Das hebräische Ostern ist das wichtigste Fest: Es erinnert die Hebräer an die Härte der Sklaverei unter der Fuchtel des Pharao, an Moses Größe, das Wunder JHWHs, des befreienden Gottes, und an die Wohltat der Rettung. Ohne Zweifel wurde das Ideal der Befreiung nie stärker erlebt als von den Hebräern. Auch hier wieder befinden wir uns vor einer allesumfassenden Tatsache, die bedeutsam ist: Ostern feiert den Übergang von der Sklaverei zur Freiheit, von der Angst zur Freude, vom Dunkel ins Licht und vom Tod ins Leben. Es verewigt auch die Niederlage des Pharao und seines Volkes vor Mose und seinen hebräischen Sklaven. So zeugt es vom Triumph JHWHs, des Gottes von Israel, über die Götter der Heiden. Übrigens wird Ostern jedes Jahr vom Volk wie ein aktuelles Ereignis erlebt. Jedes Zeitalter muß sich von seinen Pharaonen losreißen und das Wunder der Befreiung erfahren. Jedermann in Israel fühlt sich persönlich angesprochen vom Hauptereignis im Leben dieser Nation, das zugleich die absolute Befreiung durch das letzte, messianische Osterfest ankündigt.

Der Hebräer fühlt sich dank Gottes Gnade frei. Er hat sich von der Versklavung durch Mythen und heidnische Mysterien losgesagt, befreit vom Pantheon der Heiden und der Vielzahl ihrer Götzen. Er fühlt sich auch der Natur gegenüber frei, denn diese wird nicht mehr als blinde und schicksalhafte Macht empfunden. Auch die Natur ist eine Kreatur JHWHs. Deshalb hört sie auf, unheimlich zu wirken. Der nach dem Bilde Gottes geschaffene Mensch hat den Auftrag, über sie zu herrschen und sie zu pflegen. Doch soll er nicht Sklave seiner eigenen Arbeit werden. Die Ruhe des siebten Tages verhütet, daß er dem Werk seiner Hände hörig wird. Das Gesetz entzieht ihn der Versuchung, kapitalistisch Geld anzuhäufen, indem es das Zinsdarlehen untersagt und zu bestimmten Zeiten Katasterrevision anordnet. Schließlich ist der Hebräer durch seinen Glauben auch von Haß und Angst befreit, denn er lebt in der erhabenen Sanftheit der göttlichen Gegenwart. Er hat keine Angst vor dem Tode, denn auch dieser wird besiegt. Er ist ganz und gar versöhnt mit seinem Schicksal, so daß eine unglaubliche Freudigkeit sein Leben erfüllt.

Nie wurde die menschliche Freude inbrünstiger, genialer besungen als von den Hebräern. Das Buch der Psalmen ist eine nie veraltende Sammlung von Liedern über die Glückseligkeit des menschlichen Herzens. Es handelt sich hier um eine kraftvolle, anhaltende Freude, die erhellt ist von der Gewißheit, eingeweiht zu sein, und von der Klarheit einer unvergänglichen Vision. Selbst in den Stunden größter Enttäuschung und Grausamkeit im Laufe des Lebens oder der Geschichte weiß der Hebräer, daß das Geschick des Menschen in drei Zeitabschnitte geteilt werden kann: Die Nacht ist den Ungerechtigkeiten des Verworfenen überlassen, und der Gerechte, in Aufopferung seiner Seele, muß sie bis zum Martyrium durchstehen. Ganz am Ende der Nacht kommt das Gericht JHWHs, welches den Verworfenen endgültig überwältigt und den Sieg des Guten sicherstellt; schließlich folgt der Nacht die Morgenröte und verkündet die Herrlichkeit des messianischen Reiches. Wenn Unglück kommt, versteht es der Hebräer, auf die Stunde der Freude zu harren.

Das Alltagsleben dieser langhaarigen Leute ist nämlich ausgerichtet auf die freudige Vermählung mit JHWH. Die Tage sind verwoben mit der Freude über ihren Bund, den die Dichter immer wieder besingen in einer endlosen Liturgie. Sie besingen den transzendenten und allgegenwärtigen Gott, den sie lieben und dem sie dienen; sie besingen die ganze Schöpfung, das Werk seiner Hände; den Himmel und die Erde und die im göttlichen Lichte erstrahlenden Berge. Eine außerordentliche Vertrautheit mit der Erde bindet den Hebräer an sie. Er sieht sich als Bruder der Sonne, der Sterne, des Mondes und der ihn umgebenden Tiere. Atemberaubend lobpreist er die Schöpfung und ihre Krönung, den Menschen – seinen Körper, seine Seele, seinen Geist, sowie die Liebe, die sein Haus erfüllt. Das Hohelied, diese Dichtung, die das Liebesleben des endlich befreiten Paares verherrlicht, ist auf gewisse Weise zur Nationalhymne der Hebräer geworden.

Ihre Freude ist nicht blind, denn sie kennt die Last von menschlichem Fleisch und Blut, die Grenzen des Menschen und die Tragik seines Lebens. Doch nährt sie sich bei alledem von lichter Hoffnung: Der Mensch soll auf JHWH vertrauen bis zur Stunde der endgültigen Befreiung ... Fünf Synonyme kehren immer wieder wie ein Leitmotiv in der Bibel, um die Hoffnung des Menschen zu bezeichnen. JHWH, das ist der wahrhaftige Name für die Hoffnung, und deshalb ist es nicht vergeblich, auch angesichts des Todes zu hoffen. Die Hoffnung ist das lebensspendende Band zwischen dem Gott der Befreiung und Israel, während der Zeit, da es auf die eschatologische Wirklichkeit wartet, wo die endgültige Ordnung der Welt von der Wahrheitsliebe und dem allumfassenden Frieden beherrscht sein wird.

Epilog

Eschatologie und Messianismus

Zwei gegensätzliche Pole rufen den inneren Dynamismus im Volke der Bibel hervor: Der Gedanke an das verlorene Paradies und die Hoffnung auf seine Wiederkehr nach dem Ablauf der Endzeit Israels und der übrigen Menschheit. Die Übermacht dieser zwei Mythen erklärt vielleicht das hartnäckige Beharren der Hebräer auf ihrer Art, wobei es ihnen gelingt, ihren Glauben, ihre Sprache und ihre Kultur während Jahrhunderten vor dem Schiffbruch zu bewahren.

Die Erinnerung ans verlorene Paradies erneuert sich, wenn man die glorreiche Vergangenheit Israels mit Verwunderung betrachtet: Es wurde in der Person der Patriarchen auserwählt und durfte am Werke Gottes als Partner, Verbündeter und nach seinem Bilde Geschaffener mitwirken. Die Kraft der Traditionen ermutigt die Nation in der Stunde, in der sie für ihr Überleben kämpfen muß, um so nachhaltiger, als die Zukunft Israels im Bewußtsein der Hebräer mit der der Menschheit verknüpft ist, die sie der Erfüllung durch die Gottesgnade näherbringen will. Die Enderwartung wird von der Gewißheit der Vergangenheit gespeist und flößt ihr den Glauben ein, daß JHWH, Schöpfer der Welt und Verbündeter Israels, seine Schöpfung bis zur höchsten Stufe des Heils von Israel und der Menschheit führen wird. Der gegenwärtige Zustand in der Welt, die Strapazen, die Israel durchmachen mußte, die Realität des Bösen, von Krieg, Haß, Erfolgen der andern Völker, Dünkel der Verworfenen ... gehen vorüber wie ein Alptraum, der am Tageslicht verblaßt. Dies ist so gewiß, weil JHWH kommt, weil er einen neuen Himmel und eine neue Erde schaffen wird, im Einklang mit seinem Bund und der Erfüllung seiner Verheißung.

Das Erscheinen JHWHs in einem letzten, entscheidenden Auftritt ist der Kern der israelitischen Eschatologie und des Messianismus. Wieder einmal ist die Geschichte hier wichtigster Ausdruck des religiösen Denkens der Hebräer. Die Propheten beschreiben den »Tag des Herrn« mit denselben Worten, wie sie die einstigen Gotteserscheinungen schildern, diejenige, die Abraham sah, den Auszug aus Ägypten, die Übergabe der Thora am Sinai, den Eroberungskampf, den Bund mit David[1] ... JHWH wird kommen, um über die Erde zu richten, die Verworfenen zu verurteilen, die Unschuldigen freizusprechen, Israel zu rehabilitieren und die gottlosen Völker zu züchtigen. Ihre Revolte und die von ihnen hervorgerufenen Kriege ziehen die Strafe nach sich und ihre Bekehrung. Die Völker, die sich Gott oder seinem Messias entgegenstellen, werden ausgelöscht werden, die Könige, die Zion angreifen, sollen irregeleitet werden – JHWH selbst wird eingreifen, um sein Erbe zu verteidigen, seine Feinde zu zerschlagen und den Sieg Zions für immer sicherzustellen.

Diese Hoffnungen werden im Volke um so eher geweckt, als sein Schicksal hart ist. Das Heil hängt also vom Richtspruch JHWHs ab, der ein gerechter und barmherziger Gott ist. Er wird seine Feinde im ganzen Universum besiegen, und dieser kosmische, dank seinen Verbündeten erlangte Sieg wird sich in der Geschichte Israels und der Menschheit niederschlagen[2]. Der Triumph JHWHs wird sich nicht ziellos vollziehen; er soll die Ungerechtigkeit vernichten, die sich der Macht der Liebe entgegenstellt. Er soll die falschen Götter zerschlagen[3] sowie die Kräfte des Bösen[4] und die Ungerechtigkeit Israels[5]. Strafe droht durch das Schwert, den Hunger, die Pest, Feuer, Erdbeben oder Deportation und Kriegsschrecken[6]. Der »Tag des Herrn« wird folglich das unumgängliche Vorspiel zum Sieg des Guten auf der Erde sein, denn die Bestrafung des Bösen muß der Herrschaft der absoluten Gerechtigkeit vorangehen.

Der »Tag des Herrn« bereitet die Wiedereinsetzung Israels im wunderschönen Garten Eden vor:

»Denn der Herr hat Erbarmen mit Zion, hat Erbarmen mit all ihren Trümmern, ihre Wüste macht er zum Paradies und ihre Steppe gleich dem Garten des Herrn. Freude und Wonne findet man dort, Lobpreis und Liederklang.«[7]

Friede wird sein auf Erden, sogar unter den Tieren; die Kindersterblichkeit wird aufgehoben; das menschliche Leben wird so lang sein, daß ein Ableben um die hundert Jahre als verfrüht betrachtet werden wird[8]. Der »Tag des Herrn«, des lebendigen Gottes, wird ja den Sieg des Lebens über den Tod bringen. Dieser Gedanke wird sich immer wieder und in immer stärkerem Maße im Laufe der Jahrhunderte bestätigen. Am Anfang erwartet man, das Paradies im verheißenen Lande wiederzufinden. Nach seiner Eroberung verschiebt sich die Hoffnung auf die Zeit, in der es für immer vom Bösen erlöst wird. Amos, der erste der schreibenden Propheten, unterstreicht die Katastrophen, die den »Tag des Herrn« begleiten[9], der Finsternis, nicht Licht, bringen soll[10]. Nur die Gott Liebenden sollen das Heil erlangen, sie allein sollen verschont werden vor den apokalyptischen Katastrophen, die unweigerlich eintreffen infolge der Verbrechen Israels und der anderen Nationen. Für die Gottesfürchtigen soll das Königreich Davids in seiner alten Größe auferstehen[11], in der neuen glücklichen Friedensära, die auf das Gericht JHWHs folgt. Hosea legt das Gewicht auf Israel, das sich für ihn im Zentrum der Eschatologie befindet. Es wird, trotz seiner Übeltaten, dank der Liebe JHWHs in seiner ursprünglichen Größe auferstehen. Jesaja und Micha weiten ihre Sicht auf das ganze Universum aus; das Heil Gottes soll nicht nur für Israel und alle Nationen gelten; auch die Natur, Himmel und Erde werden am Tag des Herrn erneuert.

Zephanja sieht das Geschick dieser Nation entschieden in Zusammenhang mit der Erfüllung der Endzeit der ganzen Menschheit.

Die Missetaten Judas und Israels werden nicht weniger streng verurteilt als diejenigen der anderen Nationen, die im feurigen Zorne JHWHs geläutert werden sollen. In den blutigen Tragödien, welche die Geschichte der Königreiche Juda und Israel beschließen, schlagen Jeremia, Nahum, Habakuk, Hesekiel, Haggai und Sacharja unvergleichliche Töne der eschatologischen Dichtung an, die ihren Höhepunkt in gewissen Psalmen und vor allem in den letzten Kapiteln (40–55) des Buches Jesaja erreicht. Deuterojesaja stellt die vollständigste Zusammenfassung der messianischen Eschatologie Israels dar.

Der »Tag des Herrn« brachte seine Buße, eine neue Ära der Erlösung kann beginnen. JHWH befreit sein Volk dank seiner Gnade und Barmherzigkeit, und ein neues Ostern bedeutet Wiederaufleben Zions, zu dem aus dem ganzen Universum die der Apokalypse Entronnenen zusammenströmen. Jerusalem und sein Tempel werden wiederaufgebaut[12]. JHWH regiert in Zion über sein losgekauftes und für immer von seinen Feinden befreites Volk.

Der Erlösung aller Nationen geht die Errettung Israels voraus. Israel ist der Friedensdiener und wird im Licht, in der Wahrheit und in der Liebe siegen: Die Blinden werden sehen, die Tauben hören, und die Gefangenen werden aus ihren Kerkern befreit. Es wird das Licht der Nationen sein, und dank ihm wird das Heil JHWHs die äußersten Enden der Welt erreichen, die unerhört neu aufgebaut werden soll, mit Hilfe von Güte, Liebe, Gerechtigkeit und Barmherzigkeit. Israels und Judas Exil unterstreichen die Forderung nach einem universellen Heil, das sogar die Pforten des Todes aufsprengt und dem menschlichen Leiden gerecht wird bei der Auferstehung der Toten. Hesekiel und Daniel treiben die Eschatologie der Hebräer vorwärts bis zu letzten Enthüllungen. Den apokalyptischen Symbolen wird freier Lauf gewährt; sie werden von nun an diese Nation und nach dem Sieg des Christentums einen großen Teil der Menschheit beschäftigen.

Die Apokryphen und Pseudepigraphen bahnen Jesus und dem Neuen Testament den Weg. Die Forderung nach dem Sieg des Lebens, der Gerechtigkeit und der Liebe wird fürderhin vom Inhalt und vom Ziel her ein allgemeines Anliegen sein. Auf diese Weise wird die ganze Welt für die Vorbereitungen auf die Freiheit im Gottesreich ausersehen.

Am Schluß begegnen wir der Ankündigung des Messias, der Israel und den übrigen Nationen die ersehnte Erlösung bringen wird. Messias ist der Gesalbte JHWHs, *M^e^schiach*. Von ihm erwählt, empfängt er dieselbe Salbung wie die Könige und Priester[13]. Man stellt ihn sich vor und erwartet ihn als einen König und erhabenen Priester, in dem und durch den sich alle Verheißungen des Bundes erfüllen. Er läßt Frieden und Wohlwollen regieren, nachdem er alle seine Feinde besiegt hat. Seine Macht kommt aus Gottes Hand, dessen Sohn er ist, der geliebte Erstgeborene[14].

Jesaja und Micha sehen für diese außerordentliche Gestalt, im Sinne der alten Tradition, eine geheimnisvolle Geburt voraus:
»... aus dir soll mir hervorgehen, der Herrscher in Israel werden soll; sein Ursprung ist in der Vorzeit, in unvordenklichen Tagen [...] bis zu der Zeit, da sie, die gebären soll, geboren hat [...]. Dann tritt er auf und weidet sie in der Kraft des Herrn [...]; denn nun wird er groß sein bis an die Enden der Erde. Und das wird das Heil sein.«[15]
Jesaja malt die Beschreibung des paradiesischen Friedens bis ins Detail aus, den der Sproß aus der Wurzel Jesse bringen wird:
»Da wird der Wolf zu Gast sein bei dem Lamme und der Panther bei dem Böcklein lagern. Kalb und Jungleu weiden beieinander, und ein kleiner Knabe leitet sie. [...] Der Säugling wird spielen an dem Loch der Otter, und nach der Höhle der Natter streckt das kleine Kind die Hand aus. Nichts Böses und nichts Verderbliches wird man tun auf meinem ganzen heiligen Berge; denn voll ist das Land von Erkenntnis des Herrn wie von Wassern, die das Meer bedecken.«[16]
Der alte Traum, der dem Volk seit der Verheißung an Abraham erscheint, der Traum, daß Israel eine Weltmacht wird, dank JHWHs übernatürlichem Einfluß, und zwar weder durch Waffeneinsatz noch durch Gewalt, sondern durch Gottes heilige Allmacht, bestätigt sich und wird in Gebet und Hoffen zur Zuflucht, wenn die Widersacher wüten. Ziel der Berufung Israels ist nicht, den Sieg einer Nation über die anderen zu gewährleisten, sondern denjenigen JHWHs über sie alle mittels einer übernatürlichen Versöhnung der Menschheit und der Natur mit dem Wort Gottes. Auch hier wird die Herrschaft des Königs von Israel als »von Meer zu Meer, vom Euphrat bis an die Enden der Erde« reichend gesehen. Doch dieser Sieg kommt einer allgemeinen Abrüstung gleich: »Er wird die Streitwagen ausrotten aus Ephraim und die Rosse aus Jerusalem; ausgerottet werden auch die Kriegsbogen. Er schafft den Völkern Frieden ...«[17]
Denn an jenem Tag wird das steinerne Herz der Menschen aus ihrem Körper herausgeschnitten und durch ein Herz aus Fleisch ersetzt, auf welchem das Gesetz Gottes geschrieben steht[18]. Die Blin-

den werden sehen, die Tauben werden hören. Ewiges Wohlergehen wird von da an das Los Israels sein, das sich aus allen Exilorten zusammengefunden hat, wenn Friede und Glück das Schicksal der ganzen Menschheit sein werden[19]. Um den Glanz des Sieges von JHWH zu beschreiben, zieht Jesaja seine erhabensten Register.

Am »Tag des Herrn« siegt der heilige Geist Gottes und es erscheint der Messias; denn er ist Vertreter, Zeuge und Werkzeug des Schöpfers des Himmels und der Erde. Er wird die Verwandlung Israels und der Nationen ankünden und durchführen, die versöhnt und befriedet eine neue Erde unter einem neuen Himmel bewohnen dürfen.

So drängt die Hoffnung auf den Messias im Herzen jedes Hebräers seit allen Anfängen[20]. Diese Erwartung hat sich vielleicht in Form und Ausdruck der Vorstellungen verändert. Doch bildet sie das ursprünglichste und alltäglichste Charakteristikum des Lebens in Juda und Israel. Jesaja, Micha, Jeremia, Hesekiel, Haggai und Sacharja, Deuterojesaja und Deuterosacharja haben alle verschiedene Auffassungen – die überdies auf verschiedenste Arten interpretiert werden können –, doch alle warten auf die Stunde der Erlösung, die endlich das nationale, internationale und universelle Leben der gesamten Schöpfung grundlegend verwandeln und erneuern soll.

Geschichte und Utopie

Eine derartige revolutionäre Kühnheit und ein solcher Mangel an Realitätssinn können uns nur verwundern bei einem Volk von Bergbewohnern, deren Denkart sich durch eine asketische Exaktheit und eine unüberbietbare Beherrschtheit des Ausdrucks auszeichnet. Und nun träumen sie plötzlich vom Großen Tag, mit einem Enthusiasmus, der die ganze Menschheit ergreifen wird, und sehen eine radikalere Veränderung und eine umfassendere Revolution voraus als diejenigen, die im Laufe der Weltgeschichte – von ihr abgeleitet übrigens – geplant werden, mit einbezogen den Marxismus, Leninismus, Trotzkismus oder Maoismus unserer Tage. Wenn man die

Prophetentexte jetzt, so viele Jahrhunderte später, überliest, könnte man dem Irrtum verfallen, es handle sich hier um eine *Utopie*.
In ihrem Weitblick verkünden die Propheten die totale Umwandlung der Gesellschaft und die vollkommene Wandlung der Schöpfung, nicht im Namen eines sozialen, moralischen oder philosophischen Ideals, sondern als Folge ihrer Bekanntschaft mit JHWH. Ihr Gott hatte seine Identität Mose eröffnet: *»ähjäh aschär ähjäh«*, das heißt: »Ich bin, der ich bin«[21]. Weil JHWH *der ist, welcher er ist*, hat die Geschichte der Welt einen Anfang, einen Sinn und ein Endziel. Sie ist nicht absurd, trotz der harten Grausamkeit in ihrem Ablauf. Sie besteht auch nicht aus einer blinden Folge von geschlossenen Zyklen, deren beständiges Opfer der Mensch wäre. Die Geschichte lenkt ihren Lauf von allem Anfang an auf den Weg, an dessen Ende die Menschheit den Sieg JHWHs finden wird. Auch hier darf man sich nicht vorstellen, die Hebräer hätten eine Geschichtsphilosophie. Es ist keine Philosophie, sondern eine Kenntnis *sub specie aeternitatis* der Vergangenheit, der Gegenwart und der Zukunft ihres Volkes und der anderen Nationen, die durch JHWHs Allmacht in den Hafen des ewigen Heils geführt werden. So ist die Doktrin der Propheten ebenfalls nicht Ergebnis einer Utopie, sondern einer Vision und einer Vorhersage. Soziale Gerechtigkeit, Friede und Umwandlung der Menschheit kommen, weil JHWH es ausdrücklich will. Unter seiner Herrschaft werden schließlich Arme und Reiche, Wolf und Schaf, Israel und die andern Staaten in Frieden zusammenleben.
Während fünf Jahrhunderten erreicht die Hebräer die Botschaft ihrer Propheten und freunden sie sich mit dem seltsamen Schicksal an, das zu ihrem geworden ist: Verwalter und Zeugen einer Thora zu sein, deren Fruchtbarkeit drei monotheistische Religionen erzeugen wird: den Judaismus, das Christentum und den Islam.
Eine Generation nach der anderen erhält, bewahrt und gibt die Lehre weiter, die schließlich das Geschick der Menschheit umändern und ihre Gedanken, Ziele und Sprache erneuern wird.
Ein griechischer Besucher des Nahen Orients zur Zeit Salomos, Jesajas oder Hesekiels hätte zum Beispiel sehr wenige Unterschiede zwischen den Ländern der Hebräer, der Assyrer, der Babylonier,

der Syrer, der Phönizier oder der Ägypter gefunden, denn man hatte da dieselbe Art, zu wohnen und sich zu kleiden, dieselben Eßgewohnheiten, dieselbe Bauweise der Tempel, dieselbe monarchische Regierungsform, dieselben Techniken der Metallverarbeitung, dieselbe Kriegskunst, dieselbe Bodenbearbeitung und dieselbe Art, Früchte zu ernten. Auf materiellem Gebiet wäre es für den Fremden schwierig gewesen, einen grundlegenden Unterschied zwischen der hebräischen Lebensart und derjenigen der Nachbarvölker zu finden.

Auf sozialer und politischer Ebene ist eine Unterscheidung schon leichter in Hinsicht auf die menschlichen Beziehungen zwischen Königen und Untertanen, zwischen arm und reich, zwischen Bürgern und Ausländern, zwischen Angestellten und Tagelöhnern oder zwischen Herren und Sklaven; die Auffassung des Eigentums und die diesbezügliche Gesetzgebung, die Auffassung des Privatlebens von Mann und Frau und der Platz, der den moralischen Zielen im Leben der Gesellschaft eingeräumt wird, geben der hebräischen Gesellschaft, trotz gewisser Ähnlichkeiten mit anderen Völkern, einen Charakter von großer Eigenständigkeit, verglichen mit der ganzen übrigen Welt der Antike.

Aber in ihrer Vorstellung von JHWH und in ihrer Vision von der Zukunft der Menschheit sind sie absolut neu.

Ihr Gott ist ein einzigartiger, transzendenter und eifersüchtiger Gott. Diese einfache Feststellung wird die Grundmauern erschüttern, auf die sich alle Völker der Antike stützen, deren Gottheiten von nun an als lügenhaft, unwirksam und tot entlarvt werden. Die Hebräer – und sie allein – verursachen diese Kehrtwendung in der Weltgeschichte des Denkens, bei welcher der Herrschaft der Götzen, ihrer Mythen und Mysterien ein Ende gesetzt wird.

Diese grundlegende Anklage wird begleitet von einer schonungslosen Anprangerung des natürlichen Menschen. Streng verurteilt werden Mord, Diebstahl, Ungerechtigkeit, Haß, Krieg, Unzucht, Lüge und sogar Begehrlichkeit. Die Menschen packt ein unerhörtes Streben nach Heiligkeit und Gerechtigkeit und nach Erfüllung der strengen Anforderungen, die ihnen JHWH durch sein Gesetz auferlegt, und zwangsläufig müssen sie sich nach einer andern mensch-

lichen Natur, einer geistigen, sehnen, welche zu der von den Propheten angekündigten kosmischen Versöhnung führen wird.
Schließlich flößt die messianische Vision der hebräischen Geschichte inneren Dynamismus ein: Die Hebräer stellen der Menschheit ein Ideal von Gerechtigkeit, Liebe und Frieden vor Augen. Sie verkünden die Wahrheit ihres eifernden Glaubens und sagen die zukünftige Erfüllung seiner Verheißungen an. Auch hier zeigen die Jahrhunderte, deren Tage wir nun beschrieben haben, in der Geschichte der antiken Kulturen eine entscheidende Wendung, und die Entstehung des Judaismus und des Christentums werden sie noch verstärken.
Der Traum von der universellen Erlösung wird noch deutlicher und weitet sich aus. So bekommt die Utopie eine neue Möglichkeit, Geschichte zu werden und das blutige und schmerzliche Leben der Menschheit auf den Weg ihrer wirklichen Einigkeit zu führen.
Das sehr konkrete Ideal der alten Hebräer zur Zeit der Patriarchen, der Richter oder sogar am Anfang der Königszeit weitet sich aus, verallgemeinert sich und wird in den späteren Zeiten zu einem System ausgebaut, um in gewissen Texten von Jesaja, Jeremia, Sacharja oder Hesekiel in eine vorwiegend übernatürliche Vision überzugehen, welche Natur und Leben, wie sie sind, ablehnt und ihre Umwandlung fordert sowie die Schöpfung einer neuen Erde, eines neuen Himmels und eines vollkommenen Menschen, der keine Sünde mehr in seinem Herzen trüge, so daß ein neuerlicher Sündenfall nicht nur undenkbar, sondern unmöglich würde.
Gott, der Schöpfer der Welt, ist ja auch der absolute Herrscher über das Schicksal der Menschen im Laufe ihrer Geschichte. Diese wird in ihrer Gesamtheit und in ihrer Zweckgebundenheit erfaßt: Sie hat ein Ziel, nämlich, Gottes Reich einzurichten. Die ganze heilige Geschichte, die Berufung Abrahams, der Auszug aus Ägypten, der Bund, die Gesetzesübergabe und die Sendung von Propheten: alle sind Etappen auf dem Weg zu diesem höchsten Ziel. So bedeutet die Erwählung Israels und sein Leidensweg gemäß der biblischen Betrachtungsweise keine Einengung Gottes auf einen einzigen Stamm, sondern ein notwendiger Vorgang auf dem Weg zum universellen Heil. Das Volk des Bundes soll zum Werkzeug einer Völ-

kerverbindung, zum Überbringer des versprochenen Heils werden.

Gott hat Israel auserwählt, damit dieses theophore Volk durch seine Propheten, Apostel, Heiligen und Gerechten den andern Nationen die am Sinai erhaltene Verheißung überbringe. Die Geschichte der ganzen Menschheit gehört so zum Universellsten im biblischen Gedankengut. Die Schöpfung hat einen Sinn, und die durch ihre eigenen Schandtaten kompromittierte Menschheit muß sich mit Gott verbünden, um die Erfüllung der natürlichen Ordnung zu ermöglichen. Die Bibel wurde nicht zufällig ›Heilige Geschichte‹ genannt. Im Grunde genommen gibt es in der Bibel nur wenige Bücher, die sich nicht mit Geschichte befassen. Alle haben sichtlich das Ziel, die Erfüllung der göttlichen Absicht an seinem Volk und allen seinen Kreaturen voranzutreiben. Die Geschichte bildet so das zentrale Drama der Schöpfung: Sie hat einen Anfang und richtet sich mit ihren tausendfachen Umwegen auf ein Ziel aus. Sie ist, mit den Augen der Propheten Israels gesehen, wie ein heiliger Ritus, dessen Schauplatz das Universum umfaßt und dessen Durchführung die Erfüllung und die Befreiung für den Menschen bringen kann.

Heil, Erlösung und Befreiung sind positive und inhaltsschwere Begriffe. Sie sollen nicht nur vom Bösen erlösen, sondern den weltweiten Sieg des Guten bringen.

Denn Gerechtigkeit und Wahrheit sind die Vorbedingungen für Kraft und Leben; ohne sie kann weder die Liebe fortbestehen noch der Bund aufrechterhalten bleiben. Die Gerechtigkeit mit all ihren Eigenschaften ist eine der wichtigsten Auswirkungen des Bundes. Anfänglich unterscheiden die Denker Israels nicht zwischen den Begriffen Recht und Pflicht, die beide in der Botschaft des göttlichen Willens, im Bund und im Gesetz verschmolzen sind. Das Wort Gerechtigkeit steht im hebräischen Denken im Mittelpunkt seit den Anfängen bis zum Drama Hiobs, der Gottes Existenz bestreitet, weil er seine Gerechtigkeit vermißt. Für die Hebräer ist die Gerechtigkeit nämlich in der Tat das zentrale Problem im Leben, und immer wieder kommen sie auf die Definition von göttlicher und menschlicher Gerechtigkeit zurück.

Die gängigsten Meinungen über dieses Thema werden jahrhundertelang diskutiert in den Städten Israels und Judas. Die schließlich anerkannte Auffassung ist diejenige, welche die Freunde Hiobs ausdrücken: Der Mensch muß gerecht sein, um den Segen Gottes zu verdienen; jedenfalls aber muß er alles annehmen und sich glaubend auf die göttliche Entscheidung verlassen. Die Rebellen werden in die Scheol verwiesen werden, während die Friedfertigen am Tage des Herrn das Land als Erbteil bekommen. Die Hingabe des Gerechten an den Willen Gottes wird zum Hauptthema bei Hiob, den Psalmen und den Propheten. Auf diese Weise wird bestritten, daß die Beziehung zwischen Rechtschaffenheit und Segen zwingend ist. Es besteht immer ein Geheimnis um die Gerechtigkeit Gottes, und der Mensch kann es nur aufdecken, indem er sich dem Glauben ergibt: »Hoffe auf den Herrn und tue, was gut ist; bleibe im Lande und übe Treue.«[22]

Aber der dringende Ruf nach sozialer Gerechtigkeit wird immer lauter, und die Prophetenstimmen erheben sich mit den Jahrhunderten immer heftiger gegen Mächtige, Reiche und Gewalttätige, die in Jerusalem, Bethel und Samaria regieren, und gegen die Königreiche von Ägypten, Damaskus und Mesopotamien, die auf Krieg und Zerstörung sinnen. Die unmißverständliche Verurteilung der Großen dieser Welt ist scharf und unerbittlich im Munde der Propheten; sie prangern deren Leben an, das dem Luxus, der Sinneslust und dem Raub an Armen und Hungrigen gewidmet ist. Der kleine Mann hat immer recht, da er sich nicht verteidigen kann und seine Klage gerecht ist; der Reiche hat immer unrecht, da er das Gesetz des Bundes bricht und seinem Volk, wenn nicht auch den Pflanzen auf dem Felde und den Tieren schadet. Seine Missetaten sind um so sinnloser, als jedermann darunter leidet und er selbst schließlich ihr Opfer wird. Denn die Gerechtigkeit wird siegen, und ihr Sieg bedeutet das Ende des belastendsten Gegensatzes in der Welt der Hebräer, desjenigen zwischen dem überhandnehmenden Bösen – der ständigen Ungerechtigkeit – und der Gerechtigkeit Gottes. Es scheint, als seien die Propheten an keinem der anderen metaphysischen und moralischen Probleme interessiert gewesen, die das Denken im Altertum beschäftigten. Nur die Gerechtigkeit nahm ihre Gedanken gefangen, und der offensichtliche, von Hiob kritisierte Widerspruch bleibt für sie ein Geheimnis, das sich erst am siegreichen »Tag des Herrn« lüften wird[23].

So stoßen sich die Betrachtungen der Propheten am Geheimnis des Bösen und öffnen sich auf eine neue Hoffnung hin. Diese findet nach der Rückkehr aus dem Exil ihren bedeutsamsten Ausdruck in den beiden aus der Fruchtbarkeit des Alten Testamentes herauswachsenden Religionen, dem Judaismus und dem Christentum.

I. Von den Anfängen bi

Babylonien	Assyrien	Syrien/Kanaan
Dynastie von Akkad: Sargon um 2673 Naram-sin, um 2557 *Erste babylonische Dynastie,* um 2057–1758: Hammurabi, um 1955–13 *Dynastie des »Meerlandes«,* *Kassitische Dynastie,* um 1746–1140	Periode der babylonischen Oberherrschaft Schamschi-adad II., um 1716–1687 Periode der Mitanni-Oberherrschaft	
	Aschur-uballit II., um 1386–69	Periode von Al-Amarna
	Adad-nirari I., um 1305–1277 Salmanassar I., um 1276–57 Tukulti-ninurta, um 1256–33 Zeit des Niedergangs	Höhepunkt der hethitischen Herrschaft. Hattuschilisch, um 1289–55

* Alle Daten der ägyptischen Geschichte sind nach der Hypothes

zur Eroberung Kanaans

Ägypten *		Biblische Ereignisse
4. Dynastie (Memphis) um 3100–2965		
5. Dynastie, um 2965–2825		
2. Dynastie (Theben), um 2212–2000 (Sesostris)		Berufung und Wanderung Abrahams (20. Jh.)
3. Dynastie (Theben) um 2000–1750		
Einfall und Herrschaft der Hyksos, um 1800–1580		Jakobs Zug nach Ägypten, um 1740
5. u. 16. Dynastie		
8. Dynastie, um 1580–1315:		
Achmosis I.	1580–58	
Amenophis I. Tutmosis I.	1557–01	
Tutmosis II. Hatschepsut Tutmosis III.	1501–1447	
Amenophis II.	1447–20	
Tutmosis IV.	1420–12	Exodus (nach der »langen« Chronologie, vordatierend)
Amenophis III.	1412–1375	
Amenophis IV. (Echnaton)	1375–58	
Tutenchamun	1358–50	
Harmais Charemchab)	1350–15	
19. Dynastie, 1315–1205:		
Ramses I.	1315–14	
Sethos I.	1314–1292	
Ramses II.	1292–25	
Menephtach	1225–15	
Amenmoses Siptach Sethos II.	1215–05	Exodus (nach der »kurzen« Chronologie, nachdatierend)

er »kurzen« Chronologie (nachdatierend) berechnet.

II. Von der Eroberung Kanaans bi

Assyrien	Babylonien	Ägypten
	Assyrische Vorherrschaft	20. Dynastie, um 1200–109 Setnachte, um 1200–1198
Tiglatpileser I., um 1115–02	4. Dynastie von Isin, 1170–1038 (Nebukadnezar I.)	Ramses III., um 1198–67 Ramses IV.–XII. (aufeinanderfolgend), 1167–1090
	5. Dynastie des Meerlandes	21. Dynastie (Thanis), um 1080–947 Siamon, um 970–950 22. Dynastie (Bubaste), um 947–702
Adad-nirari II., 911–889		Scheschonk, um 947–925 Osorkon I., um 925–889
Aschur-nasirpal II., 884–859 Salmanassar III., 859–824 Schamschi-adad V., 824–811 Adad-nirari III., 811–782	6. Dynastie von Basu	23. Dynastie (Theben), um (860–) 838–740
Tiglatpileser III. (Pulu), 745–727 Salmanassar V. (Ululai), 727–722	9. Dynastie (assyrisch) Aufstände Merodach – Baladans: 721–710; 703; 700	24. Dynastie (Sais), 726–712 25. Dynastie (745–) 721–663
Sargon II., 721–705 Sanherib, 705–681 Assarhaddon, 681–669 Assurbanipal, 669–626	10. Dynastie Nabopolassar, um 625–605 Nebukadnezar II., 605–562	26. Dynastie, 663–525 Psammetich I., 663–609 Necho II., 609–593 Psammetich II., 593–588 Hophra (Apries), 588–56

zum Untergang des Königreichs Juda

Israel

Einwanderung der Israeliten in Kanaan: um 1380, 1200

Zeit der Richter

Saul	1031–11	Samuel
David	1011–971	Nathan, Gad
Salomo	971–931	Semaja, der Gottesmann
		Ahia von Silo

Könige von Juda		Propheten		Könige von Israel	
Rehabeam	931–913			JEROBEAM I. *	931–910
Abja	913–911	Hanania der Seher		Nadab	910–909
Asa	911–870	Asarja ben Oded		BAESA	909–886
Josaphat	870–848	Oded, Der Prophet		Ela	886–885
				SIMRI	885
				OMRI	885–874
				Ahab	874–853
				Ahasja	853–852
Joram	848–842	Jehu ben Hanania		Joram	852–841
Ahasja	841	Nathan		JEHU	841–814
Athalja	841–835	Elia		Joahas	814–798
Joas	835–797	Elisa		Joas	798–782
Amazja	797–768	Micha ben Jimla		Jerobeam II.	782–753
Asarja	768–739	Amos		Sacharja	753–752
Jotham	739–735	Hosea		SALLUM	752
Ahas	735–717	Jesaja, Micha		MENAHEM	752–742
Hiskia	717–687			Pekachja	742–740
Manasse	687–642			PEKACH	740–732
Amon	642–639			Hosea	732
Josia	639–609			Untergang Samarias, Ende des Königreichs Israel	721
Joahas	609				
Jojakim	608–597	Jeremia, Hesekiel			
Jojachin	597	Haggai			
Zedekia	597				
Untergang Jerusalems; Ende des Königreiches Juda, 15. August 586		Maleachi	um 500		
		Esra	458		
		Nehemia	445		

* Bei den Königen von Israel wurden die Dynastiegründer in Großbuchstaben geschrieben.

Anmerkungen

Prolog

1 Ich übernehme hier das Tetragramm, wie es in den hebräischen Texten vorkommt. Zur Aussprache dieses Namens siehe S. 224.
2 Jes. 11, 6.
3 Joh. 4, 22.

I. Das Land

1 1. Mose 12, 1.
2 1. Mose 1, 1.
3 Jes. 40, 22; Hiob 26, 11; 1. Mose 7, 11; 2. Kön. 7, 2.
4 5. Mose 11, 9.
5 4. Mose 20, 5; Joel 1, 12; Jes. 5, 6; 7, 24; Zeph. 2, 9; 5. Mose 8, 15.
6 3. Mose 16, 10 u. 21.
7 Jes. 34, 7–14.
8 1. Mose 19.
9 2. Mose 20, 12; 3. Mose 19, 29; 3. Mose 18, 25; Jer. 12, 4; Hos. 9, 3; Amos 7, 17.
10 1. Kön. 20, 28.
11 3. Mose 20, 22.
12 1. Mose 48, 21; 50, 24; 5. Mose 1, 8; 6, 23; 31, 20.
13 Jes. 51, 9–12, Hes. 29, 3; 32, 2.
14 Jes. 41, 18; 43, 16–19.
15 Jes. 51, 9–11.
16 Hiob 31, 38–40.
17 3. Mose 25, 1–7. 2. Mose 23, 10; 3. Mose 20, 22.
18 3. Mose 25, 23.
19 3. Mose 25, 1–22.
20 Jer. 32, 6–11.
21 5. Mose 15, 1–13. Vgl. 3. Mose 19 u. 22.
22 Vgl. die Episode mit Vespasian, die von Flavius Josephus im *Bellum Iudaicum* 4 erzählt wird.
23 1. Mose, 1, 3.
24 Ps. 19, 2–7.
25 3. Mose 19, 23–25. Vgl. 3. Mose 22.
26 Hiob 5, 22 f.
27 3. Mose 17, 13–15.
28 3. Mose 11; 5. Mose 14.
29 3. Mose 17, 14; 19, 26; 5. Mose 12, 23.
30 5. Mose 22, 6 f.
31 5. Mose 22, 10.
32 4. Mose 21, 13.
33 5. Mose 26, 5.
34 Jer. 25, 24; Hes. 27, 21; 30, 5; 1. Mose 22, 20; 2. Sam. 8, 8; Hiob 1; 1. Mose 18; 37, 28.
35 Burrows: *What mean these stones?* The significance of archeology for biblical studies (London, New York 1957), S. 99–140.
36 2. Chr. 32, 4 u. 30.
37 1. Kön. 1 u. 2.
38 Vgl. S. 136.
39 Vgl. S. 41 f.
40 2. Chr. 1, 3; 2. Chr. 3; 4; 1. Kön. 6; 7; Hes. 40; 42. – Vgl. Hag. 1; 2. Vgl. Text S. 138.
41 2. Mose 20, 24; 1. Kön. 9, 3; Jer. 34, 15; 2. Chr. 7, 16; 2. Mose 25, 8; 1. Kön. 8, 13.
42 Micha 4, 1–3; Jes. 2, 2–4.
43 Joel 4, 18; Sach. 14, 9.
44 Richt. 4, 17–22.
45 Richt. 5.
46 5. Mose 23, 10–15; 4. Mose 5, 1 bis 4.
47 5. Mose 20, 8; Richt. 7, 2–4; 5. Mose 20, 5–7.
48 1. Sam. 21, 6; 2. Sam. 11, 11; Richt. 20, 26; 1. Sam. 7, 6; 1. Sam. 14, 29 f.
49 5. Mose 23, 15; 1. Sam. 7, 9; 13, 9; 21, 6; Jer. 6, 4; Joel 4, 9.
50 1. Kön. 10, 26.
51 5. Mose 1, 15; 2. Sam. 24, 9; 2. Chr. 14, 7; 2. Chr. 17, 14; 2. Chr. 25, 5; 2. Chr. 26, 11. – Die Chronikschreiber übertreiben sicher etwas bei der Zahlenangabe der Soldaten. Dieser soll eher symbo-

lischer als statistischer Wert beigemessen werden.
52 4. Mose 10, 35; 1. Sam. 4, 3–8.
53 Richt. 11, 30–40.
54 4. Mose 31, 25 ff.
55 Richt. 8, 24; 2. Sam. 8, 7; 12, 30.
56 5. Mose 21, 10–14.
57 5. Mose 20, 10; Jos. 9, 6.
58 Jer. 6, 14; 8, 11; 28, 9; Hes. 13, 10–16.
59 Micha 3, 5.
60 5. Mose 20, 17; Jos. 9.
61 Jes. 60, 17–21.
62 Sach. 9, 9 f.; vgl. die bemerkenswerte Beschreibung des Friedens durch Jesaia: 65, 12 ff.; vgl. S. 60 u. 262.

II. Das Volk

1 J. A. Knudtzon: *Die El-Amarna-Tafeln* (Leipzig 1907–15), Bd. 2, S. 877, Nr. 290.
2 M. Burrows (s. Anm. 35 zu I) S. 99 u. 140 ff.
3 Ps. 105, 13.
4 Vgl. G. A. Danell: *Studies in the Name Israel in the Old Testament* (Upsala 1946).
5 1. Mose 29, 35.
6 Daniel-Rops: *La Vie quotidienne en Palestine au temps de Jésus* (Paris 1961), S. 46.
7 2. Kön. 16, 6.
8 1. Chr. 4, 18.
9 5. Mose 26, 5; Hes. 18.
10 Vgl. S. 101 f.
11 Vgl. S. 43.
12 4. Mose 24, 22.
13 Hes. 27, 21; Spr. 30, 1; Jes. 60, 7; 21, 14.
14 Jer. 49, 28; 25, 23.
15 1. Mose 10, 21–31; 11, 10–26.
16 Akkadisch.
17 Aramäisch, Phönizisch, Punisch, Moabitisch, Kanaanäisch, Hebräisch.
18 Arabisch und Äthiopisch.
19 Das älteste Zeugnis des Alphabets wurde in der Nekropole von Byblos entdeckt; es ist dies der Sarkophag Ahirams aus der Zeit von Ramses II. (1292–1225 v. Chr.).
20 Esra, 4, 8 bis 6, 18; 7, 12–26.
21 Dan. 2, 4 bis 7, 28.
22 Jer. 10, 11.
23 1. Mose 31, 47.
24 Dieser letztere ist in Ost-Aramäisch abgefaßt wie die manichäische und mandäische Literatur.
25 Das Aramäische wird in Mosul und Umgebung sowie in zwei libanesischen Dörfern gesprochen. Das Syrische überlebte als liturgische Sprache der syrischen Kirche.
26 1. Sam. 8, 19–21.
27 1. Sam. 9, 1–10, 16; 11, 1–15.
28 1. Sam. 8, 1–22; 10, 18–27; 12; 15.
29 Richt. 17, 6; 21, 25.
30 2. Sam. 5, 4 f.
31 1. Sam. 10, 6.
32 1. Sam. 11, 6 f.
33 1. Sam. 11, 12–15.
34 1. Sam. 9, 16; 9, 20; 10, 1.
35 Richt. 6, 14; 8, 22.
36 1. Sam. 16, 13.
37 2. Sam. 12.
38 Vgl. S. 52 f.
39 2. Sam. 7, 8–17; Ps. 2; 18; 20; 21 und alle anderen königlichen Psalmen; Jes. 7; 9; 11; 62 ff.
40 1. Sam. 10, 25; vgl. 5. Mose 17, 15.
41 2. Kön. 11.
42 2. Sam. 19, 10; 2. Kön. 6, 26; 13, 5; Ps. 72 u. ff.
43 1. Sam. 29, 9.
44 2. Sam. 24, 25; 1. Chr. 22; 29; 1. Kön. 5; 8.
45 2. Kön. 16, 10–18.
46 2. Kön. 12, 5 u. ff.; 2. Sam. 8, 17; 20, 25; 1. Kön. 2, 26 f.; 1. Kön. 4, 2.
47 2. Kön. 22, 2–8.
48 2. Kön. 22, 8–11.
49 2. Sam. 8, 17 f.; 20, 23–26.

50 Vgl. S. 212.
51 1. Chr. 27, 25–34.
52 Vgl. Anm. 2 zu V.
53 1. Chr. 23; 24; 25; 26.
54 1. Chr. 11, 10.
55 1. Chr. 27, 16–22; 1. Chr. 2, 1–2.
56 2. Sam. 8, 2; 10, 19.
57 1. Kön. 4, 7–19.
58 Der Stamm Juda wird in dieser Aufzählung nicht erwähnt, sehr wahrscheinlich wegen seiner steuerrechtlichen und anderen Privilegien.
59 1. Kön. 4, 5.
60 1. Kön. 5, 27; 1. Kön. 5, 20–32.
61 1. Sam. 8, 15.
62 Hes. 45, 13 ff.; 3. Mose 7, 29.
63 2. Kön. 5, 5.
64 2. Kön. 3, 4; vgl. 2. Sam. 8, 2; 1. Kön. 5, 1 u. ff.
65 2. Kön. 3, 4; vgl. 2. Chr. 17, 11; 2. Chr. 26, 8.
66 2. Kön. 15, 19 f.
67 2. Kön. 23, 33.
68 1. Kön. 12, 2–6.
69 1. Kön. 12, 10–11, 16.
70 Vgl. S. 50.
71 Ephraim, Simeon, Dan, Manasse, Issaschar, Asser, Sebulon, Naphthali, Ruben und Gad.
72 Vgl. die chronologische Übersicht über die Könige Judas und Israels, S. 273.
73 1. Kön. 12, 28–33.
74 1. Kön. 14, 25; 2. Chr. 12, 2 ff.
75 Amos 3; 4.
76 2. Kön. 17, 5 f.; 18, 9 f. Vgl. S. 103 f.
77 Athalja war die Tochter Isebels und Ahabs oder, nach einer anderen Überlieferung, Omris.
78 1. Kön. 20.
79 1. Kön. 22, 34–38.
80 2. Kön. 6, 24–30.
81 Vgl. S. 98.
82 2. Kön. 17.
83 Micha 3, 12.
84 Jes. 9 u. ff.
85 2. Kön. 24; 25.
86 Jer. 26, 12; 27, 6.
87 2. Kön. 24.
88 2. Kön. 25, 8 ff.
89 Jer. 35, 14.
90 5. Mose 19, 1–13; vgl. Jos. 21.
91 2. Sam. 14, 4–12.
92 Jes. 5, 8; vgl. Hos. 5, 10; Mi. 2, 1 f.
93 1. Kön. 21, 1 ff.
94 3. Mose 25, 23–35, 39–40.
95 I. Mendelsohn: *Slavery in the Ancient Near East* (New York 1949), S. 23 ff.
96 Jes. 3, 16–25.
97 Jes. 21, 16.
98 5. Mose 24, 14–15; 3. Mose 19, 13.
99 Jer. 37, 21.
100 Neh. 3, 31–32.
101 Jes. 7, 3.
102 Jer. 19, 1.
103 1. Chr. 4, 21.
104 1. Chr. 4, 23; vgl. R. de Vaux, *Les institutions de l'Ancien Testament* (Paris 1961–66), S. 121.
105 1. Kön. 9, 26–28; 10, 11–22.
106 1. Kön. 20, 34; vgl. 1. Kön. 5, 15 bis 26; 9, 27; 1. Kön. 10, 1–13.
107 Die Landbevölkerung mußte sich in kleinen Städtchen ansiedeln, damit die Sicherheit der Bauern gewährleistet war. Diese zogen morgens aufs Feld und kehrten abends in ihre Stadt oder in ihr Dorf zurück, und sie verbrachten die Nacht nur in den Zelten auf ihren Feldern während der Ernte oder zur Zeit des Laubhüttenfestes, vgl. S. 161 ff.
108 Vgl. de Vaux (s. Anm. 104 zu II), S. 106.
109 5. Mose 19, vgl. S. 113 f.
110 5. Mose 21, 1–9.
111 5. Mose 21, 18–21.
112 5. Mose 22, 13–18.
113 5. Mose 25.
114 1. Sam. 25, 18.
115 Hiob 1, 3.
116 1. Sam. 16, 20.
117 2. Mose 22, 24–26.

118 2. Mose 23, 6; vgl. 5. Mose 24, 12 f.
119 5. Mose 15, 7–11.
120 5. Mose 15, 1.
121 2. Mose 23, 11.
122 5. Mose 14, 29; 26, 12.
123 5. Mose 14, 28.
124 3. Mose 25, 6.
125 4. Mose 35, 15.
126 3. Mose 19, 10; 23, 22; 5. Mose 24, 19–21; Jer. 7, 6.
127 2. Mose 22, 20; 23, 9; 5. Mose 24, 18–22; 3. Mose 19, 34; 5. Mose 10, 9.
128 Hes. 47, 22 f.
129 3. Mose, 17, 15.
130 3. Mose 20, 2; Hes. 14, 7.
131 3. Mose 16, 29; 17, 8–16; 22, 18; 4. Mose 15, 29; 19, 20.
132 Vgl. 4. Mose, 9, 14.
133 Jesus Sirach 33, 25–28.
134 Jesus Sirach 33, 32.
135 Hiob 31, 15.
136 5. Mose 21, 10–14.
137 5. Mose 23, 16.
138 2. Chr. 28, 8–15.
139 4. Mose 31, 15–18; vgl. 5. Mose 20, 10–18. Die alte Gesetzgebung über die Eroberung der Städte und das Los ihrer Einwohner. Wenn die nicht mehr im Heiligen Land liegende, eroberte Stadt sich freiwillig ergeben hat, kommt die Bevölkerung in den Frondienst. Hat sie sich verteidigt, werden die Männer hingerichtet, und Frauen und Kinder gelten als Kriegsbeute.
140 1. Kön. 9, 27; 2. Chr. 8, 18; vgl. 1. Kön. 9, 15–21.
141 2. Mose 21, 32; vgl. 3. Mose 25, 44; 22, 11.
142 2. Chr. 28, 8–15.
143 3. Mose 25, 44–46.
144 3. Mose 25, 39–43.
145 3. Mose 25, 47–53.
146 5. Mose 15, 12–18.
147 5. Mose 15, 17.
148 1. Mose 17, 12 f.
149 2. Mose 12, 44; 20, 10; 23, 12.
150 Spr. 17, 2; 1. Mose 15, 3; 1. Chr. 2, 34 f.
151 5. Mose 21, 10–14; vgl. Jer. 34, 8 bis 22; 2. Mose 21; 3. Mose 19, 20; Jes. 58, 6; Hiob 3, 19.
152 2. Mose 12, 37 f.
153 2. Sam. 24, 1–9; vgl. 1. Chr. 21, 1 bis 6, wo noch höhere Zahlen erscheinen.
154 2. Kön. 15, 19 f.: daraus können wir schließen, daß es ums Jahr 738 herum in Israel um die 60 000 begüterte Familienoberhäupter gab, was einer Bevölkerung von ungefähr einer Million für das ganze Land entspricht.
155 Z. B. die *Annalen* Sanheribs. Vgl. de Vaux (s. Anm. 104 zu II), Bd. 1, S. 103–107.

III. Die Tage

1 1. Mose 1, 5.
2 Vgl. S. 89.
3 Vgl. S. 161 ff.
4 Vgl. die 1892 v. Chr. in Beni-Hasan dargestellten Szenen.
5 2. Sam. 2, 13.
6 Vgl. S. 138 ff.
7 Dafür hielt er die Befestigung von Tell el-Ful aus der Makkabäerzeit für ein Werk aus der Zeit der Kreuzzüge.
8 1. Kön. 9, 10–24.
9 1. Kön. 10, 16 f. und 17–21.
10 1. Kön. 10, 18–20; vgl. S. 138.
11 1. Kön. 5, 14 ff.
12 Vgl. S. 52 f.
13 A. Parrot: *Le Musée du Louvre et la Bible* (Cahiers d'archéologie biblique, Nr. 9; Paris 1957), S. 82, Nr. 2; vgl. 1. Kön. 7, 23 ff.
14 1. Kön. 10, 1 ff.
15 Jer. 37, 21.
16 Hiob 4, 19.
17 Jes. 9, 9.
18 3. Mose 14, 40.
19 1. Kön. 7, 9.

20 1. Chr. 29, 2.
21 1. Mose 11, 3; Jes. 27, 9; 5. Mose 27, 4.
22 1. Sam. 19, 12.
23 1. Sam. 9, 26.
24 1. Sam. 9, 25.
25 Spr. 21, 9; 25, 24.
26 2. Kön. 23, 12.
27 Richt. 3, 20; 1. Kön. 17, 19; 2. Kön. 4, 10.
28 Jer. 22, 14; Amos 3, 15.
29 Jer. 36, 22.
30 *poth*; vgl. 1. Kön. 7, 50.
31 5. Mose 6, 9; 11, 20.
32 1. Sam. 19, 12; 2. Sam. 6, 16; 2. Kön. 9, 30; Spr. 7, 6; Hohel. 2, 9.
33 3. Mose 11, 35; 1. Sam. 9, 23.
34 Jer. 25, 10; Pred. 12, 4.
35 Jes. 44, 15; vgl. 1. Mose 18, 6.
36 Hos. 7, 4; Jer. 37, 21.
37 1. Sam. 25, 18; 2. Sam. 16, 1; 17, 28 f.; 1. Chr. 12, 40 f.; vgl. Neh. 13, 16.
38 1. Mose 43, 16 und 25; 1. Kön. 20, 16; Ruth 2, 14–17.
39 Jes. 5, 8–14.
40 1. Mose 27, 19; 37, 25; 1. Sam. 20, 24.
41 Amos 6, 4 ff.
42 5. Mose 8, 10.
43 Hohel. 8, 2; Jes. 5, 22.
44 2. Mose 23, 19; 34, 26; 5. Mose 14, 21. Diese Gesetze werden vielfältig erweitert in der nachexilischen Zeit und bilden schließlich einen wichtigen Teil des Judaismus.
45 1. Kön. 17, 6.
46 1. Mose 3, 7 und 3, 21.
47 4. Mose 15, 37; 5. Mose 22, 12.
48 Vgl. Jona 3, 6.
49 2. Kön. 2, 23.
50 3. Mose 19, 27.
51 2. Mose 29, 9; Hes. 21, 31; Jes. 62, 3.
52 2. Mose 39, 1–31.
53 5. Mose 22, 5.
54 Ruth 3, 15.
55 Jes. 3, 16 ff.
56 Hes. 16, 10.
57 Jes. 3, 16.
58 2. Kön. 5, 5.
59 2. Sam. 14, 2.
60 Spr. 31, 13.
61 Richt. 16, 13 f.; Hiob 7, 6; 1. Sam. 17, 7; Spr. 31, 19; 2. Mose 26, 31; 3. Mose 13, 48.
62 2. Sam. 5, 11.
63 Nah. 3, 14; 2. Mose 5, 7; 2. Sam. 12, 31.
64 Hiob 28, 17.
65 Hiob 28, 1–3 u. ff.
66 Nah. 2, 4; Jer. 15, 12.
67 Jes. 1, 22; Jer. 6, 29; Hes. 22, 18.
68 Richt. 16, 21; Ps. 105, 18; 107, 16; 1. Kön. 4, 13; Hiob 19, 24.
69 Sach. 4, 10; 5, 8; Amos 7, 7.
70 1. Mose 24, 22.
71 1. Mose 41, 42; Jer. 22, 24; Hohel. 8, 6.
72 1. Kön. 10, 15; 1. Kön. 5, 25; 10, 28.
73 1. Kön. 10, 29.
74 Richt. 3, 16.
75 Barrois, A.: *Manuel d'archéologie biblique* (Paris 1953), Bd. 2, S. 251 f.
76 Ebenda, S. 257.
77 1. Mose 13, 2; 24, 35.
78 Vgl. S. 153.
79 2. Kön. 12, 10–13.
80 Neh. 7, 69.
81 5. Mose 11, 10–12.
82 4. Mose 24, 5 ff.; Geschichte des Sinuhe, 20. Jh. v. Chr.
83 J. A. Knudtzon (s. Anm. 1 zu II) 73.7; 13.8; 37.52; 15.226; 8.255. – 1. Mose 37, 25; vgl. 1. Kön. 5, 1–26.
84 1. Kön. 5, 25; Hes. 27, 17; 1. Mose 37, 25; 43, 11; Hes. 27, 17; Jer. 8, 22.
85 1. Kön. 5, 25; Hes. 27, 7; Neh. 13, 16; J. B. Pritchard: *Ancient Near Eastern Texts relating to the Old Testament* (Princeton 1955), S. 487.
86 1. Kön. 4, 11.

87 1. Kön. 9, 11.
88 1. Mose 1, 14.
89 2. Chr. 30, 2; 4. Mose 9, 11; 1. Kön. 12, 32.
90 Vgl. die Kalktafel von Geser, in: De Vaux (s. Anm. 104 zu II), Bd. 1, S. 279 ff.
91 1. Mose 2, 1 ff.; 2. Mose 34, 21; 31, 12; 20, 8; 5. Mose 5, 12.
92 Jes. 1, 13; Hos. 2, 13; 2. Kön. 4, 23.
93 4. Mose 10, 10; 28, 1–10; 2. Mose 40, 2; 4. Mose 28, 11–15.
94 Ps. 81, 4; 104, 19.
95 2. Mose 12; Jos. 5, 10–12; 2. Kön. 23, 21–23.
96 1. Kön. 9, 25.
97 2. Mose 23, 16; 34, 22; 5. Mose 31, 10.
98 4. Mose 19, 1–12.
99 3. Mose 23, 26–32; 4. Mose 19, 7; 3. Mose 16.
100 Richt. 14, 12; Sach. 8, 5; Hiob 21, 11; vgl. S. 169 f.
101 2. Mose 15, 20; Jes. 30, 29; 1. Sam. 18, 6; Richt. 21, 16 ff.; 2. Sam. 6.
102 1. Mose 4; 8; 14; 22.
103 2. Mose 18, 10–12.
104 2. Mose 19; 24.
105 2. Mose 33, 8–12.
106 3. Mose 19, 32; Spr. 20, 29.
107 Richt. 21, 21; 2. Sam. 6, 19; vgl. S. 164 f.
108 Klagel. 5, 14.
109 Spr. 10, 19; 17, 27.
110 Spr. 21 u. ff.
111 Das Grundprinzip des ganzen Psalters ist der Übergang vom Schmerz zur Freude; vgl. A. Chouraqui, *Le Cantique des Cantiques suivi des Psaumes,* Paris 1970.
112 Pred. 7, 6.
113 Ps. 2, 4.
114 1. Mose 26, 8; vgl. S. 174.
115 Vgl. René Voeltzel: *Das Lachen des Herrn. Über die Ironie in der Bibel* (Hamburg 1961).
116 1. Mose 5; 10; 19, 30.
117 3. Mose 18, 9; 20, 17.
118 2. Sam. 13, 1–23.
119 Hes. 22, 11.
120 1. Mose 26, 34.
121 Richt. 14; 16.
122 5. Mose 7, 2–4.
123 Richt. 3, 5–6.
124 1. Kön. 11, 3.
125 5. Mose 17, 17.
126 1. Mose 16; 30; 1. Sam. 1, 6.
127 1. Mose 30, 15.
128 1. Mose 24, 51.
129 5. Mose 22, 28; vgl. 2. Mose 22, 15.
130 5. Mose 22, 13.
131 1. Mose 18; 21; 25; 30.
132 1. Sam. 1, 1–19.
133 Ps. 128.
134 Richt. 13; Jes. 8; Hos. 1; Ps. 127.
135 3. Mose 20, 18.
136 3. Mose 20, 20.
137 Hiob 31, 9 f.
138 3. Mose 18; 20, 10–22; 5. Mose 11, 17.
139 2. Mose 34, 15; 4. Mose 15, 39; 5. Mose 31, 16.
140 4. Mose 5, 12–31.
141 1. Mose 38, 8. Die biblische Onanie bezeichnet nur den *coitus interruptus* und nicht die Masturbation, wie es heute unbegründeterweise Brauch ist. Von der Selbstbefriedigung sagt die Bibel kein Wort.
142 5. Mose 25, 7–10.
143 Ruth 4.
144 1. Mose 35, 22; 2. Sam. 16, 20 bis 22; 1. Kön. 2, 22; 2. Sam. 3, 6; 12, 8.
145 3. Mose 18; 20; Hes. 22, 10.
146 5. Mose 22, 13–29.
147 1. Mose 34, 31.
148 Richt. 21.
149 1. Mose 21; Richt. 14.
150 5. Mose 24, 1–4.
151 Hos. 2, 4 f.; Jes. 50, 1; Jer. 3, 8.
152 5. Mose 24; vgl. 2. Sam. 3.
153 5. Mose 22, 13–21.
154 5. Mose 24.
155 3. Mose 20, 8.

156 1. Mose 1, 28.
157 3. Mose 20, 18.
158 3. Mose 18, 22.
159 1. Mose 19; Richt. 19.
160 3. Mose 18, 23; 20, 23.
161 5. Mose 23, 18 f.
162 1. Mose 38, 15; 1. Kön. 22, 47.
163 4. Mose 25, 1–3.
164 1. Kön. 14, 14–24; 15, 12.
165 1. Kön. 15, 9 ff.
166 Hos. 2 ff.
167 2. Kön. 23, 7; 1. Mose 2, 1.
168 Jos. 2, 1.
169 Richt. 14.
170 3. Mose 21, 7–9.
171 Spr. 5, 3; Jer. 3, 3; Spr. 2, 16; 6, 24; 7, 5; Jesus Sirach 9, 3.
172 1. Mose 2, 20–24.
173 Hohel. 2, 16.
174 Vgl. über Heirat und Scheidung S. 173 ff. u. 177 f.
175 Hohel. 1; 8.
176 Hos. 4, 10–18.
177 Hos. 10, 5; Jer. 2, 20; 5, 7; 13, 27; 29, 23; Hes. 16, 20.
178 2. Kön. 23, 7.
179 3. Mose 19, 29; 5. Mose 23, 18.
180 1. Mose 1, 27 ff.; Ps. 139, 13.
181 Vgl. *Encyclopédie des fouilles archéologiques en Israel*, Bd. 1 (Jerusalem 1970), S. 297; *The Interpreter's Dictionary of the Bible*, Bd. 1 (New York 1962), S. 848.
182 3. Mose 12; 13; 15; 21; 4. Mose 5; 2. Sam. 12; 2. Kön. 4; 5.
183 2. Mose 15, 26.
184 1. Kön. 14, 11; Jer. 16, 4; Hes. 29, 5.
185 1. Mose 46, 4.
186 1. Sam. 28, 14; 2. Kön. 13, 21.
187 1. Mose 50, 23–26.
188 2. Sam. 1, 19–27.

IV. Alltag und Ewigkeit

1 Paul Valéry, *Variété IV* (Paris 1939), S. 129 ff.
2 Pred. 1, 2.
3 Spr. 19, 21.
4 Ps. 1.
5 J. Pedersen: *Israel, its life and culture* (London 1926–40), Bd. 1, S. 488.
6 Ps. 37, 18.
7 Vgl. S. 159 ff.
8 1. Thess. 2, 15.
9 5. Mose 21, 20.
10 5. Mose 15, 11.
11 2. Mose 23, 11.
12 5. Mose 14, 28.
13 3. Mose 27, 30; 4. Mose 18, 21; 5. Mose 18, 1; 4. Mose 35, 1 ff.
14 2. Mose 22, 20; 23, 9; 5. Mose 24, 14; 27, 19; 5. Mose 14, 29; 16, 11; 3. Mose 19, 34; 5. Mose 10, 18; 3. Mose 16; 17; 22.
15 5. Mose 28, 44.
16 5. Mose 23, 21.
17 5. Mose 15, 3.
18 Vgl. S. 122 ff.
19 2. Mose 21, 33.
20 2. Mose 22, 4.
21 2. Mose 21, 35.
22 2. Mose 23, 4.
23 2. Mose 23, 5.
24 2. Mose 23, 1.
25 3. Mose 19, 35; 5. Mose 25, 13.
26 2. Mose 22, 6.
27 1. Mose 9, 5.
28 2. Mose 21, 28.
29 3. Mose 20, 15.
30 5. Mose 24, 16.
31 4. Mose 14, 18; 3. Mose 26, 39.
32 3. Mose 20, 2.
33 Jos. 7; 2. Kön. 9, 26.
34 3. Mose 20, 6.
35 3. Mose 20, 3; 17, 4; 4; 14; 19, 7.
36 2. Mose 12; 3. Mose 17; 22; 4. Mose 9; 19.
37 3. Mose 24, 15.
38 4. Mose 5.
39 3. Mose 4, 5; 5, 3 ff.
40 3. Mose 5, 1.
41 3. Mose 19, 22; 5, 21.
42 5. Mose 18, 10; 2. Mose 22, 17.
43 3. Mose 18, 25.
44 4. Mose 35, 33.

45 5. Mose 21, 1–9.
46 2. Mose 21, 15; 17; 3. Mose 20; 5. Mose 5, 16.
47 2. Mose 20, 12; 5. Mose 5, 16.
48 2. Mose 21, 12; 4. Mose 35, 16; 5. Mose 19, 1–5, vgl. S. 122 ff. Vgl. auch 2. Mose 21, 18 f.; 2. Mose 22, 1.
49 2. Mose 21, 22 f.
50 2. Mose 21, 23 f.
51 5. Mose 25, 11.
52 2. Sam. 8, 17.
53 1. Kön. 21, 8.
54 Vgl. S. 108 f.
55 Jer. 36.
56 Jes. 8, 1; 30, 8.
57 1. Mose 4, 20–22.
58 Vgl. S. 58.
59 2. Chr. 5, 12.
60 Mischnah, Ketubot V, 4.
61 1. Chr. 25, 1–8.
62 1. Sam. 10, 5; vgl. S. 210 f.
63 1. Mose 40, 8; 41, 32.
64 1. Mose 28–31; 1. Kön. 3, 15.
65 1. Mose 41, 8; Dan. 2; 1. Mose 37, 5.
66 Richt. 7, 13.
67 Joel 2, 28.
68 2. Mose 20, 2–17; 5. Mose 5, 6 bis 21.
69 2. Mose 20, 22; 23, 13.
70 1. Sam. 8; 31; 2. Sam. 1; 1. Kön. u. 2. Kön.; 1. Chr. 10–21 u. 2. Chr.
71 Vgl. S. 242 ff.
72 1. Mose 1; Ps. 8; 65; Jes. 40.
73 2. Mose 14.
74 Richt. 5.
75 Joel 2, 10.
76 1. Mose 17, 15 f.
77 1. Mose 25, 21.
78 1. Mose 30, 22.
79 Ruth 4, 13–17.
80 1. Sam. 1, 19; vgl. S. 175, vgl. 1. Mose 4, 25.
81 3. Mose 23, 37; 5. Mose 16, 17; 2. Mose 29, 41; 40, 29.
82 2. Mose 13, 11; 34, 19; 3. Mose 27, 26; 4. Mose 18, 15; 5. Mose 14, 23; 15, 19.
83 3. Mose 27, 30; 5. Mose 12, 22 ff.
84 3. Mose 7, 16; 22, 21; 4. Mose 6, 21; 15, 3 ff.; 30, 11.
85 3. Mose 7, 12; Amos 4, 5; 5. Mose 12, 17.
86 2. Mose 29, 38 ff.; 3. Mose 6, 13; 4. Mose 28, 3. Die Kapitel 28 und 29 des 4. Buches Mose geben die Einzelheiten der täglichen Opfer an.
87 3. Mose 16, 9.
88 Hes. 45; 46.
89 3. Mose 24, 5.
90 Ps. 106, 28.
91 3. Mose 20, 2; 5. Mose 12, 31; 2. Kön. 16, 3; Ps. 106, 37; Jer. 7, 30; 19, 5; Hes. 16, 20; 3. Mose 18, 21; 2. Kön. 23, 10; Jer. 32, 35; Richt. 11, 30.
92 1. Mose 18, 10.
93 1. Mos. 22; 2. Mose 14; 23, 20; 1. Kön. 19, 5; 2. Kön. 19, 35; Jes. 37, 36; Ps. 35, 5.
94 1. Sam. 29, 9; 2. Sam. 14, 17; 19, 28; Richt. 13, 20.
95 1. Mose 3, 24; Jes. 37, 16; 2. Mose 25, 18–20; 1. Kön. 6, 23–28; 2. Sam. 22, 11; Ps. 18, 10.
96 Hes. 1, 4.
97 5. Mose 32, 17; Ps. 106, 37; 3. Mose 17, 7; 2. Chr. 11, 15.
98 Jes. 34, 14.
99 3. Mose 16, 8.

V. Der Himmel

1 Ps. 19, 2.
2 4. Mose 4 u. 8.
3 3. Mose 27, 33; 4. Mose 18, 21.
4 3. Mose 10, 9.
4a Bei *ephod* ist heute noch nicht ganz klar, ob es sich in diesem Zusammenhang ebenfalls um ein Götterbild handelt oder um die Bekleidung einer Götterstatue; im israelitischen Kult ist *ephod* ein Teil

der Priesterkleidung, eine Art Hängetasche. (Anm. der Übersetzerin.)

5 Richt. 17 f.

6 1. Sam. 10, 5 u. ff.

7 1. Chr. 25, vgl. 1. Kön. 22, 5.

8 1. Kön. 18, 28.

9 2. Kön. 3, 15.

10 1. Kön. 17 u. ff. Hier sollte man den wunderbaren Zyklus Elias wieder lesen, der eines der großartigsten Denkmäler des hebräischen Altertums darstellt.

11 Jer. 1, 5.

12 Amos 3, 8.

13 2. Kön. 9, 11; Jer. 29, 26; Hos. 9, 7.

14 Jes. 20, 1.

15 Hes. 3, 22 u. ff.

16 Hes. 24, 15 ff.

17 Hes. 5, 1 u. ff.

18 Jes. 28, 10.

19 Vgl. S. 217.

20 2. Kön. 13, 20.

21 2. Kön. 2, 1 ff.

22 Vgl. 2. Kön. 5, 11; 1. Kön. 14, 1 ff.; 2. Kön. 6, 12–32; 1. Kön. 13, 4; 20, 36; 21, 19.

23 2. Kön. 4, 23.

24. 1. Kön. 20, 35; Neh. 6, 7 ff.; 2. Kön. 8, 7; 2. Sam. 12, 1–15.

25 Amos 5, 25.

26 Amos 2, 6.

27 Micha 3, 2–5.

28 Micha 3, 2.

29 Sach. 6, 13.

30 Jes. 45, 7; Jer. 29, 11.

31 Hiob 5, 19; Hes. 34, 25–30.

32 Sach. 9, 9–10; Jes. 9, 1–6; 11, 10 bis 14; 65, 25.

33 Dan. 12, 2–4; vgl. Ps. 49, 16; Jes. 25; 26.

Epilog

1 Jes. 10, 24; 11, 15; 43, 16; 51, 10; 52, 11; 48, 21; Hes. 37, 26.

2 Jes. 27, 1.

3 Weish. 2, 11.

4 Jer. 25, 15; Hes. 25; 32.

5 Hos. 4, 1f.; Micha 6, 1; Jer. 11, 21; 20, 1–6.

6 Jer. 14, 12; Hes. 6, 11; Amos 1, 4; 2, 13; 5, 3 ff.; Jes. 5, 26; Jer. 5, 15.

7 Jes. 51, 3; Hos. 2, 20.

8 Jes. 65, 20.

9 Amos 7; 8; 9.

10 Amos 5, 18–20; 8, 9.

11 Amos 9, 11 f.

12 Jes. 44, 28.

13 3. Mose 4, 3; 1. Sam. 24, 6.

14 Ps. 2; 20; 21; 72 (unter den zahlreichen messianischen Psalmen, vgl. Paul Vuillaud: *Les Psaumes messianiques*, Paris 1938).

15 Micha 5, 2; vgl. Jes. 7, 14.

16 Jes. 11, 1–16.

17 Sach. 9, 10 f.

18 Jer. 31, 31–33.

19 Jes. 45; 52; 60; 66.

20 1. Mose 49, 8–12; 4. Mose 24, 15 bis 18.

21 2. Mose 3, 14.

22 Ps. 37, 1–15.

23 Jer. 12, 1–4; Hiob 21, 21; Hes. 3, 20; 14, 14–20.

Bibliographie

I. Texte

Das Alte Testament in einer deutschen Übersetzung (z. B. revidierte Übersetzung M. Luthers oder Zürcher Bibel).

Die Heilige Schrift des Alten Testaments. Hrsg. von E. Kautzsch u. A. Bertholet. Bd. 1: [4]1922. Bd. 2: [4]1923. Neudruck 1971. (Der Übersetzung sind knappe Erklärungen beigegeben.)

M. Buber u. F. Rosenzweig: Die Schrift. Band I–IV. 1955–62. (Die Übersetzer versuchen, den Charakter der hebräischen Sprache im Deutschen zu erhalten.)

Ausführlichere, allgemeinverständliche Kommentare zu den alttestamentlichen Büchern finden sich in den beiden folgenden Kommentarreihen:

Das Alte Testament Deutsch. Hrsg. von V. Herntrich und A. Weiser, ab 1949.

Zürcher Bibelkommentare. Hrsg. von G. Fohrer, H. H. Schmid, S. Schulz, ab 1944.

Die Apokryphen liegen vor in:

Die Apokryphen und Pseudepigraphen des Alten Testaments. Hrsg. von E. Kautzsch. Bd. 1 u. 2: 1900. Neudruck 1961 bzw. 1962.

Für die nachalttestamentliche Zeit:

Der babylonische Talmud. Neu übertragen durch L. Goldschmidt. Band 1–12: 1930–36.

Eine Auswahl aus dem babylonischen Talmud bietet:

Der babylonische Talmud. Ausgewählt, übersetzt und erklärt von R. Mayer. 1963.

II. Biblische Archäologie

Albright, W. F.: Archäologie in Palästina. 1962.

Bardtke, H.: Bibel, Spaten und Geschichte. 1969. [2]1971.

Biblisch-historisches Handwörterbuch. Landeskunde, Geschichte, Religion, Kultur, Literatur. Hrsg. von B. Reicke und L. Rost. Bd. 1–3. 1962–66.

Kenyon, K.: Archäologie im Heiligen Land. 1967.

Noth, M.: Die Welt des Alten Testaments. Einführung in die Grenzgebiete der alttestamentlichen Wissenschaft. [4]1962.

Wright, G. E.: Biblische Archäologie. [2]1962.

III. Geschichte, Kultur und Religion der Umwelt Israels

Die Altorientalischen Reiche I–III. Hrsg. von E. Cassin, J. Bottero und J. Vercoutter. 1965–67. Fischer Weltgeschichte, Bd. 2–4.
Galling, K.: Textbuch zur Geschichte Israels. [2]1968.
Helck, W.: Geschichte des Alten Ägypten. 1968.
Kulturgeschichte des Alten Orient. Hrsg. von H. Schmökel. 1961.
Morenz, S.: Ägyptische Religion. 1960.
Noth, M.: Die Welt des Alten Testaments. Einführung in die Grenzgebiete der alttestamentlichen Wissenschaft. [4]1962.
Otto, E.: Ägypten. Der Weg des Pharaonenreiches. 1953.
Scharff, A., und A. Moortgat: Ägypten und Vorderasien im Altertum. [2]1962.
Schmökel, H.: Geschichte des Alten Vorderasien. 1957.

IV. Geschichte, Kultur und Religion Israels

Bright, J.: Geschichte Israels. Von den Anfängen bis zur Schwelle des Neuen Bundes. 1966.
Gunneweg, A. H. J.: Geschichte Israels bis Bar Kochba. 1972.
Herrmann, S.: Geschichte Israels in alttestamentlicher Zeit. 1973.
Metzger, M.: Grundriß der Geschichte Israels. 1963.
Noth, M.: Geschichte Israels. [7]1970.

Eichrodt, W.: Religionsgeschichte Israels. 1969.
Fohrer, G.: Geschichte der israelitischen Religion. 1963.
Maier, J.: Geschichte der jüdischen Religion. 1972.
Schmidt, W. H.: Alttestamentlicher Glaube und seine Umwelt. 1968.
Vaux, R. de: Das Alte Testament und seine Lebensordnungen. Bd. 1: [2]1963. Bd. 2: [2]1966.

Inhalt